高等职业教育财经商贸类专业"互联网+"创新教材

浙江省普通高校"十三五"新形态教材

中小微企业纳税会计

主　编　周　艳

副主编　马红梅　甄国玲

参　编　张大芳　张秋莉　傅春燕

机械工业出版社

本书被评为浙江省普通高校新形态教材项目，在编写过程中贯彻三个指导思想：①编写以现行的《企业会计准则》为主线，引用新的税收与会计处理政策，以适应学生未来企业会计工作的需要。②体现产教融合。编写中力求多引用实际案例说明，从而增强本书的通俗易懂性。③融入课程思政元素，加强学生的职业道德教育，向学生传递正确的价值观。

全书以任务驱动作为引领，以认识税法基本内容、应纳税额计算、相关会计处理和纳税申报为主线，共六章，主要介绍中小微企业纳税工作中的典型任务：认识中小微企业的纳税工作以及增值税会计、消费税会计、企业所得税会计、个人所得税会计和其他税种会计等。

本书是在参考大量税收法律、法规、注册会计师和税务师考试相关材料以及相关专家学者的研究成果的基础上，结合编者长期从事税务、会计实际工作和教学工作的经验编写而成的，可作为高职高专院校会计、财务管理等学生以及在岗会计人员的参考用书。

图书在版编目（CIP）数据

中小微企业纳税会计/周艳主编．—北京：机械工业出版社，2021.9（2024.7重印）

高等职业教育财经商贸类专业"互联网+"创新教材

ISBN 978-7-111-68802-0

Ⅰ．①中… Ⅱ．①周… Ⅲ．①中小企业—企业管理—税收会计—高等职业教育—教材 Ⅳ．①F275.2

中国版本图书馆CIP数据核字（2021）第150302号

机械工业出版社（北京市百万庄大街22号 邮政编码100037）

策划编辑：孔文梅 责任编辑：孔文梅

责任校对：张 力 封面设计：鞠 杨

责任印制：单爱军

北京虎彩文化传播有限公司印刷

2024 年 7 月第 1 版第 4 次印刷

184mm×260mm · 17.5 印张 · 408 千字

标准书号：ISBN 978-7-111-68802-0

定价：49.80元

电话服务 网络服务

客服电话：010-88361066 机 工 官 网：www.cmpbook.com

　　　　　010-88379833 机 工 官 博：weibo.com/cmp1952

　　　　　010-68326294 金 书 网：www.golden-book.com

封底无防伪标均为盗版 机工教育服务网：www.cmpedu.com

前言 Preface

在我国，中小微企业的发展不仅关系到数亿人的就业问题，而且关系到国民经济的平稳、快速发展。有数据显示，目前中小微企业总数已占全国企业总数的 99% 以上，提供了全国 78% 左右的城镇就业岗位，所创造的最终产品和服务的价值占全国 GDP 的 60% 左右，缴纳的税款占全国税收的 50%。因此，如何做好中小微企业纳税工作已成为广大财务人员、企业管理者和社会各界普遍关心的问题。目前，全国已出版的税务方面的教材不少，但是针对中小微企业纳税会计实务的书籍并不多。为此，我们依据颁布的《企业会计准则》《小企业会计制度》、相关税收法规及其他有关法规，编写了这本《中小微企业纳税会计》，一方面，为了让高职高专院校财务会计类专业学生学会实际工作所需知识；另一方面，希望通过此书为刚刚走上会计工作岗位的朋友提供指南，为已经从事会计工作的朋友更深入地了解会计与纳税知识提供专业帮助。

本书以中小微企业纳税实务工作为主线，内容包括认识中小微企业的纳税工作、增值税会计、消费税会计、企业所得税会计、个人所得税会计和其他税种会计。

本书具有以下特色：

1. 针对性强。本书针对中小微企业涉税岗位，认真分析了我国中小微企业纳税工作过程，总结了该岗位的典型任务，并对完成这些任务必做的工作进行了介绍。

2. 重点突出、化繁为简。本书是依据课程的教学目的、教学计划以及企业实际岗位的要求设计的，不仅有利于学生对课程内容的掌握，还有利于学生能够尽快地适应企业的实际操作需要。在编写中，编者认真分析了高职高专财会类专业学生培养目标和我国中小企业纳税工作过程，选取典型的税种，作为项目任务。每个项目（税种）均设置了知识目标、能力目标和问题提出，由案例引出问题，由问题进入每一种税的纳税操作。这样能把看似庞杂繁复的纳税知识变得一目了然，一看就懂，读完就会，从而提高学生的学习兴趣。

3. 融入课程思政元素。本书配备了一些教学案例，在案例中融入思政元素，加强学生的职业道德教育，进而向学生传递正确的价值观。例如：在教材中说明了增值税发票的填制要求，并结合虚开发票案件，告诫学生应加强诚信纳税责任感，绝不可知法犯法，懂法更要守法。

4. 内容新。近几年来，我国陆续对增值税、消费税、企业所得税、个人所得税和契税等进行了修订或修正。我国财税政策的调整和社会对人才的需求变化对高职高专的教学和教材内容提出了不断更新的要求，本书均以最新会计和税收法律法规为编写依据。

5. 产教融合。编者除了邀请在行业一线工作的人员参与教材的编写外，还将亲身经历和搜集的中小微企业案例引入教材中。此外，本教材结合最新的税收法规，运用简洁的语言讲解纳税工作的基本思路、原理，并提供大量可供实践操作的具体实操技巧。

6. 关注学生后续的发展。本书没有求高、求难，而是以让学生通过初级会计专业技术资格考试的经济法基础科目为目标，所以在篇目结构上参照了这项考试辅导教材的框架；对于初级会计资格考试要求掌握的主要税种，书中配备了大量例题，由浅入深地讲解，并结合最近 3～5

年的试题进行解析，使学生在课堂上就能接触、了解职业资格考试的要求，明了就业岗位的技能知识水准。

本书编写的人员有周艳、甄国玲、马红梅（浙江旅游职业学院）和傅春燕（德泰科技有限公司）、张大芳和张秋莉。其中第一章和第二章由周艳编写，第三章由傅春燕、张大芳和周艳共同编写，第四章、第六章由甄国玲编写，第五章由张秋莉、马红梅和周艳共同编写。本书在编写过程中借鉴了国内外会计、税收实务操作和教学的优秀成果，得到了浙江长征职业技术学院领导的大力支持，和浙江财经大学会计学院刘菁教授及各位同仁的鼎力相助，在此深表谢意。需要说明的是，为贴近现实，本书在模拟纳税人申报纳税时虚构了企业名称、纳税人识别号、银行账号等纳税人信息，如有雷同，纯属巧合，敬请谅解。

为方便教学，本书配备了电子课件等教学资源。凡选用本书作为教材的教师均可登录机械工业出版社教育服务网 www.cmpedu.com 免费下载。如有问题请致电 010-88379375，QQ：945379158。

由于正处于税制改革时期，有些税种的内容可能会有变化，我们将会及时予以修订；加之编者水平有限，也难免存在不足之处，敬请读者批评指正。

编　者

二维码
索 引 QR Code Index

目录
Contents

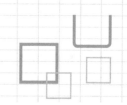

第一章

认识中小微企业的纳税工作

知识目标

1. 了解我国税收法规的基础知识。
2. 掌握税务登记的程序、基本要求和注意事项。
3. 熟悉发票的管理规定。
4. 了解纳税申报的基本知识。

能力目标

1. 能向税务机关办理税务登记（含开业、变更、停业、复业、注销登记等工作）。
2. 能根据企业经营范围的需要领购发票（含普通发票和增值税专用发票）。

第一节　税收法律制度概述

问题提出

某一天，一对父母在孩子面前讨论公司的纳税问题，孩子很好奇地问："妈妈，"睡法"是什么东西啊？难道睡觉有法律来规定吗？"

美国著名政治家富兰克林曾经说过："人生中只有两件事不可避免，那就是死亡和纳税。"这句话说出了税收与人类的关系，即税收就与人们的日常生活息息相关，形影不离。人们吃的米、面、油、盐、酱油、醋等，在购买时所支付的金额中包含着税；购买的住房，在房价中也包含着税款。无论在哪个国家，政府都用税收为公共支出筹资，因为税收是一种非常重要的政策工具。税收就好比国家的血脉，社会和谐的润滑剂，它不仅造就了举世瞩目的"神舟六号"飞天之旅，推动了城市的现代化建设，更带来了敬老院老人的天伦之乐和幼儿园孩子们的欢声笑语……

我国宪法第五十六条明确规定："中华人民共和国公民有依照法律纳税的义务。"但是，在我国，偷、抗税等违法犯罪行为仍旧屡禁不止，要解决这个问题，不仅要加大宣传教育力度，普及税法知识，还应加强税法建设。要成为遵纪守法的公民，就应对我国的税法有一定的了解，那我国税法是怎样的呢？

一、税法的概念

税法，也称税收法律制度，是调整税收关系的法律规范的总称，是以宪法为依据，调整国家与社会成员在征纳税上的权利与义务关系，维护社会经济秩序和纳税秩序，保障国家利益和纳税人合法权益的法律规范。可以说，税法是国家向一切纳税人征税的法律依据，是纳税人纳税的准绳，也是国家税收政策和税收原则在法律上的具体体现。

知识链接

税收和税法的关系非常密切，税收是经济领域内的分配环节，而税法则是反映这一经济活动的上层建筑，税收决定税法，没有税收就没有税法；反之，税法规范税收，没有税法，税收便失去了法律依据，税收活动难以正常进行，国家组织财政收入、实现预算也将成为一句空话。

二、我国现行的税法体系

何为税法体系？从法律角度看，税法体系就是一个国家在一定时期内、一定体制下以法定形式规定的各种税收法律、法规的总和。但从税收工作的角度看，税法体系则往往被称为税收制度（简称税制）。

一个国家的税收制度，可按照构成方法和形式分为简单型税制及复合型税制。简单型税制主要是指税种单一、结构简单的税收制度，而复合型税制主要是指由多个税种构成的税收制度。目前，世界各国（包括我国）普遍采用多种税并存的复税制税收制度，即设置一定数量的税种，并规定每种税的征收和缴纳办法，包括对什么征税、向谁征税、征多少税以及何时纳税、何地纳税、按什么手续纳税和不纳税如何处理等，从而有效取得财政收入或调节社会经济活动。

我国税法体系中各税法按基本内容和效力、职能作用、征收对象、权限范围的不同，可分为表 1-1 所示的不同类型：

表 1-1 税法分类

分类依据	具体种类	分类说明	包含内容
1. 照税法的基本内容和效力的不同	税收基本法	属税法体系中的母法	目前没有统一制定
	税收普通法	对税收基本法规定的事项分别立法实施的法律	如个人所得税法、税收征收管理法等
2. 照税法的职能作用的不同	税收实体法	确定税种立法	个人所得税法、企业所得税法
	税收程序法	税务管理方面的法律	税收征收管理法
3. 按照税法征收对象的不同	流转税税法	发挥对经济的宏观调控作用	主要包括增值税法、消费税法、关税法等
	所得税税法	可以直接调节纳税人收入，发挥其公平税负、调整分配关系的作用	主要包括企业所得税法、个人所得税等税法

（续）

分类依据	具体种类	分类说明	包含内容
3. 按照税法征收对象的不同	财产、行为税税法	对财产的价值或某种行为课税	主要包括房产税法、印花税法等
	资源税税法	为保护和合理使用国家自然资源而课征	我国现行的资源税法、城镇土地使用税暂行条例等税种
	特定目的税法	为了达到特定目的，对特定对象发挥调节作用而征收的	主要包括城市维护建设税、车辆购置税、耕地占用税等
4. 按照主权国家行使税收管辖权的不同	国内税法	国家的内部税收制度	
	国际税法	国家间形成的税收制度	双边或多边的国际税收协定、条约、国际惯例等
	外国税法	外国各国家制定的税收制度	

三、税法的构成要素

税法的构成要素，又称课税要素，是指各种单行税法具有的共同的基本要素的总称。税法的构成要素一般包括总则、纳税义务人、征税对象、税目、税率、纳税环节、纳税期限、纳税地点、减税免税、罚则、附则等项目。其中，纳税人、征税对象和税率是三个最基本的构成要素。

1. 纳税义务人

纳税义务人，简称纳税人，即纳税主体，主要是指一切履行纳税义务的法人、自然人及其他组织。所谓法人是指依法成立并能够独立地行使法定权利和承担法律义务的社会组织。在我国，实行独立经济核算的国有企业、集体经济组织、中外合资经营企业、外商独资企业，或享有独立预算经费的机关、事业单位以及合法成立的社会团体，都是法人。而依法独立享有法定权利，并承担法律义务的公民，以及居住在我国境内的外国人和无国籍的人，都视为自然人。

知识链接

纳税人应当与负税人进行区别，负税人是经济学中的概念，即税收的实际负担者，而纳税人是法律用语，即依法缴纳税收的人。税法只规定纳税人，不规定负税人。二者有时可能相同，有时不尽相同，如个人所得税的纳税人与负税人是相同的，而增值税的纳税人与负税人就不一定一致。

2. 征税对象

征税对象，也称课税对象、征税客体，是指税收法律关系中征纳双方权利义务所指向的物或行为，即对什么征税，这是区分不同税种的主要标志。例如：个人所得税的征税对象是个人取得的应税所得。

3. 税目

税目，是各个税种所规定的具体征税项目，反映了具体的征税范围，是征税对象质的界定。设置税目的目的首先是明确具体的征税范围，凡列入税目的即为应税项目，未列入税目的，则不属于应税项目。其次，划分税目也是贯彻国家税收调节政策的需要，国家可根据不同项目的利润水平以及国家经济政策等制定高低不同的税率，以体现不同的税收政策。

4. 税率

税率，是对征税对象的征收比例或征收额度。可以说，税率是计算税额的尺度，也是衡量税负轻重与否的重要标志。各国普遍采用的税率主要有三种。

税率

（1）比例税率，是对同一课税对象不论数额大小，均按同一比例征收。比例税率是最常见的税率之一，应用广泛。比例税率具有横向公平性，其主要优点是计算简便，便于征收和缴纳。比例税率根据不同的情况可分为：单一比例税率、差别比例税率和幅度比例税率，其中差别比例税率又可分为产品差别比例税率、行业差别比例税率和地区差别比例税率等。

（2）累进税率，是指按课税对象数额的大小规定不同的等级，随着课税数量增大而随之提高的税率。累进税率一般在所得课税中使用，可以充分体现对纳税人收入多的多征、收入少的少征、无收入的不征的税收原则，从而有效地调节纳税人的收入，正确处理税收负担的纵向公平问题。累进税率可分为全额累进税率、超额累进税率和超率累进税率。

（3）定额税率，又称固定税率，是按课税对象的计量单位直接规定应纳税额的税率形式，课税对象的计量单位主要有吨、升、平方米、立方米、辆等。定额税率一般适用于从量定额计征的某些课税对象。

5. 计税依据

计税依据，又称税基，是指据以计算征税对象应纳税款的直接数量依据，它解决对征税对象课税的计算问题，是对课税对象的量的规定。计税依据按照计量单拉来划分，可分为：①按照课税对象的价值即货币单位计算，称为从价计征，例如消费税中的大部分应税消费品以应税销售额为计税依据；②按照课税对象的自然计量单位计算，称为从量计征，例如消费税中的黄酒、啤酒以吨数为计税依据。当前我国除了一些特殊性质的税种外，绝大多数的税种都采取从价计征。从价计征将不同品种、规格、质量的商品或财产按统一的货币单位确定计税依据，有利于平衡税收负担和简化征收手续。

6. 纳税环节

纳税环节，主要指税法规定的征税对象在从生产到消费的流转过程中应当缴纳税款的环节。

7. 纳税期限

纳税期限，是指纳税人的纳税义务发生日后应依法缴纳税款的期限，包括纳税义务发生时间、纳税期限和缴库期限。

8. 纳税地点

纳税地点，是指纳税人（包括代征、代扣、代缴义务人）缴纳税款的具体纳税地点。纳税地点一般为纳税人的住所地，也有规定在营业地、财产所在地或特定行为发生地的。

9. 税收优惠

税收优惠，是指税法对某些特定的纳税人或征税对象给予的鼓励和照顾的一种特殊规定。制定这种特殊规定，其目的一是为了鼓励和支持某些行业或项目的发展，二是为了照顾某些纳税人的特殊困难。税收优惠主要包括：

（1）减税和免税。减税是对应征税款减征其一部分，而免税是对应征税款全部予以免征。减税、免税是国家为了实行某种政策，达到一定的政治经济目的，对某些纳税人和征税对象给予的一种鼓励和照顾，是税法原则性和灵活性相结合的具体体现。

（2）起征点。又称"征税起点"，是指税法规定对课税对象开始征税的最低界限，收入未达到起征点的低收入者不纳税，收入超过起征点的高收入者按全部课税对象纳税。

（3）免征额。亦称"免税点"，是税法规定课税对象中免予征税的数额。无论课税对象的数额大小，免征额的部分都不征税，仅就其余部分征税。

知识链接

起征点和免征额的区别在于：起征点是开始征税的起点，超过起征点后应全额征税；而免征额是全部数额中可以免税的数额，如果数额小于免征额，则全额免税，而如果税额大于免征额，对超过免征额之后的部分征税。

10. 法律责任

法律责任，是指税收法律关系的主体因违反税收法律规范所应承担的法律后果。税收法律责任按其性质和形式的不同，可分为经济责任、行政责任和刑事责任；按承担法律责任主体的不同，可分为纳税人的责任、扣缴义务人的责任、税务机关及其工作人员的责任。

四、税收法律关系

1. 税收法律关系概念

税收法律关系是指税法所确认和调整的税收征纳主体之间在税务活动中发生的具有权利义务内容的社会关系。税收法律关系由主体、客体和内容三部分组成。

2. 税收法律关系的主体

税收法律关系的主体，是指在税收法律关系中依法享有权利和承担义务的当事人。主要有三类：即国家、税务机关、纳税人。如果按性质不同，可将其分为两类，即征税主体和纳税主体。

（1）征税主体是指在税收法律关系中代表国家享有征税权利的一方当事人，从严格意义上讲，只有国家才享有税收的所有权，因此政府是真正的征税主体。但实际上国家总是通过法律授权的方式赋予具体的国家职能机关来代其行使征税权力，因此，更具法律意义的征税主体是税务机关，也包括海关。

1）征税主体的权利
①法规起草拟订权；
②税务管理权，包括对纳税人进行税务登记管理、账簿和凭证管理、纳税申报管理等；
③税款征收权，是税务机关拥有的最基本、最主要的权利；
④税务检查权，包括查账权、询问权、核定税款权、税收保全等：
⑤行政处罚权；

⑥其他权利。

2）征税主体的义务

①宣传税法，辅导纳税人依法纳税的义务；

②保密义务，包括依法为纳税人、扣缴义务人的情况保守秘密，为举报违反税法行为者保密；

③为纳税人办理税务登记、开具完税凭证的义务；

④受理行政复议的义务；

⑤进行回避的义务；

⑥其他义务。

（2）纳税主体是指税收法律关系中依法履行纳税义务，进行税款缴纳行为的一方当事人，包括自然人、法人和其他组织。

1）纳税主体的权利

①依法提出申请享受税收优惠的权利；

②依法请求税务机关退回多征税款的权利；

③依法提起税务行政复议和税务行政诉讼的权利；

④依法对税务人员的违法行为进行检举和控告的权利：

⑤因税务机关的行为违法或不当，致使纳税人合法权益遭受损害时，有依法请求得到赔偿的权利；

⑥向税务机关咨询税法及纳税程序的权利；

⑦要求税务机关为其保密的权利；

⑧对税务机关做出的决定有陈述和申辩的权利。

2）纳税主体的义务

①依法办理税务登记，变更或注销税务登记；

②依法进行账簿、凭证管理；

③按期进行纳税申报，按时足额缴纳税款；

④向税务机关提供生产销售情况和其他资料，主动接受并配合税务机关的税务检查；

⑤执行税务机关的行政处罚决定，按照规定缴纳滞纳金和罚款。

3. 税收法律关系的内容

税收法律关系的内容是指税收法律关系主体所享有的权利和所应承担的义务，是税收法律关系中最实质的东西，也是税法的灵魂。

4. 税收法律关系的客体

税收法律关系的客体，即征税对象，是指税收法律关系主体双方的权利和义务所共同指向的对象，主要包括货币、实物和行为。

五、现行税种和征收机关

（一）我国现行的税种

按征税对象为依据分类，我国通常将税种分为五大类，即流转税类、所得

我国现行税种

税类、资源税类、财产和行为税类以及特定目的税类。

1. 流转税类

流转税类是指以发生在流通领域内的商品或非商品流转额作为课税对象而征收的税种的总称。流转税征税对象非常广泛,涉及的税种也较多。流转税类的基本特点,即以商品流转额和非商品流转额为计税依据,在生产经营及销售环节征收,收入不受成本费用变化的影响,而对价格变化较为敏感。目前我国的流转税类主要包括增值税、消费税和关税等税种。

2. 所得税类

所得税类是指以纳税人的生产经营所得和其他所得额为课税对象的税种的总称。所得税类的特点是:征税对象是纳税人在一定时期(通常为一年)的合法收入总额减除成本费用和法定允许扣除的其他各项支出后的余额,即应纳税所得额。该类税实行"所得多的多征,所得少的少征,无所得的不征"的原则,因此,它对调节国民收入分配,缩小纳税人之间的收入差距有着特殊的作用。从而使国家、企业、个人三者的利益分配关系很好地结合起来。我国现行的企业所得税、个人所得税等属于这一类。

3. 资源税类

资源税类,是指以资源的级差收入为课税对象而征收的税种。合理征收此类税,既有利于财政收入的稳定增长,又有利于合理开发和利用国家的自然资源和某些社会资源。此外,也可调节资源级差收入,以利于企业在平等的基础上开展竞争。目前我国的资源税类主要包括资源税、城镇土地使用税等。

4. 财产和行为税类

财产税类,是指以纳税人所拥有的财产为课税对象而征收的税种的总称。对财产的征税,更多地考虑到纳税人的负担能力,有利于公平税负和缓解财富分配不均的现象。这类税种的特点体现在税收负担与财产价值、数量关系密切,能体现调节财富、合理分配的原则。我国现行的房产税属于这一类。

行为税类,是指以纳税人的某种特定行为作为征税对象的税种的总称。开征行为税类有两个目的:一是国家根据一定时期的客观需要,对某些特定行为进行限制、调节,使微观活动符合宏观经济的要求;二是为了开辟地方财源,达到特定的目的。这类税的设置比较灵活,其中有些税种具有临时税的性质,例如,目前已暂停征收的固定资产投资方向调节税。我国现行的车船税、印花税、契税都属于这一类。

5. 特定目的税类

特定目的税是为了达到特定目的,对特定对象发挥调节作用而征收的一种税,包括城市维护建设税、土地增值税、车辆购置税、耕地占用税等。

(二)我国税收的征收机关

现阶段,我国税收分别是由税务机关和海关负责征收管理。

1. 税务机关

税务机关,即国家税务总局及其所属各级税务机关负责征收和管理的税种有:增值税、消费税、车辆购置税、企业所得税、个人所得税、资源税、城镇土地使用税、耕地占用税、土地增值税、房产税、车船税、印花税、契税、城市维护建设税、环境保护税和烟叶税，共16种税。

2. 海关

海关负责征收和管理的税种有关税、船舶吨税，同时负责代征进出口环节的增值税和消费税。

知识链接

出口退税（增值税、消费税）由税务机关负责办理，非税收入和社会保险费的征收也由税务机关负责。

第二节 中小微企业的纳税管理

问题提出

随着宣传教育的不断深入和税法知识的普及，中小企业经营者的纳税意识有了一定的提高。但是，如何准确地依法履行纳税义务，不少中小企业的经营者和财务人员仍不明确，违反税法行为仍不时产生。因此，对于中小企业的经营者和财务人员，首先要解决的问题是确定本企业的纳税工作有哪些？如何管理？

税务管理，是指税收征收管理机关为了贯彻执行国家税收法律制度，加强税收工作，协调征税关系而对纳税人和扣缴义务人实施的基础性的管理制度和管理行为。税收征收管理机关的税务管理工作主要包括税务登记管理、账簿和凭证管理、发票管理、纳税申报管理等。因此，我国企业的纳税管理也应遵循法律规定进行，一般企业的纳税管理工作包括：企业开业前到税务机关办理纳税登记；税务机关根据税法规定对纳税人的纳税事项做出鉴定；纳税人发生纳税义务后，按期向税务机关进行纳税申报和解缴税款；税务机关对纳税申报进行审核和检查。

一、税务登记

根据《中华人民共和国税收征收管理法》（一般简称《税收征管法》）的规定，从事生产、经营的纳税人（包括国有企业，集体企业，私营企业，外商投资企业和外国企业，以及各种联营、联合、股份制企业，个体工商户，从事生产经营的机关团体、部队、学校和其他事业单位）必须在法定期限内依法办理税务登记。与工商登记一样，办理税务登记是从事生产、经营活动的企业和个人的

税务登记

重要义务。税务登记包括开业登记、变更登记、停业登记、复业登记、注销登记和外出经营报验登记。

知识链接

自 2016 年 10 月 1 日起，全国范围内实施"五证合一""一照一码"登记，即实行营业执照、组织机构代码证、税务登记证、社会保险登记证和统计登记证"五证合一"登记制度（简称"五证合一"）。

案例引入 1-1

小王和小张都是应届大学毕业生，两人计划毕业后共同开办一个小公司，进行自主创业。因此，两人开始经营时面临了一系列的税务问题，诸如：新企业要设置账簿吗？要设哪些账簿？应当在什么时间内设置账簿？如何购买发票？

二、企业的账簿及凭证管理

账簿、凭证的管理同样是税收征收管理的一个重要环节。主要在于账簿、凭证记载和反映了纳税人的生产、经营活动情况，以及扣缴义务人代扣代收税款的情况，是纳税人、扣缴义务人进行纳税申报的依据。

（一）企业的账簿管理

1. 设置账簿

案例分析 1-1

新企业要设置账簿。根据《中华人民共和国税收征收管理法》的规定，从事生产、经营的纳税人应当自领取营业执照之日起 15 日内设置账簿；扣缴义务人应当自税法、行政法规规定的扣缴义务发生之日起 10 日内，按照所代扣、代收的税种设置代扣代缴、代收代缴税款账簿。同时从事生产、经营的纳税人应当自领取税务登记证件之日起 15 日内，将其财务、会计制度报送税务机关备案。

所设置的账簿包括总账、明细账、日记账以及其他辅助性账簿，其中总账、日记账必须采用订本式。

2. 账簿的登记

（1）纳税人、扣缴义务人必须根据合法、有效凭证记账，进行核算。

（2）从事生产、经营的纳税人的财务、会计制度或者财务、会计处理方法和会计核算软件，应当报送税务机关备案。

纳税人、扣缴义务人的财务、会计制度或者财务、会计处理办法与国务院或者国务院财政、税务主管部门有关税收的规定抵触的，须依照国务院或者国务院财政、税务主管部门有关税收的规定计算应纳税款、代扣代缴和代收代缴税款。

3. 账簿、凭证等涉税资料的保管

账簿、凭证、完税凭证及其他有关资料，作为公司重要的经济业务记录，是进行财务、税务检查以及审计检查的重要资料，应当按照我国有关法律规定的账簿保管期限认真加以保管。账簿、凭证、报表及其他涉税资料不得伪造、变造或擅自损毁，应保存10年，但法律、行政法规另有规定除外。

（二）企业的发票管理

1. 发票的概念

发票是指在购销商品、提供或者接受服务以及从事其他经营活动时，所开具、收取用以摘记经济业务活动的收付款凭证书面证明。税务机关是发票的主管机关，负责发票的印制、领购、开具、取得、保管、缴销的管理和监督。

2. 发票的类型

自2016年5月1日我国全面"营改增"后，常用的发票种类分类有以下几种：增值税专用发票、增值税普通发票和在特定范围继续使用的其他发票。

（1）增值税专用发票

增值税专用发票是由国家税务总局监制设计印制的，包括增值税专用发票和机动车销售统一发票。发票既是反映纳税人经济活动的重要会计凭证又是兼记销货方纳税义务和购货方进项税额的合法证明。增值税专用发票应当使用防伪税控系统开具。增值税专用发票如图1-1所示；增值税电子专用发票如图1-2所示。

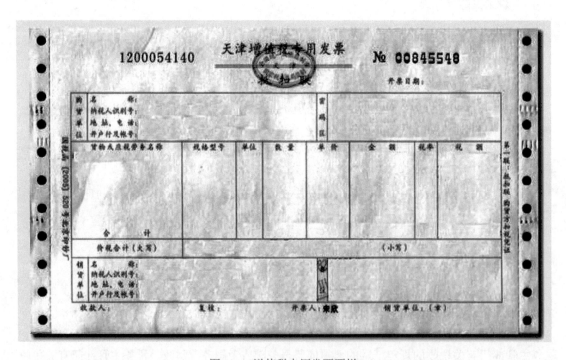

图1-1　增值税专用发票票样

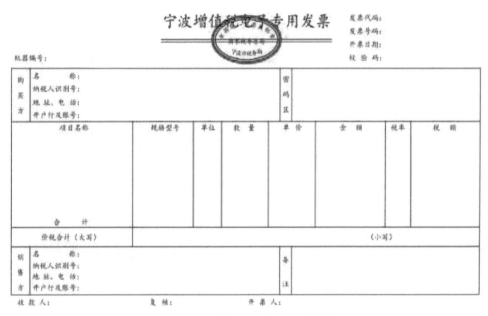

图 1-2　增值税电子专用发票票样

（2）增值税普通发票

增值税普通发票主要由增值税一般纳税人和增值税小规模纳税人使用，增值税一般纳税人在不能开具专用发票的情况下可使用增值税普通发票。增值税普通发票如图 1-3 所示。

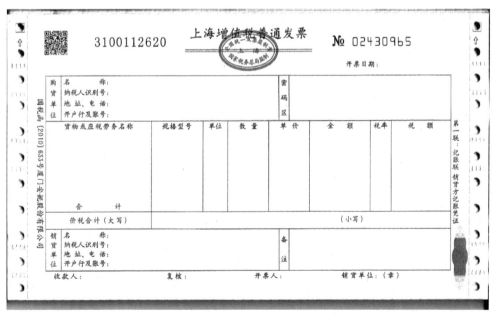

图 1-3　增值税普通发票票样

知识链接

单位和个人可以登录全国增值税发票查验平台（https://inv-veri.chinatax.gov.cn），对开具或收到的发票信息进行查验。

（3）在特定范围继续使用的其他发票

在特定范围继续使用的其他发票包括农产品收购发票、农产品销售发票、门票、过路（过桥）费发票、定额发票（如图1-4所示）、客运发票和二手车销售统一发票（如图1-5所示）等。

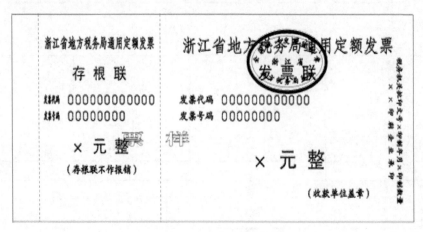

图1-4　定额发票票样

图1-5　二手车销售统一发票票样

3. 发票的开具、使用和保管

（1）一般情况下，收款方应向付款方开具发票；特殊情况下（如收购单位和扣缴义务人支付个人款项时），由付款方向收款方开具发票。

（2）不符合规定的发票，不得作为财务报销凭证，任何单位和个人有权拒收。不符合规定的发票是指：开具或取得的发票是应经而未经税务机关监制；

增值税专用
发票填开

填写项目不齐全；内容不真实；字迹不清楚；没有加盖财务印章或发票专用章；伪造、作废以及其他不符合税务机关规定的发票。

（3）填写发票应当使用中文。民族自治地区可以同时使用当地通用的一种民族文字；外商投资企业和外资企业可以同时使用一种外国文字。

（4）填开发票的单位和个人应在发生经营业务确认营业收入时开具发票。未发生经营业务一律不准开具发票。

（5）发票限于领购单位和个人在本省、自治区、直辖市内开具。任何单位和个人未经批准，不得跨区域携带、邮寄、运输空白发票。禁止携带、邮寄或者运输空白发票出入境。任何单位和个人不得转借转让代开发票，未经税务机关批准，不得拆本使用发票，不得自行扩大专业发票的使用范围。

（6）已开具的发票存根联和发票登记簿，应当保存 5 年。保存期满，报经税务机关查验后销毁。使用发票的单位和个人应当妥善保管发票，不得丢失。发票丢失，应于丢失当日书面报告主管税务机关，并在报刊和电视等传播媒介上公告声明作废。

三、企业的纳税申报

1. 纳税申报概述

纳税申报是指纳税人和扣缴义务人为正常履行纳税、扣缴税款义务，就纳税事项向税务机关提出书面申报的一种法定手续。进行纳税申报是纳税人、扣缴义务人必须履行的义务。

纳税申报的对象是指按照国家法律、行政法规的规定，负有纳税义务的纳税人或者是负有代扣代缴税款义务的扣缴义务人。纳税人、扣缴义务人必须按照税法规定的期限申报纳税。纳税人在纳税期内没有应纳税款的，也应当按照规定办理纳税申报。纳税人享受减税、免税待遇的，在减税、免税期间应当按照规定办理纳税申报。

2. 纳税申报的内容

纳税人应在规定的申报期限内办理纳税申报。纳税人办理纳税申报时，应当如实填写纳税申报表，并根据不同的情况相应报送下列有关证件、资料：

（1）财务会计报表及其说明材料；

（2）与纳税有关的合同、协议书及凭证；

（3）税控装置的电子报税资料；

（4）外出经营活动税收管理证明和异地完税凭证；

（5）境内或者境外公证机构出具的有关证明文件；

（6）纳税人、扣缴义务人的纳税申报或者代扣代缴、代收代缴税款报告表；

（7）扣缴义务人办理代扣代缴、代收代缴税款报告时，应当如实填写代扣代缴、代收代缴税款报告表，并报送代扣代缴、代收代缴税款的合法凭证以及税务机关规定的其他有关证件、资料；

（8）税务机关规定应当报送的其他有关证件、资料。

3. 纳税申报的方式

纳税申报的方式，包括直接申报、邮寄申报、数据电文申报或其他方式申报等。

（1）直接申报，也称自行申报，是指纳税人（或扣缴义务人）在规定的申报期限内直接到税务机关指定的办税服务场所报送纳税申报表及有关资料进行纳税申报的方式。随着计算机征收管理网络的建立和完善，纳税人可就近办理纳税申报。

（2）数据电文申报是指纳税人、扣缴义务人采用税务机关确定的电话语音、电子数据交换和网络传输等电子方式向税务机关办理纳税申报或者报送代扣代缴、代收代缴报告表的申报方式。

（3）邮寄申报是指纳税人、扣缴义务人经主管税务机关批准后，利用邮政手段向主管税务机关办理纳税申报，报送各税种纳税申报表、扣缴税款报告表、代征税款报告表，并直接到其开户银行缴纳税款的一种纳税申报方式。

纳税人可根据本企业情况选择申报方式，但实行邮寄申报和数据电文申报的必须财务制度健全、核算水平较高、纳税比较规范的纳税人、扣缴义务人、代征人。符合条件选择使用邮寄申报和数据电文申报的纳税人、扣缴义务人、代征人需报税务机关批准后方可采用相应的申报方式。

4. 延期申报

在正常情况下，纳税人、扣缴义务人必须按期进行纳税申报，只有因特殊困难，才能在规定的期限内向税务机关提出书面延期申报或报送的申请。

知识链接

所谓特殊困难，一般有以下几方面：

（1）受自然灾害影响，如风灾、水灾、地震等自然灾害，使生产、经营面临危险的；

（2）因意外事故、突发事件的发生，如因建筑物倒塌，主要设备严重损坏，火灾等，造成短期内需要大量资金投入维修或者恢复生产的；

（3）因三角债或债务链造成短期贷款拖欠，流动资金困难的；

（4）其他特殊困难。如按财会制度规定，纳税人的应税产品销售成立，已经申报了税款，但贷款尚未回收，资金没有到位，造成短期内纳税有困难的等。

主管税务机关收到申请后，针对申请书提出的理由进行调查核实，认为符合延期申报条件的，应当签署同意延期申报的意见，并提出延期申报的期限，报县以上税务局（分局）审批。批准延长申报纳税的时间，一般不得超过三个月。

经核准延期办理申报或报送的纳税人、扣缴义务人，应当在纳税期内按照上期实际缴纳的税额或者税务机关核定的税额预缴税款，并在核准的延期内办理税款结算。

5. 零申报

所谓零申报，是指在税务机关办理了税务登记的纳税人、扣缴义务人当期未发生应税行为，按照国家税收法律、行政法规和规章的规定，应向税务机关办理零申报手续，并注明当期无应税事项。

四、税款的缴纳

税款缴纳是纳税人按照税法规定，将应纳税款及时足额入库的活动。

（一）缴纳方式

纳税人缴纳税款的方式，是由主管税务机关根据税法规定，结合纳税人的具体情况确定的，主要有以下几种：

1. 查账缴纳

按照纳税人提供的账表所反映的经营情况，依照适用的税率计算缴纳税款的方法。其具体程序是：先由纳税人在规定的纳税期限内，用纳税申报表的形式向国税局或地税局办理纳税申报，经国税局或地税局审查核实后，填写缴款书缴纳税款。这种缴纳方式适用于账簿、凭证、财务会计制度比较健全，能够据以如实核算，反映生产经营成果，正确计算应纳税款的纳税人。

2. 查定缴纳

根据纳税人的生产设备、生产能力、从业人员的数量和正常条件下的生产销售情况，对其生产的应税产品或销售量实行查定产量、销售量或销售额，依率计征的一种缴纳方法。这种缴纳方法适用于生产不固定，账册不健全的纳税人。

3. 查验缴纳

按照税务机关制定的报验商品的范围（如纺织、服装、鞋帽等），在购进商品后，持进货凭证和扣税证连同商品一起到税务机关报验，向税务机关申报登记，由税务机关在商品的适当部分印（粘）标记，据以计算缴纳税款。这种缴纳方法适用于经营小百货和单项品种的纳税人。

4. 定期定额

税务机关对一些营业额难以准确计算的纳税人（如某些个体工商业户），采用由纳税人自报，经税务机关调查核实一定期限内的营业额、利润额，税务机关按照核定的营业额、利润额一并付缴款项的一种缴纳方法。依照《中华人民共和国税收征收管理法》的规定，纳税人有下列情形之一的，税务机关有权核定其应纳税额：

（1）依照法律、行政法规的规定可以不设置账簿的；

（2）依照法律、行政法规的规定应当设置但未设置账簿的；

（3）擅自销毁账簿或者拒不提供纳税资料的；

（4）虽设置账簿，但账目混乱或者成本资料、收入凭证、费用凭证残缺不全，难以查账的；

（5）发生纳税义务，未按照规定的期限办理纳税申报，经税务机关责令限期申报，逾期仍不申报的；

（6）纳税人申报的计税依据明显偏低，又无正当理由的。

5. 代扣代缴

负有扣缴税款义务的单位和个人，按照税法的有关规定，负责代扣纳税人应纳的税款，同时由代扣义务人代缴国库的一种计缴方式。纳税人对已被代扣缴的税款，要妥善保存扣缴凭证，持已扣税款的凭证，可由所在地税务机关抵扣已被代扣税款的营业收入所应缴纳的该种税款。

6. 代征税款

某些单位代理税务机关按照税收法规办理税款计缴的一种缴税方式。代理人必须按照税收法规和代征税款证书的规定，履行代征、代缴税款义务，并办理代征、代缴税款手续，税务机关应该按照规定付给代征人手续费。

（二）纳税期限

纳税期限是指纳税人、扣缴义务人发生纳税义务或扣缴义务后，向国家缴纳税款或解缴税款的期限。纳税期限是根据纳税人的生产经营规模和各个税种的不同特点确定的。具体缴纳期限详见各税种章节。

（三）延期缴纳

纳税人和扣缴义务人必须在税法规定的期限内缴纳、解缴税款。同时，考虑到纳税人在履行纳税义务的过程中，可能会遇到特殊困难的客观情况，为了保护纳税人的合法权益，《中华人民共和国税收征收管理法》做出了在某些条件下允许纳税人延期缴纳税款的规定。

1. 申请条件

纳税人因有特殊困难，不能按期缴纳税款的，经省、自治区、直辖市税务局批准，可以延期缴纳税款，但最长不能超过3个月。特殊困难主要指由于下述原因造成的资金调度困难：

（1）因不可抗力导致发生资金困难户或短期货款被严重拖欠；

（2）意外事故足以影响纳税人进行正常的纳税申报；

（3）国家调整经济政策和行政指令对某些纳税人的直接影响；

（4）三角债或债务链造成的短期货款拖欠。

2. 申请时间

纳税人申请延期缴纳税款，必须在规定的纳税期限之前，向主管国家税务机关提出书面申请，领取延期纳税审批表，说明原因，经主管国家税务机关报青岛市国家税务局核准后，在批准的延期内缓缴税款；未经核准的，仍应在规定的纳税期限内缴纳税款。

知识链接

延期申报和延期缴纳的区别：延期申报是先预交税款，推迟申报的时间。而延期缴纳按期申报，推迟缴纳税款。

（四）税款补缴与退还

（1）纳税人未按规定缴纳税款，扣缴义务人未按照规定期限解缴税款的，税务机关除责令限期缴纳外，从滞纳税款之日起，按日加收滞纳税款万分之五的滞纳金。

（2）因纳税人、扣缴义务人计算错误等失误，未缴或者少缴税款的，税务机关在三年内可以追征税款、滞纳金；有特殊情况的，追征期可以延长到五年。对偷税、抗税、骗税的，税务机关追征其未缴或者少缴的税款、滞纳金或者所骗取的税款，不受前款规定期限的限制。

（3）因国家税务机关责任致使纳税人、扣缴义务人未缴或者少缴税款，自税款所属期起三年内发现的，应当立即向主管国家税务机关补缴税款，但不缴滞纳金。

（4）纳税人向税务机关多缴税款的，自结算缴纳税款之日起三年内发现的，可以向主管税务机关提出退还税款书面申请报告，经税务机关核实后，予以退还，并加算银行同期活期存款利息。

案例引入 1-2

2×××年6月20日某税务局接到群众电话举报：某私营企业已中途终止与某公司的《承包协议》，银行账号也已注销，准备于近日转移至其他城市。该局立即派员对该企业进行了调查，得出上述事实属实，于是检查人员对该企业当月已实现的应纳税额25 612.15元，做出责令其提前到6月25日前缴纳的决定。该税务局提前征收税款的行为是否合法？为什么？

（五）税收保全与强制执行

1. 税收保全

税收保全与强制执行

税收保全是指税务机关对可能由于纳税人的行为或者某种客观原因，致使以后税款的征收不能保证或难以保证的案件，采取限制纳税人处理和转移商品、货物或其他财产的措施。

税务机关有根据认为从事生产、经营的纳税人（不包括）有逃避纳税义务行为的，可以在规定的纳税期之前，责令限期缴纳应纳税款；在限期内发现纳税人有明显的转移、隐匿其应纳税的商品、货物以及其他财产或者应纳税的收入的迹象的，税务机关可以责成纳税人提供纳税担保。如果纳税人不能提供纳税担保，经县以上税务局（分局）局长批准，税务机关可以采取下列税收保全措施：

（1）书面通知纳税人开户银行或者其他金融机构冻结纳税人的金额相当于应纳税款的存款；

（2）扣押、查封纳税人的价值相当于应纳税款的商品、货物或者其他财产（个人及其所抚养家属维持生活必需的住房和用品，不在税收保全措施的范围之内）。

知识链接

纳税担保是指经税务机关同意或确认，纳税人或其他自然人、法人、经济组织以保证、抵押、质押的方式，为纳税人应当缴纳的税款及滞纳金提供担保的行为。

案例分析 1-2

该税务局提前征收税款的行为合法。根据《中华人民共和国税收征收管理法》第三十八条规定："税务机关有根据认为从事生产、经营的纳税人有逃避纳税义务行为的，可以在规定的纳税期之前，责令限期缴纳应纳税款。"本案中，该私营企业已终止了承包协议，注销了银行账号，并准备于近日转移至其他城市，却未依法向税务机关办理相关手续，可以认定为逃避纳税义务行为。该局采取提前征收税款的行为，是有法可依的。企业应按该税务局做出的决定提前缴纳应纳税款。

案例引入 1-3

绍兴九洲有限公司是一家生产化纤产品的中型民营企业，其主管税务机关于7月在对其进行的税务检查中发现，该企业上半年应该代扣代缴公司员工的个人所得税累计100 000元，该公司没有履行代扣代缴税款的义务，税务机关做出《税务处理决定书》，决定由该公司补缴应代扣代缴的个人所得税100 000元、滞纳金19 000元，并对该公司罚款150 000元。在限期缴纳的期限内，发现该公司有转移银行存款、逃避纳税的行为，经分局局长批准，税务机关采取税收保全措施。为尽量减少税收保全措施对公司生产经营的影响，税务机关没有查封、扣押该公司的产品、货物，而对其准备对外出租的门面房进行整体查封，门面房的市值350 000元。税务机关的行为有无不当之处？税务机关应该如何处理？

根据《中华人民共和国税收征收管理法》的规定，税务机关在两种情况下，使纳税人的合法权益遭受损失的，要承担赔偿责任。一是采取税收保全措施不当，如对不该采取税收保全措施的纳税人采取了税收保全措施；或扣押、查封的财产价值大大超过其应纳税款等。二是纳税人在规定的期限内已缴纳税款，税务机关未立即解除税收保全措施，使纳税人的财产权利继续受到限制。但税务机关承担的赔偿责任限于纳税人因税收保全措施不当遭受的直接经济损失。

案例分析 1-3

本案中，税务机关的执法行为有不当之处。一是税务机关的税务处理不当。根据《中华人民共和国税收征收管理法》第六十九条的规定，扣缴义务人应扣未扣、应收而不收税款的，由税务机关向纳税人追缴税款，对扣缴义务人处应扣未扣、应收不收税款50%以上3倍以下罚款。本案中，税务机关应该向公司员工追缴税款和滞纳金，而不应该由该公司补缴税款、滞纳金。二是采取税收保全措施不当。《中华人民共和国税收征收管理法实施细则》第六十五条规定："对价值超过应纳税额且不可分割的商品、货物或者其他财产，税务机关在纳税人、扣缴义务人或者纳税担保人无其他可供强制执行的财产的情况下，可以整体扣押、查封、拍卖。"本案中，该公司有其他可供采取税收保全措施的财产，而税务机关对该公司的小楼进行了整体查封，查封财产的价值又大大超过了应该保全的价值，因此，采取税收保全措施不当。

2. 强制执行

强制措施是指税务机关对拒不履行法定纳税义务的纳税人、代扣代缴义务人和纳税担保人，依法采取强制措施，迫使其履行纳税义务的行政执行行为。它是税务机关实现其课税权，维护行政执法的必要权威，确保纳税人履行纳税义务的重要手段。

从事生产、经营的纳税人、扣缴义务人未按照规定的期限缴纳或者解缴税款，由税务机关责令限期缴纳，逾期仍未缴纳的，经县以上税务局（分局）局长批准，税务机关可以采取下列强制执行措施：

（1）书面通知纳税人开户银行或者其他金融机构从其存款中扣缴税款；

（2）扣押、查封、依法拍卖或者变卖其价值相当于应纳税款的商品、货物或者其他财产，以拍卖或者变卖所得抵缴税款。

知识链接

税收保全和强制执行的区别在于：税收保全是税务机关为了防止税务当事人不缴或少缴税款，而采取的保全财产的做法，其所保全的财产不能直接抵缴税款，只有当事人在规定期限内仍未履行纳税义务的情况下，才能将保全的财产划转国库缴纳税款。而强制执行是税务机关对未履行义务的当事人，依法采取的强制追缴手段。

五、纳税争议的处理

案例引入 1-4

杭州市税务局拱墅区分局（下称拱墅区分局）5月12日接到群众举报，辖区内杭州光明服装厂（系小型私营企业）开业两个月没有纳税。5月13日，拱墅区分局对该厂依法进行了税务检查。经查，该厂2015年3月8日申领了营业执照，但未办理税务登记，也没有申报纳税。根据检查情况，拱墅区分局于5月18日做出如下处理决定：①责令服装厂5月25日前办理税务登记，并处以500元罚款；②按规定补缴税款、加收滞纳金，并处以6000元罚款，限该服装厂于5月28日前缴纳税款和罚款。该厂认为企业刚开业两个月，资金十分紧张，而且企业一直亏损，请求减少税款和罚款，被地税拱墅区分局拒绝。5月28日该厂缴纳了部分税款。拱墅区分局在两次催缴无效的情况下，经拱墅区分局局领导会议研究决定，对服装厂采取强制执行措施。6月2日，拱墅区分局扣押了该厂的服装，以变卖收入抵缴部分税款和罚款。该厂在多次找拱墅区分局交涉没有结果的情况下，6月15日书面向拱墅区分局的上级机关杭州市税务局提出行政复议申请：要求撤销拱墅区分局对其做出的处理决定，并要求拱墅区分局赔偿因扣押服装给其造成的经济损失。杭州市税务局是否应予受理？

纳税争议，是指纳税人、扣缴义务人、纳税担保人对税务机关确定纳税主体、征税对象、征税范围、减税、免税及退税、适用税率、计税依据、纳税环节、纳税期限、纳税地点以及税款征收方式等具体行政行为有异议。

《中华人民共和国税收征收管理法》第八十八条规定：

纳税人、扣缴义务人、纳税担保人同税务机关在纳税上发生争议时，必须先依照税务机关的纳税决定缴纳或者解缴税款及滞纳金或者提供相应的担保，然后可以依法申请行政复议；对行政复议决定不服的，可以依法向人民法院起诉。

解决纳税争议的方法

当事人对税务机关的处罚决定、强制执行措施或者税收保全措施不服的，可以依法申请行政复议，也可以依法向人民法院起诉。

当事人对税务机关的处罚决定逾期不申请行政复议也不向人民法院起诉、又不履行的，做出处罚决定的税务机关可以采取《税收征收管理法》第四十条规定的强制执行措施，或者申请人民法院强制执行。

案例分析 1-4

杭州市税务局对补缴税款和加收滞纳金的复议申请不予受理，但对处罚的复议申请应予受理。首先按照《中华人民共和国税收征收管理法》第八十八条规定：纳税人、扣缴义务人、纳税担保人同税务机关在纳税上发生争议时，必须先依照税务机关的纳税决定缴纳或者解缴税款及滞纳金或者提供相应的担保，然后可以依法申请行政复议。该服装厂未缴清税款和滞纳金，杭州市地方税务局不能受理复议申请。其次，按照《中华人民共和国税收征收管理法》第八十八条规定：当事人对税务机关的处罚决定、强制执行措施或者税收保全措施不服的，可以依法申请行政复议，也可以依法向人民法院起诉。由于该服装厂在法定的期限内提出复议申请，杭州市税务局应当受理。

（一）税务行政复议

公民、法人和其他组织认为税务机关的具体行政行为侵犯其合法权益，就可以依法提起税务行政复议申请。税务行政复议是处理纳税争议的法定程序，也是解决纳税争议的有效方式。

1. 税务行政复议的受理范围

根据现行《税务行政复议规则》第十四条的规定，复议机关受理申请人对下列具体行政行为不服提出的行政复议申请：

（1）征税行为，包括确认纳税主体、征税对象、征税范围、减税、免税、退税、抵扣税款、适用税率、计税依据、纳税环节、纳税期限、纳税地点和税款征收方式等具体行政行为，征收税款、加收滞纳金，扣缴义务人、受税务机关委托的单位和个人做出的代扣代缴、代收代缴、代征行为等；

（2）行政许可、行政审批行为；

（3）发票管理行为，包括发售、收缴、代开发票等；

（4）税收保全措施、强制执行措施；

（5）行政处罚行为：罚款，没收财物和违法所得，停止出口退税权；

（6）不依法履行下列职责的行为：①颁发税务登记；②开具、出具完税凭证、外出经营活动税收管理证明；③行政赔偿；④行政奖励；⑤其他不依法履行职责的行为。

（7）资格认定行为；

（8）不依法确认纳税担保行为；

（9）政府信息公开工作中的具体行政行为；

（10）纳税信用等级评定行为；

（11）通知出入境管理机关阻止出境行为；

（12）其他具体行政行为。

2. 税务行政复议申请的受理机关

申请人对各级税务机关的具体行政行为不服的，向其上一级税务机关申请行政复议。申请人对税务所（分局）、各级税务局的稽查局的具体行政行为不服的，向其所属税务局申请行政复议。但申请人对经重大税务案件审理程序做出的决定不服的，审理委员会所在税务机关为被申请人，申请人应当向审理委员会所在税务机关的上一级税务机关申请行政复议。根据《税务行政复议规则》的相关规定，申请人既可以书面提起行政复议申请，也可以口头提出。

3. 税务行政复议申请的期限

申请人可以在知道税务机关做出具体行政行为之日起 60 日内提出行政复议申请。但纳税人、扣缴义务人及纳税担保人对税务机关做出的征税行为不服，必须先依照税务机关根据法律、行政法规确定的税额、期限（最长为 15 日），缴纳或者解缴税款及滞纳金或者提供相应的担保，方可在实际缴清税款和滞纳金后或者所提供的担保得到做出具体行政行为的税务机关确认之日起 60 日内提出行政复议申请。此外，根据《税务行政复议规则》的规定，申请人对税务机关做出逾期不缴纳罚款加处罚款的决定不服的，应当先缴纳罚款和加处罚款，再申请行政复议。

4. 复议的期限

行政机关收到行政复议申请后，应当在 5 日内进行审查，决定是否受理。受理后应在 60 日内做出行政复议决定，情况复杂的，经行政复议机关负责人批准，可以适当延期，并告知申请人和被申请人，但是延期不得超过 30 日。

（二）税务行政诉讼

当公民、法人和其他组织认为税务机关及其工作人员的具体税务行政行为违法或者不当，侵犯了其合法权益时，可依法向人民法院提起行政诉讼，由人民法院对具体税务行政行为的合法性进行审查并做出裁决的司法活动。

1. 税务行政诉讼的范围

依据《中华人民共和国行政诉讼法》有关规定，并结合《税收征管法》的相关规定，税务行政诉讼的受案范围具体包括：

（1）税务机关做出的征税行为（征收税款、加收滞纳金、审批减免税和出口退税）。

（2）税务机关做出的责令纳税人提缴纳税保证金或提供纳税担保行为。

（3）税务机关做出的行政处罚行为（罚款；销毁非法印制的发票，没收违法所得；对为纳税人、扣缴义务人非法提供银行账户、发票、证明或者其他方便，导致未缴税款或者骗取国家出口退税款的，没收其非法所得）。

（4）税务机关做出的通知出境管理机关阻止出境行为。

（5）税务机关做出的税收保全措施。具体包括以下两种税收保全措施：书面通知银行或者其他金融机构暂停支付存款；扣押、查封商品、货物或者其他财产。

（6）税务机关做出的税收强制执行措施。具体包括以下两种税收强制执行措施：书面通知银行或者其他金融机构扣缴税款；拍卖所扣押、查封的商品、货物或者其他财产以抵缴税款。

（7）税务机关委托扣缴义务人所做出的代扣代收税款行为。

（8）认为符合法定条件申请税务机关颁发税务登记证和发售发票，税务机关拒绝颁发、发售或不予答复的行为。

（9）法律、法规规定可以提起行政诉讼的其他税务具体行政行为。

2. 税务行政诉讼的管辖与时效

（1）对税务机关做出的具体行政行为不服的，纳税人和其他税务当事人可以在知道税务机关做出具体行政行为之日起 6 个月内，向该税务机关所在地的人民法院提起诉讼。

（2）经过税务行政复议，复议机关未改变原具体行政行为，纳税人和其他税务当事人对复议决定仍不服的，可在收到复议决定书之日起 15 日内向做出原具体行政行为的税务机关所在地的人民法院提起诉讼。

（3）经过税务行政复议，复议机关改变原具体行政行为，纳税人和其他税务当事人对税务行政复议决定不服的，可在收到复议决定书之日起 15 日内向做出原具体行政行为的税务机关或复议机关所在地的人民法院提起诉讼。

第三节 纳税人的税收法律责任

问题提出

纳税人经常会提出以下问题："我没有及时缴纳税款，会受到什么样的处罚？""我把发票弄丢了怎么办？税务机关会罚我吗？""我没及时申报纳税，会有什么后果？"

一、税务违法的种类

1. 税务登记类

这是指纳税人不办理税务登记，未按规定的期限办理税务登记、变更登记、注销登记、换证，未按规定使用税务登记证件及未按规定将全部银行账号向税务机关报告等行为。

2. 账簿、凭证管理类

这是指纳税人或扣缴义务人未按规定设置、保管有关的纳税资料或凭证，未按规定将财务、会计处理办法和会计核算软件报送税务机关备查，未按规定安装、使用税控装置，或者损毁或者擅自改动税控装置等行为。

3. 纳税申报类

这是指纳税人未按规定的期限办理纳税申报和报送纳税资料的，或者扣缴义务人未按规定期限向税务机关报送代扣代缴、代收代缴税款报告表和有关资料等行为。

4. 发票管理类

这是指纳税人违反《中华人民共和国税收征收管理法》《中华人民共和国发票管理办法》等规定的各种违法行为。

5. 其他税务违法行为（触犯刑律的由司法机关追缴刑事责任）

（1）违反税款缴纳规定的行为；

（2）违反税务检查规定的行为；

（3）其他行为。

二、税收法律责任

所谓税收法律责任，是指税收法律关系的主体因违反税收法律规范所应承担的法律后果。税收法律责任依其性质和形式的不同，主要是行政责任和刑事责任。

1. 行政责任

行政责任，是指对违反税法的当事人，由税务机关或由税务机关提请有关部门依照行政程序所给予的一种税务行政制裁。追究行政责任的方式具体有以下两种：

（1）行政处罚：包括警告、记过、记大过、降级、撤职、开除六类；

（2）行政处分：包括警告；罚款；没收违法所得、没收非法财物；责令停产停业；暂扣或者吊销许可证、暂扣或者吊销执照；行政拘留；其他7类。

2. 刑事责任

刑事责任是对违反税法行为情节严重，已构成犯罪的当事人或直接责任人所给予的刑事制裁。刑事责任包括罚金，拘役、有期徒刑、无期徒刑、死刑、管制、没收财产。

行政责任通常是由税务机关依法追究的，而刑事责任则是由司法机关追究，是税收法律责任中最严厉的一种制裁措施。

三、纳税人违反税收法律制度的法律责任

案例引入 1-5

2×××年7月，上城区税务局稽查人员在对通达洗车店进行日常纳税检查时发现，在2×××年6月，根据城市规划的统一安排，该洗车店由原经营地新华路105号，搬迁到马路对面新华路100号经营。由于洗车店的经营地址中只是门牌号稍有不同，该洗车店的负责人就擅自将税务登记证件中的地址105号直接改为100号。稽查人员还发现，该洗车店在搬迁中不慎致使部分账簿的账页毁损、丢失。该洗车店的负责人认为，6月份洗车店都在装修、搬迁，故没有营业，也没有收入，所以不用向税务机关申报纳税。上述情况，该洗车店均未报告税务机关（假设该洗车店的违法行为均不属于情节严重）。该洗车店有哪些违法行为？会受到哪些处罚？

1. 纳税人、扣缴义务人及其他行政相对人违反税务登记规定的法律责任

（1）纳税人未按照规定期限申报办理税务登记、变更或者注销登记的，税务机关应当自发现之日起3日内责令其限期改正，并可以处2000元以下的罚款；情节严重的，处2000元以上一万元以下的罚款。

（2）纳税人不办理税务登记的，税务机关应当自发现之日起3日内责令其限期改正。对逾期不改正的，税务机关可以处2000元以下的罚款；情节严重的，处2000元以上10000元以下的罚款；并经税务机关提请，由工商行政管理机关吊销其营业执照。

（3）纳税人未按照规定使用税务登记证件，或者转借、涂改、损毁、买卖、伪造税务登记证件的，处2000元以上10000元以下的罚款；情节严重的，处10000元以上50000元以下的罚款。

（4）纳税人通过提供虚假的证明资料等手段，骗取税务登记证的，处2000元以下的罚款；情节严重的，处2000元以上10000元以下的罚款。

（5）扣缴义务人未按照规定办理扣缴税款登记的，税务机关应当自发现之日起3日内责令其限期改正，并可处以2000元以下的罚款。

（6）纳税人、扣缴义务人违反《税务登记管理办法》规定，拒不接受税务机关处理的，税务机关可以收缴其发票或者停止向其发售发票。

案例分析 1-5-1

该洗车店根据城市规划的统一安排，由原经营地新华路105号，搬迁到马路对面新华路100号经营。认定为改变经营地点，应办理变更税务登记手续。该洗车店未按照规定的期限申请办理变更税务登记，由于该洗车店的违法行为不属于情节严重，税务机关根据《中华人民共和国税收征收管理法》第60条的规定，责令其限期改正，可以处以2000元以下罚款。若逾期不改正的，经税务机关提请，由工商行政管理机关吊销其营业执照。此外，该洗车店的负责人擅自涂改了税务登记证件，税务机关也责令其限期改正，可处以2000元以上10000元以下的罚款。

2. 纳税人、扣缴义务人及其他行政相对人违反账簿、凭证管理规定的法律责任

（1）纳税人有下列行为之一，经主管税务机关责令限期改正，可以处2000元以下的罚款；情节严重的，处以2000元以上10000以下的罚款：未按规定设置、保管账簿或者保管记账凭证和有关资料的；未按规定将财务、会计制度或者财务会计处理办法报送主管税务机关备查的；未按照规定安装、使用税控装置，或者损毁或者擅自改动税控装置的。

（2）扣缴义务人未按照规定设置、保管代扣代缴、代收代缴税款账簿或者保管代扣代缴、代收代缴税款记账凭证及有关资料的，经税务机关责令限期改正，可以处以2000元以下的罚款；情节严重的，处以2000元以上5000元以下的罚款。

案例分析 1-5-2

该洗车店在搬迁中未按照规定保管账簿，致使部分账簿的账页毁损、丢失的行为，税务机关也应责令其限期改正，可处以2000元以下罚款。

3. 纳税人、扣缴义务人及其他行政相对人违反纳税申报规定的法律责任

（1）纳税人未按照规定的期限办理纳税申报的，或者扣缴义务人、代征人未按照规定的期限向国家税务机关报送代扣代缴、代收代缴税款报告表的，由国家税务机关责令限期改正，可以处以2000元以下的罚款；逾期不改正的，可以处以2000元以上10000元以下的罚款。

（2）一般纳税人不按规定申报并核算进项税额、销项税额和应纳税额的，除按前款规定处罚外，在一定期限内取消进项税额抵扣资格和专用发票使用权，其应纳增值税，一律按销售额和规定的税计算征税。

案例分析 1-5-3

6月份，由于装修、搬迁的原因，该洗车店停业，无收入，故未向税务机关申报纳税。因此，税务机关认为该洗车店未按照规定的期限办理纳税申报和报送纳税资料。由于该洗车店的违法行为不属于情节严重，税务机关应责令其限期改正，可处以2000元以下罚款。

4. 纳税人、扣缴义务人及其他行政相对人违反发票管理规定的法律责任

案例引入 1-6

李先生到某快递公司领取包裹，在确认东西没有问题后，他支付了20元的快递费，而快递公司则把送货单的顾客联给了他。李先生要求快递公司开张发票，快递公司的工作人员却告诉他说没有发票。在李先生的一再要求下，工作人员说，发票可以开，但要他自己去总公司开。"送货单上没有盖章，本来就有问题。付款了就该有发票，怎么还要我自己去拿？"李先生十分不解。我们也想问商家拒开发票的行为是否违法？

（1）非法印制发票的，由税务机关销毁非法印制的发票，没收违法所得和作案工具，并处10000元以上50000元以下的罚款；构成犯罪的，依法追究刑事责任。

（2）从事生产、经营的纳税人、扣缴义务人有《中华人民共和国税收征收管理法》规定的税收违法行为，拒不接受税务处理的，税务机关可以收缴其发票或者停止向其发售发票。

（3）未按照规定印制发票或者生产发票防伪专用品的、未按照规定领购发票的、未按照规定开具发票的、未按照规定取得发票的、未按照规定保管发票的、未按照规定接受税务机关检查的单位和个人，由税务机关责令限期改正，没收非法所得，可以并处10000元以下的罚款。有上述所列两种或者两种以上行为的，可以分别处罚。

（4）非法携带、邮寄、运输或者存放空白发票的，没收非法所得，可以并处10000元以下的罚款。

（5）私自印制、伪造、倒买倒卖发票，私自制作发票监制章、发票防伪专用品的，依法予以查封、扣押或者销毁。没收非法所得和作案工具，可以并处10000元以上50000元以下的罚款；构成犯罪的，依法追究刑事责任。

（6）违反发票管理规定，导致其他单位或者个人未缴、少缴或者骗取税款的，没收非法所得，可以并处未缴、少缴或者骗取的税款一倍以下的罚款。

案例分析 1-6

只要消费者付了钱，不管消费多少，哪怕是一元两元，就有权向商家要发票。发票作为一个消费凭证，是不能用收据等其他凭据来代替的。如果商家拒开发票，就违反了发票管理的有关条例，有逃税的嫌疑。未按规定开具发票的，由税务机关责令限制改正，没收非法所得，并可处10000元以下的罚款。

5. 纳税人、扣缴义务人及其他行政相对人其他税务违法行为的法律责任

案例引入 1-7

富宝公司是一家经营高尔夫球场的公司，其收入主要有两方面，一是发展会员出售会员证，每年向会员收取会费；二是平日经营的收入。这些收入都应按我国税法的有关规定申报缴税。然而，自2016年起，其主管的税务部门发现，富宝公司只有第二部分收入缴税，但第一部分收入没有申报缴税，而且第一部分收入是该公司的最主要收入。2016年2月其主管的税务部门曾要求富宝公司如实申报纳税。但富宝公司一直没有任何改变。为此，其主管的税务部门采取行动，稽查富宝公司的违规行为。经查实富宝公司自2015年2月至2016年4月期间少

纳税 7 062 万元。2016 年 5 月 29 日，杭州富阳市地方税务局做出补征税款 7 062 万元，并罚款 2 468 万元，合计 9 530 万元的处罚决定。面对如此严厉的处罚，富宝公司表示愿意合作，提供资料及缴纳税款。但分两次缴了 300 万元后，不再缴付余下的偷税款、滞纳金和罚金。其主管的税务部门多次催缴均无效，而且该公司的经营者和部分员工采取各种造谣、威胁、恐吓手段，极力阻挠税务机关执法。税务人员认为该公司的行为已由偷税转为抗税。该公司的行为违反了哪些税法规定？该公司的行为属于哪种违反税法性质的行为？是偷税还是抗税？

（1）违反税款缴纳规定的法律责任

1）纳税人、扣缴义务人在规定期限内不缴或者少缴应纳或者应解缴的税款，经税务机关责令限期缴纳，逾期仍未缴纳的，税务机关除依照《税收征管法》第四十条的规定采取强制执行措施追缴其不缴或者少缴的税款外，可以处不缴或者少缴的税款 50% 以上 5 倍以下的罚款。纳税人欠缴应纳税款，采取转移或者隐匿财产的手段，妨碍税务机关追缴欠缴的税款的，由税务机关追缴欠缴的税款、滞纳金，并处欠缴税款 50% 以上 5 倍以下的罚款；构成犯罪的，依法追究刑事责任。

2）偷税的法律责任。

①纳税人伪造、变造、隐匿、擅自销毁账簿、记账凭证，或者在账簿上多列支出或者不列、少列收入，或者经税务机关通知申报而拒不申报或者进行虚假的纳税申报，不缴或者少缴应纳税款的，是偷税。对纳税人偷税的，由税务机关追缴其不缴或者少缴的税款、滞纳金，并处不缴或者少缴的税款 50% 以上 5 倍以下的罚款；构成犯罪的，依法追究刑事责任。

②扣缴义务人采取前款所列手段，不缴或者少缴已扣、已收税款，由税务机关追缴其不缴或者少缴的税款、滞纳金，并处不缴或者少缴税款 50% 以上 5 倍以下的罚款；构成犯罪的，依法追究刑事责任。

3）以假报出口或者其他欺骗手段，骗取国家出口退税款，由税务机关追缴其骗取的退税款，并处骗取税款 1 倍以上 5 倍以下的罚款；构成犯罪的，依法追究刑事责任。

对骗取国家出口退税款的，税务机关可以在规定期间内停止为其办理出口退税。

4）以暴力、威胁方法拒不缴纳税款的，是抗税，除由税务机关追缴其拒缴的税款、滞纳金外，依法追究刑事责任。情节轻微，未构成犯罪的，由税务机关追缴其拒缴的税款、滞纳金，并处拒缴税款 1 倍以上 5 倍以下的罚款。

5）纳税人、扣缴义务人编造虚假计税依据的，由税务机关责令限期改正，并处 5 万元以下的罚款。

6）纳税人不进行纳税申报，不缴或者少缴应纳税款的，由税务机关追缴其不缴或者少缴的税款、滞纳金，并处不缴或者少缴的税款 50% 以上 5 倍以下的罚款。

7）扣缴义务人应扣未扣、应收而不收税款的，由税务机关向纳税人追缴税款，对扣缴义务人处应扣未扣、应收未收税款 50% 以上 3 倍以下的罚款。

案例分析 1-7

该公司未按我国《中华人民共和国税收征收管理法》的规定，向税务机关纳税申报和提供有关资料。在税务机关查实其偷税行为后，未及时缴纳所偷税款和罚款。在税务机关多次催缴以后仍以各种借口拖延不缴，抵制缴纳所偷税款和罚款。而且，对税务机关执法人员采取各种手段恐吓、威胁、企图阻止税务机关的依法行政和依法征税。这是一起典型的偷税案，抗税案。

（2）违反税务检查规定的法律责任。

纳税人、扣缴义务人逃避、拒绝或者以其他方式阻挠税务机关检查的，由税务机关责令改正，可以处 10000 元以下的罚款；情节严重的，处 10000 元以上 50000 元以下的罚款。

（3）从事生产、经营的纳税人、扣缴义务人有本法规定的税收违法行为，拒不接受税务机关处理的，税务机关可以收缴其发票或者停止向其发售发票。

（4）纳税人、扣缴义务人的开户银行或者其他金融机构拒绝接受税务机关依法检查纳税人、扣缴义务人存款账户，或者拒绝执行税务机关做出的冻结存款或者扣缴税款的决定，或者在接到税务机关的书面通知后帮助纳税人、扣缴义务人转移存款，造成税款流失的，由税务机关处 10 万元以上 50 万元以下的罚款，对直接负责的主管人员和其他直接责任人员处 1 000 元以上 10 000 元以下的罚款。

（5）纳税人、扣缴义务人行为依法涉嫌犯罪的，税务机关应当依法移交司法机关追究刑事责任。

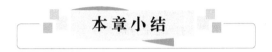

本章小结

税法是国家制定的用以调整国家与纳税人之间在征纳税方面的权利及义务关系的法律规范的总称。我国的税法是由总则、纳税人、征税对象、税目、税率、纳税期限、纳税环节、纳税地点、减税免税、罚则、附则项目组成。我国的税收法律关系由主体、客体和内容组成。税收法律关系的权利主体是双主体，一方是国家税务机关，另一方是纳税义务人。而税收法律关系的客体包括货币、实物和行为三个方面。如实纳税是每个企业和公民的义务，因此，中小企业的经营者和财务人员必须掌握企业的纳税工作流程。中小企业的纳税工作包括税务登记、纳税申报、税款征收等内容。一般的纳税工作包括：企业开业前到税务机关办理纳税登记；税务机关根据税法规定对纳税人的纳税事项做出鉴定；纳税人发生纳税义务后，按期向税务机关进行纳税申报和解缴税款；税务机关对纳税申报进行审核和检查。若纳税人、扣缴义务人、纳税担保人对对税务机关的处罚决定、强制执行措施或者税收保全措施不服的，可以依法申请行政复议，也可以依法向人民法院起诉。但是，若纳税人或扣缴义务人违反税收法律，就所应承担相应的法律后果，即承担行政责任、刑事责任。

单项练习题

一、单项选择题

1. 从事生产、经营的纳税人领取工商营业执照的，应当自领取工商营业执照（　　）申报办理税务登记。

　　A．之日起 30 日内 　　　　　　　　B．次日起 30 日内

　　C．之日起 3 个月内 　　　　　　　　D．次日起 3 个月内

2．纳税人因特殊困难而不能按期缴纳税款的，经省级以上税务局批准，可以延期缴纳税款，但最长不超过（　　　）。

    A．3个月   B．6个月   C．1年   D．3年

3．某公司拖欠2×××年增值税32万元，催缴无效，经县税务局长批准，税务机关书面函告该公司开户银行冻结其存款40万元，这一行政行为属于（　　　）。

    A．提供纳税担保   B．税收保全措施

    C．强制征收措施   D．税务行政协助

4．税法构成要素中，用以区分不同税种的是（　　　）。

    A．纳税人   B．征税对象   C．税目   D．税率

5．税收法律关系中的主体是指（　　　）。

    A．征税方   B．纳税方   C．征纳双方   D．国家税务总局

6．纳税人未按照规定期限缴纳税款的，税务机关除责令限期缴纳税款外，从滞纳税款之日起，按日加收滞纳税款（　　　）的滞纳金。

    A．千分之五   B．千分之十   C．万分之五   D．万分之十

7．纳税人不能按期办理纳税申报的，经税务机关核准（　　　）。

    A．可以不再申报   B．仍应申报

    C．可以延期申报   D．可以分期申报

8．已开具的发票存根联和发票登记簿，应当保存（　　　）。

    A．3年   B．5年   C．15年   D．永久

二、多项选择题

1．税务登记的种类包括（　　　）。

    A．设立登记   B．停业登记

    C．外出经营活动报验登记   D．复业登记

2．根据税收征收管理法律制度的规定，纳税人发生偷税行为时，税务机关可以行使的权力有（　　　）。

    A．追缴税款   B．加收滞纳金   C．处以罚款   D．处以罚金

3．纳税人进行纳税申报的方式有（　　　）。

    A．直接申报   B．邮寄申报

    C．数据电文方式申报   D．简易申报

4．我国现行税制中采用的税率有（　　　）。

    A．比例税率   B．累进税率   C．定额税率   D．超倍税率

5．根据《税收征管法》的规定，当事人对税务机关的处罚决定、强制执行措施或者税收保全措施不服的，可以（　　　）。

    A．申请复议

    B．向税务机关申请暂缓执行

    C．向政府主管部门反映并请其出面调解

    D．向人民法院起诉

6.发票的使用要求包括（　　　）。

　　A.不得转借、转让、代开发票

　　B.未经批准，不得拆本使用发票

　　C.不得扩大专业发票的使用范围

　　D.禁止倒买、倒卖发票

7.根据《税收征管法》的规定，下列各项中，属于偷税行为的有（　　　）。

　　A.隐匿账簿、凭证，少缴应纳税款的

　　B.进行虚假纳税申报，少缴应纳税款的

　　C.在账簿上多列支出，少缴应纳税款的

　　D.隐匿财产，妨碍税务机关追缴欠缴税款的

8.常用的发票种类有（　　　）。

　　A.增值税专用发票　　　　　　　　　B.增值税普通发票

　　C.专业发票　　　　　　　　　　　　D.其他发票

三、判断题

1.税务机关、税务人员、扣缴义务人都是征管法中说的征收主体。　　　（　　）

2.企业在外地设立从事生产、经营的场所不需要办理税务登记。　　　（　　）

3.纳税人在减免税期间不需办理纳税申报。　　　　　　　　　　　　（　　）

4.单位不得转借、转让、代开发票，但是个人可以转借、转让、代开发票。（　　）

5.对于外资企业，在开具发票时，可以只用外国文字表述。　　　　　　（　　）

6.根据税收法律制度的规定，对于生产不固定、账册不健全的单位，但能控制进货销货的纳税人，适用的税款征收方式是查验征收。　　　　　　　　　　　　　（　　）

7.申请人可以在知道税务机关做出具体行政行为之日起30日内提出行政复议申请。

　　　　　　　　　　　　　　　　　　　　　　　　　　　　　　　　（　　）

8.因纳税人、扣缴义务人计算错误等失误，未缴或者少缴税款的，税务机关在3年内可以追征税款.滞纳金；有特殊情况的，追征期可以延长到5年。　　　　　（　　）

9.对偷税、抗税、骗税、欠税的，税务机关追征其未缴或少缴的税款、滞纳金或者骗取的税款，不受年限限制。　　　　　　　　　　　　　　　　　　　　（　　）

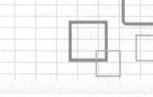

第二章

增值税会计

知识目标

1. 了解增值税的含义、税率及纳税范围。
2. 掌握增值税纳税人的规定。
3. 掌握增值税的计算、出口退税的计算和会计处理。
4. 掌握增值税纳税申报的方法。

能力目标

1. 能根据企业的经济业务计算应纳增值税额。
2. 能根据企业的经济业务进行增值税纳税申报。
3. 能根据企业的经济业务进行增值税的会计处理。
4. 能办理增值税的出口退（免）税的工作。

第一节　认识增值税

问题提出

目前，增值税是我国第一大税种，据相关部门报道，2010 年我国的国内增值税收入占税收总收入的比重约为 29%。特别是 2016 年 5 月 1 日起，我国开始全面征收增值税后，增值税的征收对企业的经营有着举足轻重的影响。那么，什么是增值税呢？谁是增值税的纳税人？发生哪些行为要征收增值税？增值税税率又是如何规定的？

1954 年法国成功推行增值税后，欧洲、非洲和拉丁美洲等一些国家也相继实行了增值税，到 2005 年，世界上已有 140 多个国家和地区实行了增值税。我国于 1979 年开始试行增值税，并且于 1984 年、1993 年、2008 年和 2012 年进行了重要改革，现行的增值税制度主要是以 2008 年

11月5日财政部颁布的国家税务总局令第50号《中华人民共和国增值税暂行条例实施细则》（以下简称《暂行条例实施细则》）为基础的。经国务院常务会议决定，自2012年1月1日起，在上海市开展交通运输业和部分现代服务业营业税改征增值税试点，自2016年5月1日起，我国全面推进增值税的征收。由此，我国增值税实现了由特定商品增值税向一般商品增值税的转换。按照党中央、国务院部署，为进一步完善税制，支持制造业、小微企业等实体经济的发展，持续为市场主体减负，于2019年4月1日正式实施，原适用16%税率的，税率调整为13%，原适用10%税率的，税率调整为9%，保持原有6%不变。进而确保所有行业税负只减不增，继续向推进税率三档并两档、税制简化方向迈进。

一、增值税概念

增值税（Value Added Tax，VAT）是以增值额为征税对象而征收的一种税。我国现行增值税是对在我国境内销售或者进口货物，提供应税劳务和应税服务的单位和个人，就其取得的货物、应税劳务或应税服务的增值额而征收的一种流转税。

知识链接

增值额，是指纳税人在其生产、经营活动中所创造新增价值或商品附加值。也就是纳税人在一定时期内销售商品或提供劳务所取得的收入大于其购进商品或取得劳务时所支出部分的差额。

为了理解增值额，我们选用这样一个例子（只考虑原材料成本，不考虑生产中其他支出）来说明。农民种了棉花，将棉花卖给织布商，这个织布商又把布料卖给印染商，先后经过5道工序，最后，制成衣服并销售出去。表2-1给出一系列假设的数字。

表2-1 各环节增值情况

生产者	购买价	销售额	增值额
农民	0	200	200
织布商	200	300	100
印染商	300	350	50
服装生产商	350	650	300
服装销售商	650	800	150
合计	1 500	2 300	800

不难看出，就一个环节而言，增值额是产出减去投入后的余额。如服装加工环节，购入的布料是350元，服装产出是650元，增值额就是300元。就一个产品而言，增值额之和就是商品价值之和。本例中各环节累计增值额是800元，也就是服装的最终销售价值。

二、增值税的类型

增值税按对外购固定资产处理方式的不同，可分为生产型增值税、收入型增值税和消费型增值税三种类型。

1. 生产型增值税

生产型增值税是允许纳税人从本期销售商品的收入中扣除用于生产经营的流动资产的价值，不允许扣除固定资产的价值。增值税允许抵扣的范围，只限于原材料、燃料等劳动对象的价值。就整个社会而言，其增值部分实际相当于国民生产总值，故称生产型增值税。此种类型的增值税对固定资产存在重复征税，而且越是资本有机构成高的行业，重复征税就越严重。这种类型的增值税虽然不利于鼓励投资，但可以保证财政收入。

2. 收入型增值税

收入型增值税是指除允许纳税人扣除外购物质资料的价值以外，对于购置用于生产、经营用的固定资产，允许将已提折旧的价值额予以扣除。即对于购入的固定资产，可以按照磨损程度相应地给予扣除。这个法定增值额，就整个社会来说，相当于国民收入，所以称为收入型增值税。此种类型的增值税从理论上讲是一种标准的增值税，但由于外购固定资产价款是以计提折旧的方式分期转入产品价值的，且转入部分没有逐笔对应的外购凭证，故给凭发票扣除的计算方式带来困难，从而影响了这种方法的广泛采用。

3. 消费型增值税

消费型增值税是以纳税人的经营收入或劳务收入减去所购进的各种材料和其他费用支出以及当期购置的全部生产设备支出后的余额作为征税对象的增值税。实行消费型增值税，允许将购置用于生产的固定资产价值额，在购置的当期全部一次扣除。因此，此种类型的增值税在购进固定资产的当期因扣除额大大增加，会减少财政收入。但这种方法最宜规范凭发票扣税的计算方法，因为凭固定资产的外购发票可以一次将其已纳税款全部扣除，既便于操作，也便于管理，所以三种类型中最简便、最能体现增值税优越性的一种类型。目前我国实行的是消费型增值税。

三、增值税的纳税人与征税范围

（一）增值税纳税人的基本规定

增值税的纳税人是指在中华人民共和国境内销售货物或加工、修理修配劳务，销售服务、无形资产、不动产以及进口货物的单位（包括企业、行政单位、事业单位、军事单位、社会团体及其他单位）和个人（包括个体工商户和其他个人）。

单位租赁或承包给其他单位或者个人经营的，以承租人或承包人为纳税人。

境外的单位或个人在境内销售应税劳务而境内未设有经营机构的，其应纳税款以代理人为扣缴义务人；没有代理人的，以购买者为扣缴义务人。

（二）增值税纳税人的分类

根据《中华人民共和国增值税暂行条例》（以下简称《增值税暂行条例》）及其实施细则的规定，划分一般纳税人和小规模纳税人的基本依据是纳税人的年应税销售额以及财务核算健全程度（是否能够提供准确的税务资料）。

纳税人分类

案例引入 2-1

　　20××年7月，浙江省安吉县国税局征收科在对下属某竹器制品加工企业的纳税情况进行检查时发现，该单位年销售额为200多万元，达到了增值税一般纳税人的标准，且财务制度健全，却一直按小规模纳税人申报纳税，未申报办理增值税一般纳税人的手续。于是，税务人员按其销售额与法定增值税率计算应补税款20多万元，并不予抵扣任何进项税额。该企业不理解，一般纳税人与小规模纳税人的区分标准是什么？

　　一般纳税人和小规模纳税人划分的基本标准是纳税人年应税销售额的大小。这里所指的年应税销售额是在连续不超过12个月或四个季度的经营期内累计应征增值税销售额，包括纳税申报销售额、稽查查补销售额、纳税评估调整销售额。

　　　　年应税销售额＝连续不超过12个月含税销售额合计÷（1+适用税率）

　　1. 小规模纳税人的认定标准

案例分析 2-1-1

　　小规模纳税人的具体认定标准为：

　　（1）是指年不含税销售额低于500万元，并且会计核算不健全，不能按规定报送有关税务资料的增值税纳税人。所称会计核算不健全是指不能正确核算增值税的销项税额、进项税额和应纳税额。

　　（2）年应税销售额超过小规模纳税人标准的其他个人按小规模纳税人纳税，非企业性单位、不经常发生应税行为的企业，可选择按小规模纳税人纳税。

　　小规模纳税人实行简易征税办法，一般不使用增值税专用发票，但可以委托税务机关代开增值税专用发票。当小规模纳税人会计核算健全，能够提供准确税务资料的，可以向税务机关申请登记为一般纳税人，不再作为小规模纳税人。

　　2. 一般纳税人的基本认定标准

　　增值税纳税人年应税销售额超过财政部、国家税务总局规定的小规模纳税人标准，应当向主管税务机关办理一般纳税人登记。

　　（1）连续不超过12个月或四个季度的经营期内累计应征增值税销售额超过500万元；

　　（2）在年应税销售额不能达到规定标准的，但会计核算健全，能够提供准确税务资料的，可以向税务机关申请登记为一般纳税人。

案例分析 2-1-2

　　因此，可以总结得出：一般纳税人是指年应税销售额超过增值税税法规定的小规模纳税人标准的企业和企业性单位。年应税销售额未超过小规模纳税人标准的企业，个人、非企业性单位以及不经常发生增值税应税行为的企业，一般不认定为一般纳税人。

　　3. 扣缴义务人

　　境外单位或者个人在境内销售劳务，在境内未设有经营机构的，以其境内代理人为扣缴义务人，在境内没有代理人的，以购买方为增值税扣缴义务人。

（三）增值税的征税范围

1. 征税范围的一般规定

（1）销售货物，指有偿转让货物的所有权。货物是指有形动产，包括电力、热力、气体在内，但不包括无形资产和不动产。

（2）销售劳务（加工、修理修配劳务）。

"加工"是指受托加工货物，即委托方提供原料及主要材料，受托方按照委托方的要求制造货物并收取加工费的业务。"修理修配"是指受托对损伤和丧失功能的货物进行修复，使其恢复原状和功能的业务。提供加工和修理修配劳务都是指有偿提供加工和修理修配劳务。但单位或个体经营者聘用的员工为本单位或雇主提供加工、修理修配劳务则不包括在内。有偿不仅仅是指从购买方取得货币，还包括取得货物或其他经济利益。

（3）销售服务。

销售服务的具体范围见表2-2：

表2-2　销售服务的具体范围

交通运输业	陆路运输服务	包括铁路运输和其他陆路运输（公路、缆车、索道、地铁、城市轻轨等）。出租公司收取的出租车管理费按陆路运输服务征税。
	水路运输服务	注意：远洋运输的程租、期租业务属于水路运输服务。
	航空运输服务	注意：航空运输的湿租业务属于航空运输服务。航天运输按此征收。
	管道运输服务	
邮政业	邮政普遍服务	函件、包裹等邮件寄递，邮票发行、报刊发行和邮政汇兑等业务。
	邮政特殊服务	义务兵平常信函、机要通信、盲人读物和革命烈士遗物的寄递等业务。
	其他邮政服务	邮册等邮品销售、邮政代理等业务活动。
电信业	基础电信服务	提供语音通话服务的业务活动、出租或出售带宽、波长等网络元素的业务活动。
	增值电信服务	提供短信和彩信服务、电子数据和信息的传输及应用服务、互联网接入服务等业务活动。
现代服务业	研发和技术服务	包括研发、技术转让（专利或非专利技术所有权或使用权的转让）、技术咨询服务（针对特定技术）、合同能源管理、工程勘察勘探。
	信息技术服务	包括软件（含软件咨询）、电路设计及测试、信息系统（含网站对非自有的网络游戏提供的运营服务）和业务流程管理服务。
	文化创意服务	包括设计（含动漫、网游、网站等设计）、商标著作权转让、知识产权、广告（含广告代理、发布、播映、宣传、展示等）和会议展览服务。
	物流辅助服务	包括航空（含地面服务和通用服务）、港口码头（含港口设施保安费）、货运客运场站、打捞救助、货物运输代理、代理报关、仓储、装卸搬运和收派服务。
	租赁服务	包括有形动产、不动产的融资租赁服务和经营租赁服务。注意：水路运输的光租业务、航空运输的干租业务，属于经营租赁。
	鉴证咨询服务	包括认证服务、鉴证服务和咨询服务（含代理记账、翻译服务）。
	广播影视服务	节目制作、发行和播映（含放映）服务。
	金融服务	包括贷款服务、直接收费金融服务、保险服务和金融商品转让。
	建筑服务	包括工程服务、安装服务、修缮服务、装饰服务和其他建筑服务。注意：固定电话、有线电视、宽带、水、电、燃气、暖气等经营者向用户收取的安装费、初装费、开户费、扩容费以及类似收费，按照安装服务缴纳增值税。
	商务辅助服务	包括企业管理服务、经纪代理服务、人力资源服务、安全保护服务。
	生活服务	包括文化体育服务、教育医疗服务、旅游娱乐服务、餐饮住宿服务、居民日常服务和其他生活服务。

（4）销售无形资产。

销售无形资产，是指有偿转让无形资产"所有权"或者"使用权"的业务活动。具体包括销售技术、商标、著作权、商誉、自然资源使用权和其他权益性无形资产。

（5）销售不动产。

销售不动产，是指转让"不动产所有权"的业务活动。其中，转让建筑物有限产权或者永久使用权的，转让在建的建筑物或者构筑物所有权的，以及在转让建筑物或者构筑物时一并转让其所占土地的使用权的，均按照销售不动产缴纳增值税。

（6）进口货物。

进口货物，指申报进入我国海关境内的货物。确定一项货物是否属于进口货物，必须看其是否办理了报关进口手续。只要是报关进口的应税货物，均属于增值税征税范围，在进口环节缴纳增值税。

案例引入 2–2

浙江省舟山市某渔业公司于20××年10月将产成品——虾仁发给职工及赠送给关系户，共计5 000公斤。舟山市国税局稽查队对其纳税情况进行检查时，发现其账实不符，经过仔细询问、调查，弄清缘由，要求其补缴增值税17 000元，并以偷税为由给予相应罚款。该公司负责人感到困惑和沮丧，这种没有销售也算偷税吗？

2. 对视同销售货物行为的征税规定

案例分析 2–2

根据《中华人民共和国增值税暂行条例》及其实施细则的规定，视为销售货物的行为如下：

（1）将货物交付他人代销；

（2）销售代销货物；

（3）设有两个以上机构并实行统一核算纳税人，将货物从一个机构移送其他机构用于销售，但相关机构设在同一县（市）的除外；

（4）将自产或委托加工的货物用于非增值税应税项目；

（5）将自产、委托加工或购买的货物作为投资提供给其他单位或个体经营者；

（6）将自产、委托加工或购买的货物分配给股东或投资者；

（7）将自产、委托加工的货物用于集体福利或个人消费；

（8）将自产、委托加工或购买的货物无偿赠送他人；

（9）向其他单位或者个人无偿提供服务，但用于公益事业或者以社会公众为对象的除外；

（10）向其他单位或者个人无偿转让无形资产或者不动产，但用于公益事业或者以社会公众为对象的除外。

视同销售
货物行为

3. 征税范围的特别规定

（1）货物期货（包括商品期货和贵金属期货），在期货的实物交割环节纳税。

（2）融资性售后回租业务中承租方出售资产的行为不征增值税。

（3）航空运输企业提供的旅客利用里程积分兑换的航空运输服务，不征收增值税。航空运输企业已售票但未提供航空运输服务取得的逾期票证收入，按照航空运输服务征收增值税。

（4）试点纳税人根据国家指令无偿提供的铁路运输服务、航空运输服务，属于以公益活动为目的的服务，不征收增值税。

（5）电力公司向发电企业收取的过网费，应当征收增值税。

（6）对增值税纳税人收取的会员费收入不征收增值税。纳税人取得的中央财政补贴不征收增值税。

四、增值税的税率

（一）一般纳税人适用的税率

我国增值税采取了基本税率、低税率相结合的模式，同时对于向境外出口的货物实行零税率的优惠政策。

1. 基本税率

增值税一般纳税人销售或进口货物（除适用低税率和零税率的外），提供加工、修理修配劳务，有形动产租赁服务，税率一律为13%。

2. 低税率

（1）纳税人销售或者进口下列货物，税率为9%：

①初级农业产品、食用植物油、鲜奶（含巴氏杀菌乳和灭菌乳，不含调制乳）；

②自来水、暖气、冷气、热水、煤气、石油液化气、天然气、沼气、居民用煤炭制品；

③图书、报纸、杂志、电子出版物、音像制品；

④饲料、化肥、农药、农机（整机，不含农机零件）、农膜；

⑤二甲醚；

⑥国务院规定的其他货物。

（2）纳税人提供以下服务，税率为低税率9%：

①交通运输业服务；②邮政业服务；③基础电信服务；④建筑服务；⑤不动产租赁服务；⑥销售不动产；⑦转让土地使用权。

（3）纳税人提供以下服务，税率为低税率6%：

①研发和技术服务；②信息技术服务；③文化创意服务；④物流辅助服务；⑤鉴证咨询服务；⑥广播影视服务；⑦增值电信服务；⑧金融服务；⑨生活服务；⑩销售无形资产。

3. 零税率

纳税人出口货物和规定的应税服务税率为零，但是国务院另有规定的除外。

4. 其他规定

纳税人兼营不同税率的货物、应税劳务或应税服务的，应当分别核算不同税率货物、应税劳务或者应税服务的销售额。未分别核算销售额的，从高适应税率。

（二）小规模纳税人的征收率

由于小规模纳税人会计核算不健全，无法准确核算进项税额和销项税额，在增值税征收管理中，采用简便方式，按照其销售额与规定的征收率计算缴纳增值税，不准许抵扣进项税，也不允许使用增值税专用发票。小规模纳税人增值税征收率为 3%，征收率的调整，由国务院决定。

知识链接

纳税人销售旧货、小规模纳税人（除其他个人外）销售自己使用过的固定资产，采用简易计税办法，即依照 3% 征收率减按 2% 征收增值税。此外，建筑企业一般纳税人提供建筑服务属于老项目的，可以选择简易办法依照 3% 的征收率征收增值税。

五、增值税的减免税

我国增值税法律制度规定了增值税减免的三种形式：

1. 直接免税

享受直接免税的主要有：农业生产者销售的自产农业产品，避孕药品和用具，古旧图书，直接用于科学研究、科学试验和教学的进口仪器、设备，外国政府、国际组织无偿援助的进口物资和设备，来料加工、来件装配和补偿贸易所需进口的设备，由残疾人组织直接进口供残疾人专用的物品等。享受直接免税的纳税人，销售免税货物或劳务不得开具增值税专用发票，进项税额不能抵扣。

2. 起征点

对个人销售额未达到规定起征点的，免征增值税。其具体起征点由省级财政厅（局）和国家税务局在规定幅度内确定，并报财政部、国家税务总局备案。销售货物的起征点为月销售额 5 000 ～ 20 000 元，销售应税劳务的起征点为月销售额 5 000 ～ 20 000 元，按次纳税的起征点为每次（日）销售额 300 ～ 500 元。

对增值税小规模纳税人中月销售额未达到 2 万元的企业或非企业性单位，免征增值税。

3. 先征后返或即征即退

实行增值税先征后返的纳税人，先按规定缴纳增值税，再由财政部门审批，并按照纳税人实际缴纳的税额全部或依照一定比例办理退税。实行增值税即征即退的纳税人，先按规定缴税，再由财政部门委托税务部门审批后办理退税手续。我国目前实行的增值税先征后返和即征即退政策，基本是 1994 年税制改革以后，为了保证新旧税制的衔接和平稳过渡，或者为了照顾一些行业和部门的困难而制定的过渡性措施，大多规定了执行期限。

纳税人发生应税行为适用免税、减税规定的，可以放弃免税、减税，依照相关规定缴纳增值税。放弃免税、减税后，36 个月内不得再申请免税、减税。纳税人发生应税行为同时适用免税和零税率规定的，纳税人可以选择适用免税或者零税率。

4. 小微企业免税规定

（1）自 2021 年 4 月 1 日至 2022 年 12 月 31 日，增值税小规模纳税人发生增值税应税销售行为，合计月销售额不超过 15 万元（以 1 个季度为 1 个纳税期的，季度销售额未超过 45 万元）的，免征增值税。

小微企业
免税政策

小规模纳税人发生增值税应税销售行为，合计月销售额超过15万元，但扣除本期发生的销售不动产的销售额后未超过15万元的，其销售货物、劳务、服务、无形资产取得的销售额免征增值税。

（2）增值税小规模纳税人月销售额不超过15万元的，当期因开具增值税专用发票已经缴纳的税款，在专用发票全部联次追回或者按规定开具红字专用发票后，可以向税务机关申请退还。

（3）其他个人采取一次性收取租金形式出租不动产，取得的租金收入，可在租金对应的租赁期内平均分摊，分摊后的月租金收入不超过15万元的，可享受小微企业免征增值税的优惠政策。

第二节　增值税应纳税额的计算

问题提出

2×××年7月2日，应届大学毕业生杨某去浙江长征有限公司应聘纳税会计岗位，财务部经理出了一题增值税的计算题，题目如下：浙江长征有限公司为增值税一般纳税人，2×××年5月发生以下业务：

（1）购入一批原材料，专用发票上注明价款200万元，增值税额34万元，货款用银行存款支付，并另用银行存款支付运杂费（其中运费5 000元，建设基金3 000元，装卸费2 000元），材料已运到并验收入库。

（2）收购一批农产品，收购凭证上注明的价款10万元，农产品已验收入库。

（3）将上月购入的原材料用于在建工程，该材料账面成本为1万元。

（4）将一批产成品用于在建工程，成本2万元，市场不含税售价4万元。

请问该公司5月份应缴纳多少增值税？

一、增值税的计算方法

增值税的计算方法分为直接计算法和间接计算法两种。

（一）直接计算法

所谓直接计算法是指首先计算出应税货物或劳务的增值额，然后用增值额乘以适用税率求出应纳税额。直接计算法按计算增值额的不同，又可分为加法和减法。

1. 加法

加法，是把企业在计算期内实现的各项增值项目——相加，求出全部增值额，然后再依率计算增值税。

2. 减法

减法，是以企业在计算期内实现的应税货物或劳务的全部销售额减去规定的外购项目金额以后的余额作为增值额，然后再依率计算增值税，这种方法又叫扣额法。

（二）间接计算法

所谓间接计算法是指不直接根据增值额计算增值税，而是首先计算出应税货物的整体税负，然后从整体税负中扣除法定的外购项目已纳税款。由于这种方法是以外购项目的实际已纳税额为依据，所以又叫购进扣税法或发票扣税法。这种方法简便易行，计算准确，既适用于单一税率，又适用于多档税率，因此，是实行增值税的国家（包括我国）广泛采用的计税方法。

二、增值税一般纳税人的计算

我国现行一般纳税人的应纳税额计算，采用购进扣税法，其计算公式为

$$应纳税额 = 当期销项税额 - 当期准予抵扣的进项税额$$

若当期销项税额小于同期准予抵扣的进项税额而不足抵扣时，其不足部分结转下期继续抵扣。

（一）销项税额的计算

销项税额是指纳税人销售货物、提供应税劳务或者应税服务，按照销售额、应税劳务或应税服务收入和规定的税率计算并向购买方收取的增值税税额。销项税额的计算公式为

$$销项税额 = 不含税的销售额 \times 增值税税率$$

从定义和公式中我们可以知道，它是由购买方支付的税额。销项税额的计算取决于销售额和适用税率两个因素。需要强调的是，增值税是价外税，公式中的"销售额"必须是不包括收取的销项税额的销售额。

1. 销售额的一般规定

销售额为纳税人销售货物、提供应税劳务或向购买方收取的全部价款和价外费用，但是不包括收取的销项税。向购买方收取的各种价外费用。具体包括：手续费、补贴、基金、集资费、返还利润、奖励费、违约金、延期付款利息、滞纳金、赔偿金、包装费、包装物租金、储备费、优质费、运输装卸费、代收款项、代垫款项及其他各种性质的价外收费。上述价外费用无论其会计制度如何核算，都应并入销售额计税。但上述价外费用不包括以下费用：

（1）向购买方收取的销项税额。

（2）受托加工应征消费税的货物，而由受托方向委托方代收代缴的消费税。

（3）同时符合以下两个条件的代垫运费：承运部门的运费发票开具给购买方，并且由纳税人将该项发票转交给购买方的。

2. 视同销售行为销售额的确定

视同销售行为是增值税税法规定的特殊销售行为。由于视同销售行为会出现视同销售而无销售额的情况。另外，有时纳税人销售货物或提供应税劳务的价格明显偏低且无正当理由。在上述情况下，主管税务机关有权按照下列顺序核定其计税销售额：

视同销售的
销售额确定

（1）按纳税人最近时期同类货物的平均销售价格确定。

（2）按其他纳税人最近时期同类货物的平均销售价格确定。

（3）用以上两种方法均不能确定其销售额的情况下，可按组成计税价格确定销售额。

公式为

$$组成计税价格 = 成本 \times (1 + 成本利润率)$$

属于应征消费税的货物，其组成计税价格应加计消费税税额。计算公式为

$$组成计税价格 = 成本 \times (1 + 成本利润率) + 消费税税额$$

或　　　　　$$组成计税价格 = 成本 \times (1 + 成本利润率) \div (1 - 消费税税率)$$

公式中，"成本"分为两种情况：属于销售自产货物的为实际生产成本；属于销售外购货物的为实际采购成本。公式中"成本利润率"为10%。但属于从价定率征收消费税的货物，其组成计税价格公式中的成本利润率为《消费税若干具体问题的规定》中规定的成本利润率。

3. 特殊销售方式的销售额

（1）折扣方式销售货物

纳税人以折扣方式销售货物分为两种：

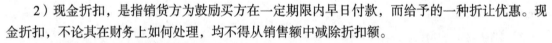

1）商业折扣，是指销售方在销售货物或提供应税劳务时，因购买方需求量大等原因，而给予的价格方面的优惠。按照现行税法规定：纳税人采取商业折扣方式销售货物，如果销售额和折扣额在同一张发票上分别注明，可以按折扣后的销售额征收增值税，销售额和折扣额在同一张发票上分别注明是指销售额和折扣额在同一张发票上的"金额"栏分别注明，未在同一张发票"金额"栏注明折扣额，而仅在发票的"备注"栏注明折扣额的，折扣额不得从销售额中减除。如果将折扣额另开发票。不论其在财务上如何处理，均不得从销售额中减除折扣额。

2）现金折扣，是指销货方为鼓励买方在一定期限内早日付款，而给予的一种折让优惠。现金折扣，不论其在财务上如何处理，均不得从销售额中减除折扣额。

（2）以旧换新方式销售货物

以旧换新销售，是纳税人在销售过程中，折价收回同类旧货物，并以折价部分冲减货物价款的一种销售方式。税法规定：纳税人采取以旧换新方式销售货物的（金银首饰除外），应按新货物的同期销售价格确定销售额。而对金银首饰的销售行为按销售方实际收取的不含增值税的全部价款征收增值税。

（3）采取以物易物方式销售货物

以物易物是一种较为特殊的购销活动，是指购销双方不是以货币结算，而是以同等价款的货物相互结算，实现货物购销的一种方式。交易双方都应作购销处理，以各自发出的货物核算销售额并计算销项税额，以各自收到的货物核算购货额及进项税额。需要强调的是，在以物易物活动中，双方应各自开具合法的票据，必须计算销项税额，但如果收到货物不能取得相应的增值税专用发票或者其他合法票据，不得抵扣进项税额。

以物易物的增值税业务处理

（4）采取还本销售方式销售货物

还本销售是指纳税人在销售货物后，到一定期限由销售方一次或分次退还给购货方全部或部分价款。这种方式实际上是一种筹集资金，是以货物换取资金的使用价值，到期还本不付息的方法。税法规定，采取还本销售方式销售货物，其销售额就是货物的销售价格，不得从销售

额中减除还本支出。

（5）包装物押金计税问题

根据税法规定，纳税人为销售货物而出租出借包装物收取的押金，单独记账、时间在1年内、又未过期的，不并入销售额征税；但对逾期未收回不再退还的包装物押金，应按所包装货物的适用税率计算纳税。

应税物品的
包装物押金

知识链接

一是"逾期"的界定，"逾期"是以1年（12个月）为期限。二是押金属于含税收入，应先将其换算为不含税销售额再并入销售额征税。另外，包装物押金与包装物租金不能混淆，包装物租金属于价外费用，在收取时便并入销售额征税。

从1995年6月1日起，对销售除啤酒、黄酒以外的其他酒类产品收取的包装物押金，无论是否返还以及会计上如何核算，均应并入当期销售额征税。

4. 含税销售额的换算

在实际工作中，常常会出现一般纳税人将销售货物或者应税劳务采用销售额和销项税额合并定价收取的方法，这样就会形成含税销售额。在计算应纳税额时，如果不将含税销售额换算为不含税销售额，就会导致增值税计税环节出现重复纳税的现象，甚至出现物价非正常上涨的局面。因此，一般纳税人销售货物或者应税劳务取得的含税销售额在计算销项税额时，必须将其换算为不含税的销售额。将含税销售额换算为不含税销售额的计算公式为

$$不含税销售额 = 含税销售额 \div （1 + 增值税税率）$$

例 2-1

国大电器有限公司为增值税一般纳税人（适用增值税税率13%），2020年7月发生下列经济业务：

（1）批发销售格力空调50台，不含税的单价8000元；美的空调30台，不含税的单价4000元，向购买方开具了增值税专用发票，收取了货款并将提货单交给了购买方。

（2）零售电视机、冰箱等电器取得零售总额2260000元，货款已收回。

（3）采取以旧换新方式销售洗衣机30台，收取每台价款3000元，价款中已扣除顾客每台旧空调收购价390元。

（4）采取还本销售方式销售电视机给消费者20台，协议规定，每台不含税售价4000元，5年后厂家全部将货款退还给购货方。共开出普通发票20张，合计金额90400元。

（5）以50台电视机向五星公司等价换取空调，电视机成本价每台1800元，不含税售价的单价3000元。双方均按规定开具增值税发票。

（6）7月2日，向万马公司销售笔记本电脑50台，不含税的单价为5000元，为了尽快收回货款，向客户提供的现金折扣条件为"4/10，2/20，N/30"。7月13日，全部收回货款，按规定向万马公司给予优惠。

（7）作为公司福利，将从生产厂家取得的20台新品电视机发给员工，电视机成本价每台2000元，该种电视机还没有可参考的售价。

要求：根据上述业务，计算当月销项税额。

例题分析 2-1

（1）批发销售业务产生的销项税额＝（50×8 000＋30×4 000）×13%＝67 600（元）

（2）零售销售业务产生的销项税额＝2 260 000÷（1＋13%）×13%＝260 000（元）

（3）采取以旧换新方式销售的，应按新货物的同期销售价格确定销售额。其产生销项税额＝（3 000＋390）×30÷（1＋13%）×13%＝11 700（元）

（4）采取还本销售方式销售的，其销售额就是货物的销售价格，不得从销售额中减除还本支出。其产生销项税额＝4 000×20×13%＝10 400（元）

（5）采取以物易物方式销售的，应以各自发出的货物核算销售额并计算销项税额。其产生销项税额＝3 000×50×13%＝19 500（元）

（6）采取现金折扣方式销售的，不论其在财务上如何处理，均不得从销售额中减除折扣额。其产生销项税额＝5 000×50×13%＝32 500（元）

（7）福利发放电器，视同销售行为。视同销售行为如无同类货物平均销售价，应按组成计税价格确定销售额。其组成计税价格＝2 000×（1＋10%）×20＝44 000（元），产生销项税额＝44 000×13%＝5 720（元）

当月销项税额＝67 600＋260 000＋11 700＋10 400＋19 500＋32 500＋5 720＝407 420（元）

5. 营改增行业销项税额的计算

（1）金融服务行业

1）贷款服务，是以提供贷款服务取得的全部利息及利息性质的收入（不得扣除存款利息支出）为销售额，缴纳增值税。

2）直接收费金融服务，是以提供直接收费金融服务收取的手续费、佣金、酬金、管理费、服务费、经手费、开户费、过户费、结算费、转托管费等各类费用为销售额，缴纳增值税。

金融商品转让

3）金融商品转让，是以卖出价扣除买入价后的余额为销售额，缴纳增值税，但不得开具增值税专用发票。

转让金融商品应交增值税＝（售出价−购入价）÷（1＋适用税率）×适用税率

正负差盈亏相抵后的余额为销售额。若相抵后出现负差，可结转下一纳税期相抵，但年末时仍出现负差的，不得转入下一个会计年度。

（2）旅游服务行业

纳税人可以选择以取得的全部价款和价外费用，扣除向旅游服务购买方收取并支付给其他单位或者个人的"住宿费、餐饮费、交通费、签证费、门票费"和支付给其他"接团"旅游企业的旅游费用后的"余额"为销售额，缴纳增值税。

选择上述办法计算销售额的纳税人，向旅游服务购买方收取并支付的上述费用，不得开具增值税专用发票，可以开具普通发票。

（3）经纪代理行业

以取得全部价款和价外费用，"扣除向委托方收取"并代为支付的政府性基金或者行政事业性收费后的"余额"为销售额，缴纳增值税。

（二）进项税额的计算

进项税额与销项税额是相互对应的两个概念，在购销业务中，对于销货方而言，在收回货款的同时，收回销项税额；对于购货方而言，在支付货款的同时，支付进项税额。也就是说，销货方收取的销项税额就是购货方支付的进项税额。增值税一般纳税人应纳税额的大小取决于两个因素：销项税额和进项税额。进项税额的大小影响纳税人实际缴纳增值税的多少。需要注意的是，并不是购进货物或者接受应税劳务所支付或者负担的增值税都可以在销项税额中抵扣，税法对哪些进项税额可以抵扣、哪些进项税额不能抵扣做了严格的规定。

1. **准予从销项税额中抵扣的进项税额**

（1）从销售方取得的增值税专用发票上注明的增值税额。

（2）从海关取得的海关进口增值税专用缴款书上注明的增值税额。

（3）购进农产品进项税额的确定与抵扣：

① 增值税一般纳税人购进农产品，取得一般纳税人开具的增值税专用发票或海关进口增值税专用缴款书，则按增值税专用发票或海关进口增值税专用缴款书上注明增值税额，确认进项税额；

② 增值税一般纳税人购进农产品，从按照简易计税方法依照 3% 征收率计算缴纳增值税的小规模纳税人取得增值税专用发票的，以增值税专用发票上注明的金额和 9% 的扣除率计算进项税额，即

$$准予抵扣的进项税额 = 不含税的金额 \times 扣除率$$

③ 增值税一般纳税人购进农产品，取得农产品销售发票或收购发票的，以销售发票或收购发票注明的农产品的买价和 9% 的扣除率计算进项税额，即

$$准予抵扣的进项税额 = 买价 \times 扣除率$$

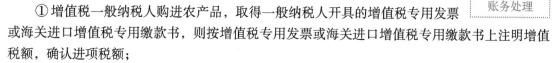

购进农产品的
账务处理

知识链接

根据财税〔2017〕37 号、财税〔2018〕32 号、财政部税务总局海关总署公告 2019 年第 39 号的相关规定，农产品加计抵扣 1% 是用于加工 13% 税率的货物时，基于其进项税额计算得到的。在购进时先按照购进相应票据上的金额抵扣进项税额，然后在生产领用当期，再加计抵扣 1%。主要可以概括为以下三种情况：

① 农产品收购发票或者销售发票，且必须是农业生产者销售自产农产品适用免税政策开具的普通发票；

② 取得一般纳税人开具的增值税专用发票或海关进口增值税专用缴款书；

③ 从按照 3% 征收率缴纳增值税的小规模纳税人处取得的增值税专用发票。

需要注意的是，这里的农产品是指列入《农业产品征税范围注释》（财税字〔1995〕52 号）的初级农业产品。取得批发零售环节纳税人销售免税农产品开具的免税发票，以及小规模纳税人开具的增值税普通发票，均不得计算抵扣进项税额。

（4）纳税人购进国内旅客运输服务，取得增值税电子普通发票，可按发票上注明的税额，确认可抵扣的进项税额；若未取得增值税专用发票的，暂按以下规定确定进税额：

① 取得注明旅客身份信息的航空运输电子客票行程单的，为按照下列公式计算进项税额：

航空旅客运输进项税额＝（票价＋燃油附加费）÷（1+9%）×9%

②取得注明旅客身份信息的铁路车票的，为按照下列公式计算的进项税额：

铁路旅客运输进项税额＝票面金额÷（1+9%）×9%

③取得注明旅客身份信息的公路、水路等其他客票的，按照下列公式计算进项税额：

公路、水路等其他旅客运输进项税额＝票面金额÷（1+3%）×3%

知识链接

纳税人提供客轮渡、公交客运、地铁等公共交通运输服务的，可以选择适用简易计税方法计税。因此一般纳税人购进此类服务的，统一按照征收率3%进行抵扣。

参考记忆口诀：公务出差可以抵、个人消费不可抵；电子普票可以抵、纸质普票不可抵；实名记载可以抵、无名无氏不可抵；空中票价燃油附、水陆客票看金额；公共交通鸟兽散（3%）、铁路飞机坐得久（9%）。

2. 不得从销项税额中抵扣的进项税额

（1）用于简易计税方法计税项目、免征增值税项目、集体福利或者个人消费的购进货物、加工修理修配劳务、服务、无形资产和不动产。其中涉及的固定资产、无形资产、不动产，仅指专用于上述项目的固定资产、无形资产（不包括其他权益性无形资产）、不动产。

（2）非正常损失的购进货物，以及相关的加工修理修配劳务和交通运输服务。

非正常损失是指因管理不善造成被盗、丢失、霉烂变质，以及因违反法律规定造成货物或不动产被依法没收、销毁、拆除的情形。

（3）非正常损失的在产品、产成品所耗用的购进货物（不包括固定资产）、加工修理修配劳务和交通运输服务。

（4）非正常损失的不动产，以及该不动产所耗用的购进货物、设计服务和建筑服务。

（5）非正常损失的不动产在建工程所耗用的购进货物、设计服务和建筑服务。纳税人新建、改建、扩建、修缮、装饰不动产，均属于不动产在建工程。

（6）购进的旅客运输服务、贷款服务、餐饮服务、居民日常服务和娱乐服务。

（7）财政部和国家税务总局规定的其他情形。

3. 一般纳税人兼营简易计税方法计税项目、免征增值税项目而无法划分不得抵扣的进项税额

按照下列公式计算不得抵扣的进项税额：

不得抵扣的进项税额＝当期无法划分的全部进项税额×（当期简易计税方法计税项目销售额＋免征增值税项目销售额）÷当期全部销售额

4. 防伪税控专用发票进项税额抵扣的时间限定

根据《国家税务总局关于进一步明确营改增有关征管问题的公告》（国家税务总局公告2017年第11号）的规定："自2017年7月1日起，增值税一般纳税人取得的2017年7月1日及以后开具的增值税专用发票和机动车销售统一发票，应自开具之日起360日内认证或登录增值税发票选择确认平台进行确认，并在规定的纳税申报期内，向主管国税机关申报抵扣进项税额"。

增值税一般纳税人取得的 2017 年 7 月 1 日及以后开具的海关进口增值税专用缴款书，应自开具之日起 360 日内向主管国税机关报送海关完税凭证抵扣清单，申请稽核比对，逾期未申请不予抵扣。

（三）进项税额转出的计算

进项税额
转出计算

（1）如果不准抵扣项目因购进时不能分清是否能抵扣，已作抵扣处理，那么能确定该项目不能抵扣时，要从当期的进项税额中减除。

（2）如购进货物发生非正常损失，在产品或产成品发生非正常损失，对于损失部分的进项税额要从当期的进项税中予以扣减。

（3）如果进货入账后，发生进货退出或折让并收回价款或增值税时，也要相应扣减当期的进项税额，不作扣减，按偷税予以处罚。

（4）购进货物改变用途（如用于非应税项目、集体福利或个人消费等），其进项税额应做转出处理。

例 2-2

浙江康康食品厂是增值税一般纳税人，税率为 13%。2020 年 7 月发生如下业务：

（1）购进生产原料一批，已验收入库，取得的增值税专用发票上注明的价、税分别是 200 000 元、26 000 元；

（2）购进白糖 10 吨，已验收入库，取得的增值税专用发票上注明的价、税分别是 100 000 元、13 000 元；

（3）直接向农民收购用于深加工的农产品一批，经税务机关批准的收购凭证上注明的价款为 300 000 元，该批农产品 7 月全部投入生产；

（4）将本月外购 5 吨白糖作为福利发放给员工；

（5）上月购进一批农产品（其购入的成本价为 91 000 元）因管理不善全部毁损。

要求：根据上述业务，计算本期准予抵扣的进项税额。

例题分析 2-2

（1）购进生产原料产生的进项税额 =26 000（元）。

（2）购进白糖产生的进项税额 =13 000（元）。

（3）农产品的扣除率为 9%，在生产领用当期，再加计抵扣 1%，购进农产品的进项税额 =300 000×（9%+1%）=30 000（元）。

（4）购进货物改变用途（如用于福利或个人消费等），其进项税额应做转出处理。所以，应进项税额转出为 6 500 元（13 000×50%）。

（5）购进货物发生非正常损失，对于损失部分的进项税额要从当期的进项税中予以扣减。所以，应进项税额转出为 9 000 元 [91 000÷（1-9%）×9%]。

当月准予抵扣的进项税额 =26 000+13 000+30 000-6 500-9 000=53 500（元）。

（四）一般纳税人应纳增值税案例说明

案例引入 2-3

卡迪服装有限公司为增值税一般纳税人，适用增值税税率13%，2021年5月有关生产经营业务如下：

（1）销售 K 系列服装给客户，开具增值税专用发票，取得不含税销售额100万元；另外，开具普通发票，取得销售包装物收入1.13万元。

（2）销售 M 系列服装给一个小规模纳税人，开具普通发票，取得含税销售额22.6万元。

（3）将试制的一批应税新产品用于送给客户，成本价为20万元，成本利润率为10%，该产品无同类产品市场销售价格。

（4）销售使用地过的货车1辆，开具普通发票，取得含税销售额1.03万元；该货车是2008年1月1日购入，原值为10万元。

（5）购进货物取得增值税专用发票，注明支付的货款60万元，税额7.8万元，货物验收入库；另外，支付购货的运输费6万元，税额0.54万元，取得运输公司开具的增值税专用发票。

（6）向农业生产者购进免税农产品一批，支付收购价30万元，支付给运输单位的运费5万元，取得普通运输发票，农产品验收入库。本月下旬将购进的农产品的20%用于本企业职工福利，其余的农产品均用于生产。

该企业的会计计算得出：

当月的销项税额 =100×13% +22.6÷（1+3%）×3% +1.03÷（1+13%）

×13% =13+0.66+0.12=13.78（万元）

当月的进项税额 =7.8+0.54+30×9%=11.04（万元）

当月应交增值税 =13.78-11.04=2.74（万元）

该会计这样计算对吗？

案例分析 2-3

（1）销售包装物取得的收入要应缴纳增值税，所以，销售 K 系列服装的销项税额 =100×13%+1.13÷（1+13%）×13%=13.13（万元）。

（2）销售商品给小规模纳税人，增值税的税率仍旧为13%，所以，销售 M 系列服装的销项税额 =22.6÷（1+13%）×13%=2.6（万元）。

（3）将试制的一批应税新产品用于送给客户，应视同销售缴纳增值税，所以，自用新产品的销项税额 =20×（1+10%）×13%=2.86（万元）。

（4）销售使用过的固定资产的税率为3%，减按2%征收，所以，销售使用过的货车（2009年1月1日前购入）应纳税额=1.03÷（1+3%）×2%=0.02（万元）。

（5）运输费取得货运增值税发票，所以进项税额可以抵扣。

（6）购进的农产品的20%用于本企业职工福利，那部分农产品的进项税额不得抵扣，而且剩余农产品都投入生产。所以，外购免税农产品应抵扣的进项税额 =30×（9%+1%）×（1-20%）=2.4（万元）。

当月的销项税额 =13.13+2.6+2.86+0.02=18.61（万元）

当月的进项税额 =7.8+0.54+2.4=10.74（万元）

当月应交增值税 =18.61-10.74=7.87（万元）

三、小规模纳税人增值税的计算

小规模纳税人销售货物或提供应税劳务，实行简易办法计算应纳税额，按其销售额的 3% 的征收率计算应纳税额，不得抵扣进项税额。其计算公式为

$$应纳税额 = 含税销售额 \div （1+征收率）\times 征收率$$

小规模纳税人应纳税额的计算

例 2-3

杭州萧山仓前印染厂是增值税小规模纳税人。2×××年5月取得（含增值税）销售收入 12.36 万元；购进原材料一批，支付（含增值税）货款 3.09 万元。

要求：计算该企业当月的应纳增值税税额。

例题分析 2-3

当月的应纳增值税税额 =12.36÷（1+3%）×3%=0.36（万元）

四、固定资产购销税务处理

（一）税收政策对取得固定资产的相关规定

1. 取得时允许抵扣的固定资产范围

（1）财税〔2009〕170 号第一条规定：自 2009 年 1 月 1 日起，增值税一般纳税人购进（包括接受捐赠、实物投资）或自制（包括改扩建、安装）的固定资产发生的进项税款，可根据《增值税暂行条例》及其实施细则规定，凭增值税专用发票，海关进口增值税缴款书和运输费用结算单据从销项税抵扣。允许抵扣固定资产进项税额，必须是 2009 年 1 月 1 日（含 1 月 1 日）以后实际发生并取得 2009 年 1 月 1 日后开具的增值税扣税凭证。

（2）《暂行条例实施细则》21 条规定：固定资产是指使用期限超过 12 个月的机器、机械、运输工具以及与生产经营有关的设备、器具、工具等，即动产类固定资产。同时还规定，取得可抵扣固定资产既用于增值税应税项目，又用于非增值各应税项目，免税项目，集体福利或个人消费则可以抵扣，也就是说，混用的固定资产是可以抵扣的。

（3）国税发〔2008〕117 号文规定：企业购进车辆取得机动车销售统一发票，只要不属于应征消费税的小汽车、摩托车、游艇的，也可以抵扣，例如购进货车。如果购进属于征消费税车辆，但企业不是作为固定资产自用，也可抵扣，如经销车辆的企业。

2. 不允许抵扣的固定资产范围

《中华人民共和国增值税暂行条例》第十条规定：

（1）取得可抵扣的固定资产专门用于非增值应税项目、免税项目、集体福利或个人消费，其进项税额不得抵扣。

（2）取得可抵扣的固定资产发生非正常损失，其进项税额不得抵扣。

（3）取得可抵扣固定资产在投入使用后，在生产在产品，产成品过程中发生非正常损失，其进项税不得抵扣。如因某种原因造成固定资产被盗、丢失，则剩余固定资产净值的进项税额不得再抵扣。

（4）上述四项固定资产的及销售免税固定资产的运输费用，其进项不得抵扣。

（二）税收政策对销售固定资产的相关规定

1. 一般纳税人销售固定资产

一般纳税人销售
自己使用过的
固定资产

（1）一般纳税人销售自己使用过的属于《中华人民共和国增值税暂行条例》第十条规定不得抵扣且未抵扣进项税额的固定资产，按照简易办法依照 3% 征收率减按 2% 征收增值税。

纳税人销售自己使用国的固定资产，适用简易办法依照 3% 征收率减按 2% 征收增值税政策的，可以放弃减税，按照简易办法依照 3% 征收率缴纳增值税，并可以开具增值税专用发票。

例 2-4

2021 年 4 月浙江康华有限公司（一般纳税人）销售 1 台旧机床设备，含税售价为 206 000 元，此设备于 2006 年 3 月购入（按照当时规定购买设备的进项税额不得从销项税额中抵扣，且未抵扣进项税额），原值为 2 000 000 元，已提折旧 1 200 000 元，款项已收到。假定该企业未计提减值准备，不考虑其他相关税费。

要求：计算该企业应纳增值税的税额。

例题分析 2-4

应纳增值税税额 =206 000÷（1+3%）×2%=4 000（元）

（2）一般纳税人销售自己使用过的（购进或者自制）固定资产，且不属于《中华人民共和国增值税暂行条例》第十条规定不得抵扣且未抵扣进项税额的固定资产，按照适用税率征收增值税。

例 2-5

2021 年 5 月浙江康华有限公司（一般纳税人）销售 1 台生产设备，含税售价为 226 000 元，款项已收到。此设备在购入时进项税额得到抵扣，此设备的原价为 500 000 元，已提取折旧 200 000 元。该设备购进时所含增值税已全部作为进项税额，进行了抵扣。假定该企业未计提减值准备，不考虑其他相关税费。

要求：计算该企业应纳增值税的税额。

例题分析 2-5

应纳增值税税额 =226 000÷（1+13%）×13%=26 000（元）

2. 小规模纳税人销售使用过的固定资产

（1）按财税〔2009〕9 号文第二条第一款第二项规定：小规模纳税人销售自己使用过的固定资产减按 2% 征收率征收增值额。但是，销售固定资产以外的物品按 3% 征收率征收增值税。

销售额 = 含税销售额÷（1+3%）

应纳税额 = 销售额×2%

例 2-6

杭州萧山仓前印染厂是增值税小规模纳税人。在 2021 年 4 月以（含税）销售价格 3 000 元销售空调一台，该空调是 2009 年购入的，作为固定资产核算。

要求：计算该企业应纳增值税的税额。

例题分析 2-6

$$应纳增值税税额 =3\,000÷（1+3\%）×2\%=58.25（元）$$

（2）按国税函〔2009〕90号文第一条第二款、第四条第二款规定：应开具普通发票，不得由税务机关代开增税发票。

五、进口货物应纳税额的计算

进口货物按照组成计税价格和规定的增值税税率计算应纳税额，其组成计税价格的公式为

$$组成计税价格 = 关税完税价格 + 关税 + 消费税$$

$$应纳税额 = 组成计税价格 × 增值税税率$$

从公式中可以看出，进口货物增值税的组成计税价格中包括已纳关税税额，如果进口货物属于应税消费品，其组成计税价格中还应包括已纳的消费税税额。

例 2-7

东方家具公司为增值税一般纳税人，2021 年 6 月进口生产家具用的辅助材料一批，关税完税价格 9 万元，已纳关税 1 万元。

要求：计算该企业应纳增值税税额。

例题分析 2-7

$$组成计税价格 =9+1=10（万元）$$

$$应纳增值税税额 =10×13\%=1.3（万元）$$

第三节　一般纳税人增值税的会计处理

问题提出

作为一名财务人员，只会增值税的计算是远远不够的，增值税的会计处理是非常重要的。那么一般纳税人核算时会计账户是如何设置的，又是如何进行会计处理的呢？

一、一般纳税人增值税会计账户的设置

根据《中华人民共和国增值税暂行条例》和《关于全面推开营业税改征增值税试点的通知》（财税〔2016〕36 号）等有关规定，现对增值税有关会计处理规定如下：

一般纳税人应在“应交税费”账户下设置“应交增值税”“未交增值税”“预交增值税”“待抵扣进项税额”“待认证进项税额”“待转销项税额”“增值税留抵税额”“简易计税”“转让金融商品应交增值税”“代扣代交增值税”等明细账户。

（1）增值税一般纳税人应在"应交增值税"明细账内设置"进项税额""销项税额抵减""已交税金""转出未交增值税""减免税款""出口抵减内销产品应纳税额""销项税额""出口退税""进项税额转出""转出多交增值税"等专栏。其中：

1）"进项税额"专栏，记录一般纳税人购进货物、加工修理修配劳务、服务、无形资产或不动产而支付或负担的、准予从当期销项税额中抵扣的增值税额；

2）"销项税额抵减"专栏，记录一般纳税人按照现行增值税制度规定因扣减销售额而减少的销项税额；

3）"已交税金"专栏，记录一般纳税人当月已缴纳的应交增值税额；

4）"转出未交增值税"和"转出多交增值税"专栏，分别记录一般纳税人月度终了转出当月应缴未缴或多缴的增值税额；

5）"减免税款"专栏，记录一般纳税人按现行增值税制度规定准予减免的增值税额；

6）"出口抵减内销产品应纳税额"专栏，记录实行"免、抵、退"办法的一般纳税人按规定计算的出口货物的进项税抵减内销产品的应纳税额；

7）"销项税额"专栏，记录一般纳税人销售货物、加工修理修配劳务、服务、无形资产或不动产应收取的增值税额；

8）"出口退税"专栏，记录一般纳税人出口货物、加工修理修配劳务、服务、无形资产按规定退回的增值税额；

9）"进项税额转出"专栏，记录一般纳税人购进货物、加工修理修配劳务、服务、无形资产或不动产等发生非正常损失以及其他原因而不应从销项税额中抵扣、按规定转出的进项税额。

（2）"未交增值税"明细科目，核算一般纳税人月度终了从"应交增值税"或"预交增值税"明细科目转入当月应交未缴、多缴或预缴的增值税额，以及当月缴纳以前期间未缴的增值税额。

（3）"预交增值税"明细科目，核算一般纳税人转让不动产、提供不动产经营租赁服务、提供建筑服务、采用预收款方式销售自行开发的房地产项目等，以及其他按现行增值税制度规定应预缴的增值税额。

（4）"待抵扣进项税额"明细科目，核算一般纳税人已取得增值税扣税凭证并经税务机关认证，按照现行增值税制度规定准予以后期间从销项税额中抵扣的进项税额。包括：一般纳税人自2016年5月1日后取得并按固定资产核算的不动产或者2016年5月1日后取得的不动产在建工程，按现行增值税制度规定准予以后期间从销项税额中抵扣的进项税额；实行纳税辅导期管理的一般纳税人取得的尚未交叉稽核比对的增值税扣税凭证上注明或计算的进项税额。

（5）"待认证进项税额"明细科目，核算一般纳税人由于未经税务机关认证而不得从当期销项税额中抵扣的进项税额。包括：一般纳税人已取得增值税扣税凭证、按照现行增值税制度规定准予从销项税额中抵扣，但尚未经税务机关认证的进项税额；一般纳税人已申请稽核但尚未取得稽核相符结果的海关缴款书进项税额。

（6）"待转销项税额"明细科目，核算一般纳税人销售货物、加工修理修配劳务、服务、无形资产或不动产，已确认相关收入（或利得）但尚未发生增值税纳税义务而需于以后期间确认为销项税额的增值税额。

（7）"增值税留抵税额"明细科目，核算兼有销售服务、无形资产或者不动产的原增值税一般纳税人，截止到纳入营改增试点之日前的增值税期末留抵税额按照现行增值税制度规定不得从销售服务、无形资产或不动产的销项税额中抵扣的增值税留抵税额。

（8）"简易计税"明细科目，核算一般纳税人采用简易计税方法发生的增值税计提、扣减、预缴、缴纳等业务。

（9）"转让金融商品应交增值税"明细科目，核算增值税纳税人转让金融商品发生的增值税额。

（10）"代扣代交增值税"明细科目，核算纳税人购进在境内未设经营机构的境外单位或个人在境内的应税行为代扣代缴的增值税。

二、增值税的会计处理实务

（一）增值税进项税额的会计处理

企业购进货物、接受应税劳务时，按增值税专用发票上注明的增值税额，借记"应交税费——应交增值税（进项税额）"科目；按发票上记载的应计入采购成本的金额，借记"材料采购""原材料""周转材料""库存商品""生产成本""管理费用""委托加工物资"等科目；按应付或实际支付的金额，贷记"应付账款""应付票据""银行存款"等科目。若购入货物发生退货时，做相反的会计处理。

1. 材料采购进项税额的会计处理

例 2-8

浙江长征公司（一般纳税人）于 8 月 2 日购进材料一批，增值税专用发票上注明的价款为 30 000 元，增值税额为 3 900 元，支付材料的运输费为 1 000 元，增值税额为 90 元，款项已用银行存款支付，材料已入库。

例题分析 2-8

（1）材料采购的总成本 =30 000+1 000=31 000（元）

（2）准予抵扣的进项税额 =3 900+90=3 990（元）

应编制的会计分录如下：

借：原材料		31 000
应交税费——应交增值税（进项税额）		3 990
贷：银行存款		34 990

2. 购入免税农产品进项税额的会计处理

购进免税农产品时可按购进免税农产品的买价和规定扣除率 9% 计算的进项税额，借记"应交税费——应交增值税（进项税额）"账户，按买价扣除进项税额后的余额，借记"材料采购""原材料""库存商品"等账户；按应付或实际支付的价款贷记"银行存款""应付账款""库存现金"等账户。

例 2-9

浙江长征有限公司（一般纳税人）6 月向农业生产者购进用于加工的农产品一批，已经验收入库，经税务机关批准的收购凭证上注明的价款为 10 000 元，款项已用银行存款支付。

例题分析 2-9

（1）准予抵扣的进项税额 =10 000×9%=900（元）

（2）农产品采购的总成本 =10 000−900=9 100（元）

应编制的会计分录如下：

借：原材料　　　　　　　　　　　　　　　　　　　　　　　9 100

　　应交税费——应交增值税（进项税额）　　　　　　　　　900

　　贷：银行存款　　　　　　　　　　　　　　　　　　　　　　　10 000

3. 接受应税劳务进项税额的会计处理

企业接受加工、修理修配劳务，应按照增值税专用发票上注明的增值税额，借记"应交税费——应交增值税（进项税额）"账户，按专用发票上记载的应计入加工、修理修配等货物成本的金额，借记"委托加工物资"等账户；按实际支付或应付的金额，贷记"应付账款""银行存款""库存现金"等账户。

例 2-10

浙江长征有限公司（一般纳税人）6 月 20 日，用银行存款支付受托加工单位收取的加工费和辅助材料费 20 000 元和相应的加工劳务的增值税款 2 600 元，取得了受托加工方开具的增值税专用发票。

例题分析 2-10

该公司的会计分录如下：

借：委托加工物资　　　　　　　　　　　　　　　　　　　20 000

　　应交税费——应交增值税（进项税额）　　　　　　　　2 600

　　贷：银行存款　　　　　　　　　　　　　　　　　　　　　　　22 600

4. 接受投资、捐赠转入物资进项税额的会计处理

企业接受投资者转入的货物，按取得增值税专用发票上注明的增值税额，借记"应交税费——应交增值税（进项税额）"账户；按确定的货物价值（不含增值税），借记"原材料"等账户；按其在注册资本中所占的份额，贷记"实收资本"或"股本"账户；按其差额贷记"资本公积"账户；接受捐赠者按规定的入账价值贷记"营业外收入——捐赠利得"账户。

例 2-11

东方公司接受北方公司以原材料进行投资，取得增值税专用发票，双方确认价值 800 000 元，增值税 104 000 元。

例题分析 2-11

东方公司的会计分录如下：

借：原材料　　　　　　　　　　　　　　　　　　　　　　800 000

　　应交税费——应交增值税（进项税额）　　　　　　　　104 000

　　贷：实收资本　　　　　　　　　　　　　　　　　　　　　　　904 000

5. 进口货物进项税额的会计处理

企业进口货物，应按从海关取得的进口增值税专用缴款书上所注明的增值税额，借记"应交税费——应交增值税（进项税额）"账户，按进口货物应计入货物采购成本的金额（包括买价、进口关税、消费税、运杂费等），借记"材料采购""原材料""库存商品"等账户；按照应付或实际支付的价款，贷记"银行存款""应付账款"等账户。

例 2-12

杭州新华进口公司从国外进口货物一批（非应税消费品），关税完税价格折合人民币 10 万元，该货物适用的关税税率为 20%，增值税率为 13%。货物已验收入库，货款尚未支付。

例题分析 2-12

（1）应纳关税 =100 000×20%=20 000（元）

（2）应纳增值税额 =（100 000+20 000）×13%=15 600（元）

（3）原材料的采购成本 =100 000+20 000=120 000（元）

借：原材料　　　　　　　　　　　　　　　　　　　　　　120 000

　　应交税费——应交增值税（进项税额）　　　　　　　　　15 600

　　贷：应付账款　　　　　　　　　　　　　　　　　　　　135 600

知识链接

若企业购进的货物的进项税额不能抵扣，则增值税专用发票上注明的增值税额应与价款一并计入所购货物的成本中，不得作为进项税额抵扣。

6. 进项税额转出的核算

已抵扣进项税额的购进货物或者应税劳务改变用途，用于免税项目、非增值税应税劳务、集体福利或个人消费的，应当将该项购进货物或者应税劳务的进项税额从当期的进项税额中扣减。

例 2-13

浙江长征有限公司库存材料因管理不善毁损一批，该批材料是上月购入，相关增值税已经抵扣，原材料的成本 20 000 元，已抵扣增值税税额 2 600 元。

例题分析 2-13

该企业会计分录如下：

借：待处理财产损溢——待处理流动资产损溢　　　　　　　22 600

　　贷：原材料　　　　　　　　　　　　　　　　　　　　　20 000

　　　　应交税费——应交增值税（进项税额转出）　　　　　2 600

7. 用于非应税项目等进项税额的会计处理

企业购入货物及接受应税劳务直接用于非应税项目，或直接用于免税项目以及直接用于集体福利和个人消费的，其专用发票上注明的增值税额，计入购入货物及接受劳务的成本，其会计处理方法按照现行有关会计制度规定办理。

例 2-14

浙江长征有限公司 10 月用银行存款购入一批原材料，取得增值税专用发票，增值税专用发票上注明的价款为 10 000 元，增值税额为 1 300 元。该批原材料用于免税产品的生产，当月全部领用投入生产。

例题分析 2-14

该企业会计分录如下：

借：原材料　　　　　　　　　　　　　　　　　　　　　　11 300
　　贷：银行存款　　　　　　　　　　　　　　　　　　　　　　11 300

（二）增值税销项税额的会计处理

企业销售货物或提供应税劳务，应按实现的营业收入和按规定收取的增值税额，借记"应收账款""应收票据""银行存款"等科目，按实现的营业收入，贷记"主营业务收入"等科目，按专用发票上注明的增值税额，贷记"应交税费——应交增值税（销项税额）"。发生的销货退回，做相反会计分录。

1. 销售货物增值税的会计处理

企业销售货物时，按实现的销售收入和按规定收取的增值税额，借记"应收账款""应收票据""银行存款"等账户；按规定收取的增值税额，贷记"应交税费——应交增值税（销项税额）"账户，按实现的收入，贷记"主营业务收入""其他业务收入"等账户。

例 2-15

大光明家私公司为增值税一般纳税人，9 月销售家具一批，取得销售额（含增值税）101.7 万元。

例题分析 2-15

该企业的会计分录如下：

借：银行存款　　　　　　　　　　　　　　　　　　　　1 017 000
　　贷：主营业务收入　　　　　　　　　　　　　　　　　　　900 000
　　　　应交税费——应交增值税（销项税额）　　　　　　　　117 000

2. 包装物销项税额的会计处理

企业销售产品时，对单独计价销售的包装物，按规定应缴纳增值税。其账务处理为：按价税合计数，借记"应收账款""银行存款"等科目，按应纳的增值税额，贷记"应交税费——应交增值税（销项税额）"科目，按包装物价款贷记"其他业务收入"科目。企业出租出借包装物时收取的包装物押金，当对方归还时，应如数退还；若对方逾期未能退还的包装物押金，按规定缴纳增值税，按应退的押金，借记"其他应付款"科目，按应纳的增值税额，贷记"应交税费——应交增值税（销项税额）"科目，按应退押金扣除应交增值税的差额，贷记"其他业务收入"科目。

例 2-16

海宁远大皮革公司 7 月销售女士皮包一批，价款 40 000 元，随同产品出售单独计价的高档拎包袋一批，价款 1 000 元。开出增值税专用发票，注明增值税款为 5 330 元，产品已发出，货款已存入银行。

例题分析 2-16

该企业应编制会计分录如下：

借：银行存款 46 330

　　贷：主营业务收入 40 000

　　　　其他业务收入 1 000

　　　　应交税费——应交增值税（销项税额） 5 330

3. 视同销售行为销项税额的会计处理

企业的有些交易或事项从会计角度看不属于销售行为，不能确认销售收入，但按税法属于视同销售行为，应缴纳增值税。视同销售应缴纳增值税的事项，如企业将自产、委托加工货物用于非应税项目、集体福利或个人消费，将自产、委托加工或购买的货物作为投资、分配给股东或投资者、无偿赠送他人等。在这些情况下，企业应当借记"应付职工薪酬""长期股权投资""营业外支出"等科目，贷记"应交税费——应交增值税（销项税额）"科目等。

例 2-17

浙江长征有限公司（一般纳税人）特制一批营养煲，作为礼物赠送给自己的长期客户，产品无同类产品的销售价格，产品实际成本 8 000 元，成本利润率 10%。

例题分析 2-17

（1）组成计税价格 = 8 000×（1+10%）= 8 800（元）

（2）销项税额 = 8 800×13% = 1 144（元）

该企业会计分录如下：

借：管理费用 9 144

　　贷：库存商品 8 000

　　　　应交税费——应交增值税（销项税额） 1 144

4. 销货折让或退回的会计处理

企业销售货物由于品种规格不符或质量原因造成购货方要求折让或退货的，不论是当月销售的还是以前月份销售的，均应冲减退回当月的销售收入，还应冲减已确认的销项税额。

例 2-18

浙江长征有限公司（一般纳税人）销售给广大贸易公司一批商品，增值税专用发票上注明的售价为 100 000 元，增值税额为 13 000 元。该批商品的成本为 70 000 元，货到后广大贸易公司发现商品质量不符合合同要求，要求在价格上给予 5% 的折让。浙江长征有限公司同意了广大贸易公司的折让要求，开具了增值税专用发票（红字）。假定此前浙江长征有限公司已确认了该批商品的销售收入，销售款尚未收到，发生的折让时，允许扣减当期增值税销项税额。

例题分析 2-18

浙江长征有限公司应编制如下会计分录：

（1）销售实现时：

借：应收账款   113 000

    贷：主营业务收入   100 000

        应交税费——应交增值税（销项税额）   13 000

借：主营业务成本   70 000

    贷：库存商品   70 000

（2）发生销售折让时：

借：主营业务收入   5 000（100 000×5%）

    贷：应交税费——应交增值税（销项税额）   650

        应收账款   5 650

（3）实际收到款项时：

借：银行存款   107 350

    贷：应收账款   107 350

5. 金融商品转让的会计处理

金融商品的转让按规定以盈亏相抵后的余额作为销售额的账务处理。金融商品实际转让月末，如产生转让收益，则按应纳税额借记"投资收益"等科目，贷记"应交税费——转让金融商品应交增值税"科目；如产生转让损失，则按可结转下月抵扣税额，借记"应交税费——转让金融商品应交增值税"科目，贷记"投资收益"等科目。缴纳增值税时，应借记"应交税费——转让金融商品应交增值税"科目，贷记"银行存款"科目。年末，本科目如有借方余额，则借记"投资收益"等科目，贷记"应交税费——转让金融商品应交增值税"科目。

例 2-19

浙江长征有限公司（一般纳税人）转让金融商品，卖出价 206 万元，另发生手续费支出，取得增值税专用发票，注明金额 1 万元，税额 0.06 万元。该批金融商品买入价 100 万元（上述均为含税价格）。

例题分析 2-19

（1）金融商品转让，按照卖出价扣除买入价后的余额为销售额。发生的手续费支出，不能从销售额中扣除。

（2）销项税额 =（206-100）÷（1+6%）×6%=6（万元）

浙江长征有限公司应编制如下会计分录：

借：投资收益   6

    贷：应交税费——转让金融商品应交增值税   6

（三）一般纳税人已纳增值税的会计处理

企业购销业务等发生的进项税额、销项税额，平时均在"应交税费——应交增值税"的明细科目有关专栏核算。月末，结出借、贷方合计和余额，计算企业当期应缴纳的增值税额，并在规定的期限内向税务机关申报缴纳。

当期应纳税额＝（销项税额＋出口退税＋进项税额转出）－（进项税额＋期初留抵进项税额＋已交税金＋减免税款＋出口抵减内销产品应纳税额）

企业按规定期限申报缴纳的增值税，根据银行退回的缴款书回执联，作会计分录如下：

借：应交税费——应交增值税（已交税金）

　　贷：银行存款

第四节　小规模纳税人增值税的会计处理

问题提出

目前，很多中小企业为小规模纳税人，那么小规模纳税人的会计处理和一般纳税人的会计处理有什么不同呢？

一、小规模纳税人会计科目的设置

小规模纳税人应当按照不含税销售额和规定的增值税征收率计算缴纳增值税，销售货物或提供应税劳务时只能开具普通发票，不能开具增值税专用发票。小规模纳税人不享有进项税额的抵扣权，其购进货物或接受劳务支付的增值税直接计入有关货物或劳务的成本。因此，小规模纳税人只需在"应交税费"科目下设置"应交增值税"明细科目，其贷方发生额反映企业销售货物或提供应税劳务应缴纳的增值税额；借方发生额反映企业已缴纳的增值税额；期末贷方余额反映企业应缴未缴的增值税额；期末借方余额反映企业多缴的增值税额。

二、小规模纳税人有关业务的增值税会计处理

（一）购进货物或接受劳务的会计处理

小规模纳税人由于实行简易征收方法，其购入货物及接受劳务支付的增值税额，应直接计入货物及劳务的成本，所以应按发票上的价款和税款合计数借记"材料采购""原材料""库存商品"等账户，贷记"应付账款""应付票据""银行存款"等账户。

例 2-20

某小规模纳税人购入材料一批，取得专用发票中注明货款 20 000 元，增值税 3 400 元，款项以银行存款支付，材料已验收入库（该企业按实际成本计价核算）。

例题分析 2-20

该企业的有关会计分录如下：

借：原材料   23 400

    贷：银行存款   23 400

（二）销售货物的会计处理

企业销售货物时，按实现的销售收入和按规定收取的增值税额，借记"应收账款""应收票据""银行存款"等账户；按规定收取的增值税额，贷记"应交税费——应交增值税（销项税额）"账户，按实现的收入，贷记"主营业务收入""其他业务收入"等账户。

例 2-21

承上例，该企业 7 月取得销售收入 10.3 万元，货款都已收回。

例题分析 2-21

该企业的会计分录如下：

借：银行存款   103 000

    贷：主营业务收入   100 000

        应交税费——应交增值税   3 000

（三）当期应纳增值税的会计处理

月末，经计算纳税人应纳增值税的，纳税人应填制"税收缴款书"，缴纳增值税。借记"应交税费——应交增值税"账户，贷记"银行存款"账户。

例 2-22

承上例，该小规模纳税人在月末以银行存款支付增值税 3 000 元。

例题分析 2-22

有关会计分录如下：

借：应交税费——应交增值税   3 000

    贷：银行存款   3 000

第五节 增值税出口货物退（免）税核算

问题提出

某自营出口生产企业是增值税一般纳税人，出口货物的征税率为 13%，退税率为 10%。3 月购进原材料一批，取得的增值税专用发票注明的价款为 200 万元，外购货物准予抵扣进项税款

26 万元，货已入库。上期期末留抵税额 3 万元。当月内销货物销售额 100 万元，销项税额 13 万元。本月出口货物销售折合人民币 200 万元。那么，该企业本期免、抵、退税额，应退税额，当期免、抵税额分别为多少万元呢？

出口货物退（免）税，是国际上通行的税收规则，目的在于鼓励本国产品和劳务及应税服务出口，使本国产品和劳务及应税服务以不含税价格进入国际市场，增强本国产品和劳务及应税服务的竞争力。按照《增值税暂行条例》的规定，我国实行出口产品和劳务及应税服务零税率（除少数特殊情况外）的优惠政策。所谓零税率是指产品和劳务及应税服务在出口时整体税负为零，不但出口环节不必纳税，而且还可以退还以前环节已纳税款。

出口产品和劳务及应税服务除国家明确规定不予退（免）税的产品和劳务及应税服务外，都属于出口退（免）税的范围。增值税出口退（免）税的"出口产品和劳务及应税服务"，必须同时具备以下条件：

（1）属于增值税、消费税征税范围；

（2）经中华人民共和国海关报关离境的产品和劳务及应税服务；

（3）财务会计上做对外销售处理；

（4）出口结汇并已核销。

一、出口货物和劳务及应税服务增值税退（免）税的范围

（1）下列企业出口的货物，除另有规定外，给予免税并退税；

1）生产企业出口自产货物或视同自产货物及对外提供加工、修理修配劳务。

2）外贸企业出口货物劳务。

3）零税率应税服务提供者提供零税率应税服务（适用增值税一般计税方法）。

4）外贸企业兼营的零税率应税服务。

（2）下列企业出口的货物，除另有规定外，给予免税，但不予退税：

1）小规模纳税人出口货物、服务。

2）外贸企业购进并持普通发票的货物出口。

3）避孕药品和用具、古旧图书、农业生产者自产农产品等。

4）来料加工复出口的货物。

5）软件产品以及含黄金、铂金成分的货物、钻石及其饰品。

6）国家计划内出口的卷烟。

7）购进时未取得增值税专用发票、海关进口增值税专用缴款书，但其他相关单证齐全的已使用过的设备。

8）非出口企业委托出口的货物。

9）非列名生产企业出口的非视同自产货物。

10）市场经营户自营或委托市场采购贸易经营者以市场采购贸易方式出口的货物。

（3）除经国家批准属于进料加工复出口贸易外，下列出口货物不免税也不退税：

1）销售给特殊区域内的生活消费用品和交通运输工具。

2）因骗取出口退税被税务机关停止办理增值税退（免）税期间出口的货物。

3）提供虚假备案单证的货物。

4）增值税退（免）税凭证有伪造或内容不实的货物。

5）未在国家税务总局规定期限内申报免税核销以及经主管税务机关审核不予免税核销的出口卷烟。

6）出口财政部和国家税务总局根据国务院决定明确的取消出口退（免）税的货物。

7）其他违规出口行为。

二、出口货物和劳务及应税服务增值税退税率

我国出口退（免）税的税种仅限于增值税和消费税。出口货物退（免）税的税率，即出口退税率，是指出口货物和劳务及应税服务的应退税额与计税依据的比例。我国出口货物和劳务及应税服务增值税的退税率会随着国家经济形势变化和国家宏观调控的需要，做出相应的调整。2019 年 3 月 21 日，财政部、国家税务总局、海关总署联合发布《关于深化增值税改革有关政策的公告》，自 2019 年 4 月 1 日起，我国出口货物和劳务及应税服务退税率主要有 13%、10%、9%、6%、0% 等几档。

三、出口货物和劳务及应税服务增值税退税额的计算

根据《出口货物退（免）税管理办法》规定，我国现行出口货物和劳务及应税服务退（免）税计算办法有两种：① "免、抵、退" 办法，主要适用于自营和委托出口自产货物的生产企业；② "先征后退" 办法，主要适用于收购货物出口的外贸企业。

（一）"免、抵、退" 税的计算方法

生产企业自营或委托外贸企业代理出口自产货物，除另有规定外，增值税一律实行 "免、抵、退" 管理办法。这里所说的生产企业是指独立核算，经主管国税机关认定为增值税一般纳税人，并且具有实际生产能力的企业和企业集团。

"免" 税，指对生产企业出口的自产货物和视同自产货物，免征本企业生产销售环节增值税； "抵" 税，是指生产企业出口自产货物和视同自产货物所耗用的原材料、零部件、燃料、动力等所含应予退还的进项税额，抵顶内销货物的应纳税额； "退" 税，是指生产企业出口的自产货物和视同自产货物在当月内应抵顶的进项税额大于应纳税额时，对未抵顶完的税额部分予以退税。

免、抵、退税的计算公式及计算公式和步骤如下：

1. 当期应纳税额的计算

（1）当期应纳税额＝当期内销货物的销项税额－（当期进项税额－当期免、抵、退不得免征和抵扣税额）－上期留抵税额

（2）当期免、抵、退税不得免征和抵扣税额＝当期出口货物离岸价×外汇人民币牌价×（当期出口货物征税率－出口货物退税率）－当期免、抵、退税不得免征和抵扣税额抵减额

（3）当期免、抵、退税不得免征和抵扣税额抵减额＝当期免税购进原材料价格×（出口货物征税率－出口货物退税率）

免税购进原材料包括从国内购进免税原材料和进料加工免税进口料件，其中进料加工免税进口料件的价格为组成计税价格。其计算公式为

进料加工免税进口料件的组成计税价格＝货物到岸价＋海关实征关税＋海关实征消费税

如果当期没有免税购进原材料，前述公式中的"当期免、抵、退税不得免征和抵扣税额抵减额"不用计算。

2. 当期免、抵、退税额的计算

（1）当期免、抵、退税额＝出口货物离岸价×外汇人民币牌价×出口货物退税率－免、抵、退税额抵减额

（2）免、抵、退税额抵减额＝免税购进原材料价格×出口货物退税率

值得注意的是：出口货物离岸价（FOB）以出口发票计算的离岸价为准。出口发票不能如实反映实际离岸价的，企业必须按照实际离岸价向主管国税机关进行申报，同时主管税务机关有权依照《中华人民共和国税收征收管理法》《中华人民共和国增值税暂行条例》等有关规定予以核定。

如果当期没有免税购进原材料，"免、抵、退税额抵减额"不用计算。

3. 当期应退税额和免抵税额的计算

（1）当期期末留抵税额≤当期免抵退税额，则：

当期应退税额＝当期期末留抵税额

当期免抵税额＝当期免抵退税额－当期应退税额

（2）如当期期末留抵税额＞当期免抵退税额，则：

当期应退税额＝当期免抵退税额

当期免抵税额＝0

当期期末留抵税额根据当期增值税纳税申报表中"期末留抵税额"确定。

案例引入 2-4

沿用本节【问题提出】案例，计算该企业本期免、抵、退税额，应退税额，当期免、抵税额。

案例分析 2-4

（1）当期免、抵、退税不得免征和抵扣税额 =200×（13%-10%）=6（万元）

（2）应纳增值税额 =100×13%-（26-6）-3=-10（万元）

（3）出口货物免、抵、退税额 =200×10%=20（万元）

（4）本例中，当期期末留抵税额 10 万元＜当期免、抵、退税额 20 万元，故

当期应退税额＝当期期末留抵税额 10 万元

（5）当期免、抵税额 =20-10=10（万元）

（二）"先征后退"的计算方法

（1）外贸企业以及实行外贸企业财务制度的工贸企业收购货物出口，免征其出口销售环节的增值税；其收购货物的成本部分，因外贸企业在支付收购货款的同时也支付了增值税进项税款，因此，在货物出口后按收购成本与退税率计算退税，征、退之差计入企业的成本。外贸企业出口货物增值税的计算应依据购进出口货物增值税专用发票上注明的进项金额和退税率计算。

应退税额＝外贸收购金额（不含增值税）×退税率

（2）外贸企业收购小规模纳税人出口货物增值税的退税规定

①凡从小规模纳税人购进持普通发票特准退税出口的货物，由于小规模纳税人开具的是普通发票，因此，其退税公式为

$$应退税额＝普通发票所列金额÷（1+征收率）×退税率$$

②凡从小规模纳税人购进由税务机关代开的增值税专用发票出口的货物，其退税公式为

$$应退税额＝增值税专用发票注明金额×退税率$$

例 2-23

浙江绍兴东部纺织进出口公司5月出口美国平纹布2 000平方米，进货增值税专用发票列明单价每平方米为20元，计税金额为40 000元，退税率13%，要求计算该公司的应退税额？

例题分析 2-23

该公司的应退税额 =40 000×13%=5 200（元）

四、出口货物和劳务及应税服务退（免）增值税的会计处理

生产企业货物出口销售，免缴本环节的增值税，并按规定的退税率计算出口货物的进项税额，抵减内销产品的应纳税额。这类货物免征出口环节增值税，其耗用的购进货物所负担的进项税额，计入"应交税费——应交增值税（进项税额）"账户；按该货物适用的增值税税率与退税率之差乘以出口货物离岸价折合人民币的金额，计算当期出口货物不予抵扣或退税的税额。借记"主营业务成本"账户，贷记"应交税费——应交增值税（进项税转出）"账户。企业按照国家规定的退税率计算的出口货物的进项税抵减内销产品的应纳税额时，借记"应交税费——应交增值税（出口抵减内销产品应纳税额）"账户，贷记"应交税费——应交增值税（出口退税）"账户。对于出口比重较大，在规定期限内不足抵减的，不足部分可按有关规定给予退税，借记"其他应收款"账户，贷记"应交税费——应交增值税（出口退税）"账户；企业在实际收到退回的税款时，借记"银行存款"账户，贷记"其他应收款"账户。

案例引入 2-5

沿用本节【问题提出】案例，进行账务处理

案例分析 2-5

（1）购进原材料时：

借：原材料	2 000 000
应交税费——应交增值税（进项税额）	260 000
贷：银行存款	2 260 000

（2）实现内销收入时：

借：银行存款	1 130 000
贷：主营业务收入	1 000 000
应交税费——应交增值税（销项税额）	130 000

（3）实现出口销售收入时：

借：银行存款　　　　　　　　　　　　　　　　　2 000 000

　　贷：主营业务收入　　　　　　　　　　　　　　　　　2 000 000

（4）结转当期不予抵扣税额时：

借：主营业务成本　　　　　　　　　　　　　　　　　60 000

　　贷：应交税费——应交增值税（进项税额转出）　　　　60 000

（5）抵减内销产品销项税额时：

借：应交税费——应交增值税（出口抵减内销产品应纳税额）100 000

　　贷：应交税费——应交增值税（出口退税）　　　　　100 000

（6）结转应收（或收到）退税款时：

借：其他应收款（银行存款）　　　　　　　　　　　100 000

　　贷：应交税费——应交增值税（出口退税）　　　　　100 000

第六节　增值税的纳税申报

问题提出

　　不少从事财务工作的新手经常会问："什么时候进行增值税的纳税申报啊？怎么申报呢？小规模纳税人和一般纳税人的申报一样吗？"

一、增值税的征收管理

（一）增值税纳税义务发生时间

（1）销售货物或者应税劳务，为收讫销售款项或者取得索取销售款项凭据的当天；先开具发票的，为开具发票的当天。按销售结算方式的不同，具体由分为下列几种形式：

1）采取直接收款方式销售货物，不论货物是否发出，均为收到销售款或者取得索取销售款凭据的当天；

2）采取托收承付和委托银行收款方式销售货物，为发出货物并办妥托收手续的当天；

3）采取赊销和分期收款方式销售货物，为书面合同约定的收款日期的当天，无书面合同的或者书面合同没有约定收款日期的，为货物发出的当天；

4）采取预收货款方式销售货物，为货物发出的当天，但生产销售生产工期超过 12 个月的大型机械设备、船舶、飞机等货物，为收到预收款或者书面合同约定的收款日期的当天；

5）委托其他纳税人代销货物，为收到代销单位的代销清单或者收到全部或者部分货款的当天。未收到代销清单及货款的，为发出代销货物满180天的当天；

6）销售应税劳务，为提供劳务同时收讫销售款或者取得索取销售款的凭据的当天；

7）纳税人发生视同销售货物行为，为货物移送的当天。

（2）进口货物，为报关进口的当天。

（3）增值税扣缴义务发生时间为纳税人增值税纳税义务发生的当天。

（二）增值税的纳税期限

增值税的纳税期限分别为1日、3日、5日、10日、15日、1个月或者1个季度。纳税人的具体纳税期限，由主管税务机关根据纳税人应纳税额的大小分别核定；不能按照固定期限纳税的，可以按次纳税。

纳税人以1个月或者1个季度为1个纳税期的，自期满之日起15日内申报纳税；以1日、3日、5日、10日或者15日为1个纳税期的，自期满之日起5日内预缴税款，于次月1日起15日内申报纳税并结清上月应纳税款。扣缴义务人解缴税款的期限，依照纳税义务人规定执行。纳税人进口货物，应当自海关填发海关进口增值税专用缴款书之日起15日内缴纳税款。

（三）增值税纳税地点

（1）固定业户应当向其机构所在地的主管税务机关申报纳税。总机构和分支机构不在同一县（市）的，应当分别向各自所在地的主管税务机关申报纳税；经国务院财政、税务主管部门或者其授权的财政、税务机关批准，可以由总机构汇总向总机构所在地的主管税务机关申报纳税；

固定业户到外县（市）销售货物或者应税劳务，应当向其机构所在地的主管税务机关申请开具外出经营活动税收管理证明，并向其机构所在地的主管税务机关申报纳税；未开具证明的，应当向销售地或者劳务发生地的主管税务机关申报纳税；未向销售地或者劳务发生地的主管税务机关申报纳税的，由其机构所在地的主管税务机关补征税款。

（2）非固定业户销售货物或者应税劳务，应当向销售地或者劳务发生地的主管税务机关申报纳税；未向销售地或者劳务发生地的主管税务机关申报纳税的，由其机构所在地或者居住地的主管税务机关补征税款。

（3）进口货物，应当向报关地海关申报纳税。

（4）扣缴义务人应当向其机构所在地或者居住地的主管税务机关申报缴纳其扣缴的税款。

二、增值税的申报

（一）一般纳税人的纳税申报

1. 申报程序

增值税一般纳税人进行纳税申报必须实行电子信息采集，使用防伪税控系统开具增值税专用发票的纳税人，必须在抄报税成功后，方可进行纳税申报。纳税人应从办理税务登记的次月1日起15日内，不论有无销售额，均应按主管税务机关核定的纳税期限按期向当地税务机关申报。申报期限遇最后一日为法定节假日的，顺延1日；在每月1日至15日内有连续3日以上法定休假日的，按休假日天数顺延。纳税人进行纳税申报，除按规定报送电子信息外，还要报送通过电子申报软件打印的具有统一格式的纸质申报资料，便于税务人员的审核比对。

2. 申报资料

电子信息采集系统一般纳税人纳税申报资料包括以下几项：

（1）必需填报资料：①增值税及附加税费申报表（一般纳税人适用）及其附列资料；②备份数据软盘和IC卡；③资产负债表和损益表。

（2）其他必报资料：①增值税运输发票抵扣清单；②海关完税凭证抵扣清单；③代开发票抵扣清单；④主管国税机关规定的其他必报资料。

（3）备查资料：①已开具普通发票存根联；②符合抵扣条件并且在本期申报抵扣的增值税专用发票抵扣联；③海关进口货物完税凭证、运输发票（无抵扣联）、购进农产品普通发票存根联原件及复印件；④收购发票、运输发票（有抵扣联）抵扣联；⑤代扣代缴税款凭证存根联；⑥主管税务机关规定的其他备查资料。备查资料是否需要在当期报送，由各级国家税务局确定。

3. 主表的格式与内容

一般纳税人纳税及附加税申报表编制，使用【案例引入2-3】内容（如表2-3所示）。

表2-3 增值税及附加税费申报表

（一般纳税人适用）

根据国家税收法律法规及增值税相关规定制定本表。纳税人不论有无销售额，均应按税务机关核定的纳税期限填写本表，并向当地税务机关申报。

税款所属时间：自 年 月 日至 年 月 日　　填表日期： 年 月 日　　金额单位：元（列至角分）

纳税人识别号（统一社会信用代码）：□□□□□□□□□□□□□□□□□□□□　　所属行业：

纳税人名称：	法定代表人姓名		注册地址		生产经营地址		
开户银行及账号		登记注册类型			电话号码		

项　目		栏　次	一般项目		即征即退项目	
			本月数	本年累计	本月数	本年累计
销售额	（一）按适用税率计税销售额	1				
	其中：应税货物销售额	2				
	应税劳务销售额	3				
	纳税检查调整的销售额	4				
	（二）按简易办法计税销售额	5				
	其中：纳税检查调整的销售额	6				
	（三）免、抵、退办法出口销售额	7			—	—
	（四）免税销售额	8			—	—
	其中：免税货物销售额	9			—	—
	免税劳务销售额	10			—	—

（续）

项　目	栏　次	一　般　项　目		即征即退项目	
		本月数	本年累计	本月数	本年累计
税款计算　销项税额	11				
进项税额	12				
上期留抵税额	13				—
进项税额转出	14				
免、抵、退应退税额	15			—	—
按适用税率计算的纳税检查应补缴税额	16			—	—
应抵扣税额合计	17=12+13-14-15+16			—	—
实际抵扣税额	18（如17<11，则为17，否则为11）			—	—
应纳税额	19=11-18				
期末留抵税额	20=17-18				—
简易计税办法计算的应纳税额	21				
按简易计税办法计算的纳税检查应补缴税额	22			—	—
应纳税额减征额	23				
应纳税额合计	24=19+21-23				
税款缴纳　期初未缴税额（多缴为负数）	25				
实收出口开具专用缴款书退税额	26			—	—
本期已缴税额	27=28+29+30+31				
①分次预缴税额	28			—	—
②出口开具专用缴款书预缴税额	29			—	—
③本期缴纳上期应纳税额	30				
④本期缴纳欠缴税额	31				
期末未缴税额（多缴为负数）	32=24+25+26-27				
其中：欠缴税额（≥0）	33=25+26-27			—	—
本期应补（退）税额	34=24-28-29			—	—
即征即退实际退税额	35	—	—		
期初未缴查补税额	36			—	—
本期入库查补税额	37			—	—
期末未缴查补税额	38=16+22+36-37			—	—
附加税费　城市维护建设税本期应补（退）税额	39			—	—
教育费附加本期应补（退）费额	40			—	—
地方教育附加本期应补（退）费额	41			—	—

　声明：此表是根据国家税收法律法规及相关规定填写的，本人（单位）对填报内容（及附带资料）的真实性、可靠性、完整性负责。

纳税人（签章）：　　　　年 月 日

经办人： 经办人身份证号： 代理机构签章： 代理机构统一社会信用代码：	受理人： 受理税务机关（章）：　　受理日期：　年 月 日

（二）小规模纳税人的纳税申报

小规模企业无论当月有无销售额，均应填报增值税及附加税费申报表（适用于小规模纳税人）及其附列资料于次月 15 日前报主管税务征收机关。

1. 申报资料

（1）增值税及附加税费（小规模纳税人）纳税申报表及附列资料；

（2）资产负债表、利润表；

（3）主管税务机关要求的其他资料。

2. 申报表的格式与内容

增值税及附加税费申报表（适用于小规模纳税人）编制，使用【例 2-3】内容（如表 2-4 所示）。

表 2-4　增值税及附加税费申报表

（小规模纳税人适用）

纳税人识别号（统一社会信用代码）：□□□□□□□□□□□□□□□□□□

纳税人名称：　　　　　　　　　　　　　　　　　　　　　　　　　金额单位：元（列至角分）

税款所属期：　年　月　日至　年　月　日　　　　　　　　　填表日期：　年　月　日

项　目	栏　次	本　期　数		本　年　累　计	
		货物及劳务	服务、不动产和无形资产	货物及劳务	服务、不动产和无形资产
一、计税依据 （一）应征增值税不含税销售额（3% 征收率）	1				
增值税专用发票不含税销售额	2				
其他增值税发票不含税销售额	3				
（二）应征增值税不含税销售额（5% 征收率）	4	—		—	
增值税专用发票不含税销售额	5	—		—	
其他增值税发票不含税销售额	6	—		—	
（三）销售使用过的固定资产不含税销售额	7（7≥8）		—		—
其中：其他增值税发票不含税销售额	8		—		—
（四）免税销售额	9=10+11+12				
其中：小微企业免税销售额	10				
未达起征点销售额	11				
其他免税销售额	12				
（五）出口免税销售额	13（13≥14）				
其中：其他增值税发票不含税销售额	14				

（续）

项　目	栏　次	本 期 数		本 年 累 计	
		货物及劳务	服务、不动产和无形资产	货物及劳务	服务、不动产和无形资产
二、税款计算 本期应纳税额	15				
本期应纳税额减征额	16				
本期免税额	17				
其中：小微企业免税额	18				
未达起征点免税额	19				
应纳税额合计	20=15-16				
本期预缴税额	21			—	—
本期应补（退）税额	22=20-21			—	—
三、附加税费 城市维护建设税本期应补（退）税额	23				
教育费附加本期应补（退）费额	24				
地方教育附加本期应补（退）费额	25				

声明：此表是根据国家税收法律法规及相关规定填写的，本人（单位）对填报内容（及附带资料）的真实性、可靠性、完整性负责。

　　　　　　　　　　　　　　　　　　　　　　纳税人（签章）：　　　　年 月 日

经办人： 经办人身份证号： 代理机构签章： 代理机构统一社会信用代码：	受理人： 受理税务机关（章）： 受理日期：　　年 月 日

（三）生产企业出口货物免、抵、退税的申报

1. 申报资料

（1）出口货物退（免）税正式申报电子数据。

（2）出口货物报关单（出口退税专用）。

（3）出口收汇核销单（出口退税专用）（准予在180天内提交出口收汇核销单的，可在规定的时间内提交）或远期收汇证明（进行外汇管理改革的试点地区企业申报时不需提供纸质核销单）。

（4）出口发票。

（5）有进料加工业务的还应提交：

①生产企业进料加工登记申报表；

②生产企业进料加工进口料件申报明细表；

③生产企业进料加工海关登记手册核销申请表；

④生产企业进料加工贸易免税证明。

（6）属于委托代理出口业务的还应提供受托外贸企业主管退税的税务机关开具的代理出口货物证明

（7）消费税税收（出口货物专用）缴款书或出口货物完税分割单（列名生产企业出口外购产品应税消费品的提供）

2. 申报表的格式与内容（如表2-5所示）

表2-5 生产企业出口货物免、抵、退税申报表

单位：元至角分

企业代码：		企业名称：		
纳税人识别号：		所属期： 年 月		
项　　目	栏　次	当期	本年	与增值税纳税申报表差额
		（a）	（b）	（c）
当期免抵退出口货物销售额（美元）	1			—
当期免抵退出口货物销售额	2=3+4			—
其中：单证不齐销售额	3			—
单证齐全销售额	4			—
前期出口货物当期收齐单证销售额	5		—	—
单证齐全出口货物销售额	6=4+5			—
不予免抵退出口货物销售额	7			—
出口销售额乘征退税率之差	8			—
上期结转免抵退税不得免征和抵扣税额抵减额	9		—	—
免抵退税不得免征和抵扣税额抵减额	10			—
免抵退税不得免征和抵扣税额	11（如8>9+10则为8-9-10，否则为0）			
结转下期免抵退税不得免征和抵扣税额抵减额	12（如9+10>8则为9+10-8，否则为0）		—	—
出口销售额乘退税率	13			—
上期结转免抵退税额抵减额	14		—	—
免抵退税额抵减额	15			—
免抵退税额	16（如13>14+15则为13-14-15，否则为0）			—
结转下期免抵退税额抵减额	17（如14+15>13则为14+15-13，否则为0）		—	—
增值税纳税申报表期末留抵税额	18		—	—
计算退税的期末留抵税额	19=18-11c		—	—
当期应退税额	20（如16>19则为19，否则为16）		—	—
当期免抵税额	21=16-20			—
出口企业		退税部门		
兹声明以上申报无讹并愿意承担一切法律责任。 经办人： 财务负责人： （公章） 企业负责人： 年 月 日		兹声明以上申报无讹并愿意承担一切法律责任。 经办人： 财务负责人： （公章） 企业负责人： 年 月 日		

第七节　增值税发票的使用和管理

问题提出

一般纳税人销售货物、提供应税劳务，需向购买方、接受方开具专用发票，那么是不是一般纳税人销售货物都可以开具增值税专用发票呢？小规模纳税人自己可以开增值税专用发票吗？

增值税发票，不仅具有商事凭证的作用，而且具有完税凭证的作用。特别是增值税专用发票，兼具销货方纳税义务和购货方进项税额的合法证明，许多实行增值税的国家把这种发票称为"税务发票"，并将其视同钞票和支票一样予以严格管理。

一、增值税专用发票

1. 增值税专用发票的联次

增值税专用发票可以由基本联次或基本联次附加其他联次构成，具体采用何种联次。基本联次为三联，即发票联、抵扣联和记账联。具体如下：

（1）发票联，作为购买方的采购成本和增值税进项税额的记账凭证；

（2）抵扣联，作为购买方报送主管税务机关认证和留存备查的凭证；

（3）记账联，作为销售方核算销售收入和增值税销项税额的记账凭证。

其他联次的作用，是由一般纳税人自行确定。

2. 增值税专用发票的领购

一般纳税人领购专用设备后，凭最高开票限额申请表、发票领购簿到税务机关办理初始发行。在经营期间，一般纳税人凭发票领购簿、金税盘（或 1C 卡）和经办人身份证明领购专用发票。

知识链接

初始发行，是指税务机关将一般纳税人的企业名称、纳税人识别号、开票限额、购票限量、购票人员姓名、密码、开票机数量、国家税务总局规定的其他信息等载入空白金税盘和 1C 卡的行为。

一般纳税人有下列情形之一的，不得领购开具专用发票：

（1）会计核算不健全，不能向税务机关准确提供增值税销项税额、进项税额、应纳税额数据及其他有关增值税税务资料的。

（2）有《税收征管法》规定的税收违法行为，拒不接受税务机关处理的。

（3）有下列行为之一，经税务机关责令限期改正而仍未改正的：①虚开专用发票；②私自印制专用发票；③向税务机关以外的单位和个人买取专用发票；④借用他人专用发票；⑤未按规定开具专用发票；⑥未按规定保管专用发票和专用设备；⑦未按规定申报办理防伪税控系统变更发行；⑧未按规定接受税务机关检查。

为了加强增值税专用发票的管理，有以上情形之一的一般纳税人，如已领购专用发票，税务机关应暂扣其结存的专用发票和IC卡。

3. 增值税专用发票的开具范围

（1）一般纳税人销售货物或者提供应税劳务，应向购买方开具专用发票。

（2）属于下列情形之一的，不得开具增值税专用发票：

1）商业企业一般纳税人零售烟、酒、食品、服装、鞋帽（不包括劳保专用部分）、化妆品等消费品的；

2）应税销售行为的购买方为消费者个人的；

3）发生应税销售行为适用免税规定的；

4）小规模纳税人发生应税销售行为的（需要开具专用发票的，可向税务机关申请代开，国家税务总局另有规定的除外）。

4. 增值税专用发票的开票限额

增值税专用发票实行最高开票限额管理，最高开票限额由一般纳税人申请，填写增值税专用发票最高开票限额申请单，由纳税人所在地的区县税务机关依法审批。主管税务机关受理纳税人申请以后，根据需要进行实地查验。自2014年5月1日起，一般纳税人申请增值税专用发票最高开票限额不超过10万元的，主管税务机关不需要事前进行实地查验。

二、专用发票的开具要求

（1）项目齐全，与实际交易相符；

（2）字迹清楚，不得压线、错格；

（3）发票联和抵扣联加盖财务专用章或者发票专用章；

（4）按照增值税纳税义务的发生时间开具。

对不符合上述要求的专用发票，购买方有权拒收。

一般纳税人销售货物或者提供应税劳务可汇总开具专用发票。汇总开具专用发票的，同时使用防伪税控系统开具销售货物或者提供应税劳务清单，并加盖财务专用章或者发票专用章。

三、开具专用发票后发生退货或销售折让的处理

一般纳税人在开具专用发票当月，发生销货退回、开票有误等情形，收到退回的发票联、抵扣联符合作废条件的，按作废处理；开具时发现有误的，可即时作废。作废专用发票须在防伪税控系统中将相应的数据电文按"作废"处理，在纸质专用发票（含未打印的专用发票）各联次上注明"作废"字样，全联次留存。

一般纳税人取得专用发票后，发生销货退回、开票有误等情形但不符合作废条件的，或者因销货部分退回及发生销售折让的，购买方应向主管税务机关填报开具红字增值税专用发票申请单（以下简称申请单）。

主管税务机关对一般纳税人填报的申请单进行审核行，出具开具红字增值税专用发票通知单（以下简称通知单）。通知单应与申请单一一对应，购买方必须暂以通知单所列增值税税额从当期进项税额中转出，未抵扣增值税进项税额的可列入当期进项税额，待取得销售方开具的

红字专用发票后一与留存的通知单一并作为记账凭证。销售方凭购买方提供的通知单开具红字专用发票，在防伪税控系统中以销项负数开具。红字专用发票应与通知单一一对应。

四、税务机关代开增值税专用发票

凡能够认真履行纳税义务的小规模纳税人，其销售货物或应税劳务可由税务机关代开增值税专用发票。但销售免税货物或将货物、应税劳务销售给消费者以及小额零星销售，不得代开增值税专用发票。小规模纳税人在税务机关代开增值税专用发票前，需先到税务机关临时申报应纳税额，持税务机关开具的税收缴款书，到其开户银行办理税款入库手续后，凭盖有银行转讫章的纳税凭证，税务机关方能代开增值税专用发票。

为小规模纳税人代开的增值税专用发票，"税额"栏填写纳税人实际缴纳的税额，即按销售额依照 3% 的征收率计算的增值税额。一般纳税人取得由税务机关代开的增值税专用发票后，应以专用发票填写的税额作为其进项税额。

五、丢失已开具专用发票

购买方一般纳税人丢失已开具的专用发票，应视丢失的专用发票联次及认证情况，分别按以下办法处理：

（1）一般纳税人丢失已开具专用发票的发票联和抵扣联，如果丢失前已认证相符的，购买方凭销售方提供的相应专用发票记账联复印件及销售方所在地主管税务机关出具的丢失增值税专用发票已报税证明单经购买方主管税务机关审核同意后，可作为增值税进项税额的抵扣凭证；如果丢失前未认证的，购买方凭销售方提供的相应专用发票记账联复印件到主管税务机关进行认证，认证相符的凭该专用发票记账联复印件及销售方所在地主管税务机关出具的丢失增值税专用发票已报税证明单，经购买方主管税务机关审核同意后，可作为增值税进项税额的抵扣凭证。

（2）一般纳税人丢失已开具专用发票的抵扣联，如果丢失前已认证相符的，可使用专用发票的发票联复印件留存备查；如果丢失前来认证的，可使用专用发票得发票联到主管税务机关认证，专用发票得发票联复印件留存备查。

（3）一般纳税人丢失已开具专用发票的发票联，可将专用发票抵扣联作为记账凭证，专用发票抵扣联复印件留存备查。

本章小结

本章概括介绍我国现行增值税的基本规定，包括增值税概念、类型、纳税人、征税范围等，系统阐述了一般纳税人和小规模纳税人增值税计算、会计处理等主要内容，并且介绍了我国现行出口退税政策、增值税的纳税申报以及增值税专用发票的使用与管理。

通过本章学习，要求学生明确增值税的纳税人、征税范围、税率和计算方法的有关规定，能进行增值税的计算与会计处理，并且会正确填写增值税纳税申报表。

单项练习题及实训

一、单项选择题

1. 目前我国实行的增值税基本税率是（   ）。

    A. 13%   B. 9%   C. 6%   D. 3%

2. 某增值税一般纳税人取得一张增值税专用发票，向主管税务机关办理认证的法定期限是（   ）。

    A. 自专用发票开具之日起 60 日内   B. 自专用发票开具之日起 90 日内

    C. 自专用发票开具之日起 180 日内   D. 自专用发票开具之日起 360 日内

3. 下列行为属于视同销售货物，应征收增值税的是（   ）。

    A. 某商店为服装厂代销儿童服装

    B. 某批发部门将外购的部分饮料用于职工福利

    C. 某企业将外购的水泥用于集体消费

    D. 某企业将外购的洗衣粉用于个人消费

4. 下列外购项目，用于（   ）时不得抵扣其进项税额。

    A. 非应税项目   B. 无偿赠送他人

    C. 对外投资   D. 换取生产资料

5. 某单位采取折扣方式销售货物折扣额单独开发票，增值税销售额的确定是（   ）。

    A. 扣除折扣额的销售额   B. 不扣除折扣额的销售额

    C. 折扣额   D. 加上折扣额的销售额

6. 某服装厂（一般纳税人）将自产的服装作为福利发给本厂职工，该批产品制造成本共计 10 万元，利润率为 10%，按当月同类产品的平均售价计算为 18 万元，计征增值税的销售额为（   ）万元。

    A. 10   B. 10.9   C. 11   D. 18

7. 纳税人为销售货物而出租包装物收取押金，对其逾期未收回包装物而不再退还的押金，应并入销售额征收增值税，并入销售额的押金所适用的税率是（   ）。

    A. 包装物的适用税率   B. 所包装货物的适用税率

    C. 包装物和所包装货物的平均税率   D. 3% 的征收率

8. 某汽车配件商店是小规模纳税人，购进零配件 15 000 元，支付电费 500 元，当月取得销售收入 18 000 元，该商店本月应纳增值税为（   ）元。

    A. 1 018.87   B. 720   C. 524.27   D. 692.3

二、多项选择题

1. 对增值税小规模纳税人，下列表述不正确的有（   ）。

    A. 实行简易征收办法

    B. 不得自行开具或申请代开增值税专用发票

  C. 不得抵扣进项税额

  D. 一经认定为小规模纳税人，不得再转为一般纳税人

2. 下列各项业务，不得开具增值税专用发票的是（ ）。

  A. 零售烟酒   B. 出口货物

  C. 销售劳保用品   D. 将货物销售给消费者个人

3. 下列表述中，不符合税法有关规定的有（ ）。

  A. 纳税人采用现金折扣方式销售货物的，应按折扣后的销售金额确定销项税额

  B. 纳税人销售产品收取的包装物押金，应于包装物押金逾期时，并入销售额中征税

  C. 纳税人采取以旧换新方式销售货物的，应按照新货物的同期销售价格确定销售额

  D. 采取以物易物方式销售货物的，双方都不得抵扣换进货物的进项税额

4. 按照增值税的有关规定，应进项税额转出的有（ ）。

  A. 购进货物发生非正常损失   B. 在产品发生非正常损失

  C. 购进货物改变用途   D. 将外购材料对外捐赠

5. 对不符合（ ）要求的专用发票，购买方有权拒收。

  A. 项目齐全，与实际交易相符

  B. 字迹清楚，不得压线、错格

  C. 发票联和抵扣联加盖财务专用章或者发票专用章

  D. 按照增值税纳税义务的发生时间开具

6. 根据出口企业的不同形式和出口货物的不同种类，我国的出口货物税收政策分为三种形式（ ）。

  A. 出口免税并退税   B. 出口免税不退税

  C. 出口退税不免税   D. 出口不免税也不退税

7. 下列情况中应该由主管税务机关核定纳税人的销售额的是（ ）。

  A. 纳税人销售货物或者应税劳务的价格明显偏低并无正当理由的

  B. 纳税人销售自产货物并同时提供建筑业劳务而未分别核算货物的销售额和非增值税应税劳务的营业额

  C. 纳税人兼营非增值税应税项目而未分别核算货物或者应税劳务的销售额和非增值税应税项目的营业额的

  D. 纳税人发生视同销售货物行为而无销售额的

8. 根据我国增值税暂行条例及其实施细则的规定，下列属于增值税扣税凭证的是（ ）。

  A. 农产品收购发票   B. 销售发票

  C. 运输费用结算单据   D. 废旧物资销售发票

三、判断题

1. 按规定，年销售额未超过小规模纳税人标准的企业，一律按小规模纳税人对待。（ ）

2. 增值税一般纳税人将外购货物作为福利发放给职工，应视同销售计征增值税。（ ）

3. 纳税人采取折扣方式销售货物，销售额和折扣额不在同一张发票上分别注明的，可按折扣后销售额征收增值税。   （ ）

4. 小规模纳税人如符合规定条件，需开具专用发票的，可由当地税务所代开增值税专用发票。 （ ）

5. 增值税一般纳税人购进农产品，可以按照农产品收购发票或者销售发票上注明的农产品买价和9%的扣除率计算的进项税额。 （ ）

6. 进口货物增值税的纳税人包括国内一切从事进口业务的企业单位、事业单位、机关团体和个人。 （ ）

7. 增值税出口退税"免、抵、退"计算方法，适用于外贸企业。 （ ）

8. 纳税人兼营不同税率的货物或应税劳务，未分别核算或不能准确核算销售额的，从高适用税率。 （ ）

四、业务核算题

1. 某生产企业为增值税小规模纳税人，6月份发生下列有关经济业务：

（1）5日，销售产品一批，含税售价30 900元，货款入账。

（2）8日，购进原材料一批，取得的发票注明含税价款11 300元，尚未付款。

（3）16日，接受其他企业委托，帮助其加工材料一批，28日加工完毕，收取加工费5 150元存入银行。

（4）30日，将自己的产品发放企业职工，产品的生产成本为2 000元，当月该产品的平均（不含税）售价3 000元。

要求：计算该企业当月应纳增值税税额。

2. A企业为增值税一般纳税人，8月发生以下业务：

（1）购入一批原材料，专用发票上注明价款200万元，增值税额26万元，货款用银行存款支付，并另用银行存款支付运杂费1万元，取得运输普通发票材料已运到并验收入库。

（2）收购一批农产品，收购凭证上注明的价款10万元，农产品已验收入库。

（3）将上月购入的原材料因管理不善导致毁损，该材料账面成本为1万元。

（4）销售自己的产品，取得不含税收入1 000万元。

（5）将一批产成品用于在建工程，成本2万元，市场不含税售价4万元。

要求：计算该企业当月应纳增值税税额。（假定专用发票都已经过认证）

3. 某空调厂为增值税一般纳税人，本月发生以下经济业务

（1）本厂生产基建领用自己生产的4台空调，医务室领用1台，每台空调成本为1 800元，每台不含税售价为2 800元。

（2）销售某商场产品700台，因购买数量较大，公司给予10%的折扣，同时将折扣额与销售额开具同一张发票，每台零售价为3 390元并承诺2/10，1/20，n/30的折扣条件，商场在20天内付款。

（3）空调厂购入一台不需安装的设备，取得增值税专用发票上注明的价款30万元，款项已用银行存款支付。

（4）购入原材料1 000件，每件不含税单价8元，材料实际到达验收入库900件，企业允许的定额内合理损耗率2%，其余为非正常损失，款项已用银行存款支付。

要求：计算该企业当月应纳增值税税额（假定专用发票都已经过认证）。

4. 某自行车企业（一般纳税人）生产销售自行车，不含税售价 300/ 辆，该企业 5 月购销情况如下：

（1）向当地百货大楼销售 1 000 辆，自行车厂给予 10% 的折扣销售，货款已收到并存入银行。

（2）向外地特约经销点销售 2 000 辆，货款未收到。开出转账支票代垫运费 8 000 元。

（3）逾期未收回的包装物押金 67 800 元，记入销售收入。

（4）购进自行车零件取得的增值税专用发票上注明的销售额为 100 000 元，增值税额为 13 000 元，验收入库，用银行存款支付。

（5）从小规模纳税人处购进自行车零件 90 000 元，取得普通发票，开出转账支票支付。

（6）本厂直接组织收购废旧自行车，用现金支付收购金额 60 000 元。

（7）将 100 台新试制的产品分配给投资者，单位成本为 200 元，成本利润率为 10%，该产品尚未投放市场。

（8）仓库发生火灾，上月购入的原材料被烧毁，该批原材料的账面价值为 30 000 元。

要求：做出以上业务的分录，并且计算该月应纳的增值税。

5. 某自营出口的生产企业为增值税一般纳税人，出口货物的征税税率为 13%，假设退税税率为 11%。6 月的有关经营业务为：购进原材料一批，取得的增值税专用发票注明的价款 200 万元，准予抵扣的进项税额 26 万元通过认证。上月末留抵税款 3 万元，本月内销货物不含税销售额 100 万元，收款 113 万元存入银行，本月出口货物的销售额折合人民币 200 万元。

要求：试计算该企业当期的"免、抵、退"税额。

增值税的核算与申报实训

【能力目标】

1. 能审核增值税涉税业务原始凭证，并能正确填制记账凭证。

2. 能登记"应交税费——应交增值税"明细账。

3. 能填制增值税纳税申报表附表资料。

4. 能填制增值税纳税申报表。

【实训准备】

1. 知识准备：全面复习增值税专用发票管理规定，一般纳税人增值税应纳税额计算方法，增值税涉税业务的账务处理方法及纳税申报的法规要求。

2. 物品准备：专用记账凭证、总分类账页、多栏式增值税专用明细账页、一般纳税人增值税纳税申报表。

3. 场地准备：教室或实训室。

4. 分组安排：每 2 名学生为一组，以便完成模拟实训任务。

【实训操作流程】

涉税经济业务发生→填制涉税业务记账凭证→登记涉税账簿→填制纳税申报表附表资料→填制增值税纳税申报表→增值税收缴款书办理税款缴纳手续。

【导入案例基本资料】

浙江长征有限公司是一家制造型企业（具有进出口经营权），为增值税一般纳税人，适用税率13%，出口货物增值税实行"免、抵、退"税管理方法（电器产品的出口退税率为10%）。

该公司的基本资料如下：

开户银行：中国工商银行杭州留下支行

账号：1202020876543210000

纳税人识别号：330198765432100

主管国税机关：杭州市国家税务局西湖区分局

主管地税机关：杭州市地方税务局西湖区分局

经营地址：杭州市西湖区留和路565号

电话：0571-85076638

注册资本：300万元人民币

法定代表人：王长庆

任务1 填制增值税涉税业务的记账凭证

【任务描述】

根据以下与增值税相关的业务，编制记账凭证。

【任务资料】

2×××年12月浙江长征有限公司发生以下与增值税有关的业务：

1. 12月2日开出转账支票，缴纳上月未缴的增值税16540元。

2. 12月3日由台州海天公司购入电镀铁100吨，不含税单价每吨2000元，收到增值税专用发票，价款200000元，税款26000元，价税合计226000元，材料已验收入库，货款由银行支付。

3. 12月4日由杭州中华电器有限公司购入电源线180万米，不含税单价每万米3500元，收到增值税专用发票，价款630000元，税款81900元，价税合计711900元，已验收入库，货款用支票支付，另由银行支付运费10900元（取得运输行业的增值税专用发票，价款10000元，税款900元）。

4. 12月6日销售本企业使用过的在固定资产目录中列明并按固定资产管理的设备一台，该设备是在2010年1月购入，账面价值150000元，累计折旧1000元，含税售价113000元。企业开具增值税普通发票一张，价款存入银行。

5. 12月8日从杭州企盼有限公司收到委托代销的代销清单，销售3.0电饭煲5000台，每台60元，增值税税率为13%，对方按价款的5%收取手续费，收到支票一张存入银行。

6. 12月12日销售4.0电饭煲6000台，每台不含税售价40元，货款240000元，税款31200元；同时随同产品一起售出包装箱3个，不含税价每个1000元，货款3000元，税款390元。款项已全部存入银行。

7. 12月14日向小规模纳税人天阳公司售出10吨电镀铁，开出28250元的增值税普通发票，取得支票存入银行。

8. 12月16日向绍兴广兴贸易公司销售3.0电饭煲1000台，每台65元，4.0电饭煲2000台，每台不含税售价45元，开出增值税专用发票，但货款未收到。为了尽快收到货款，提供现金折扣"2/10，1/20，n/30"。

9. 12月18日购入机床一台，取得增值税专用发票一张，注明价款200000元，税额26000元，款项已用银行存款支付。

10. 12月18日售出本企业使用过的在固定资产目录中列明并按固定资产管理的设备一台，该设备是在2008年5月购入，账面价值80000元，累计折旧56000元，含税售价41200元，企业开具增值税专用发票一张，价款存入银行。

11. 12月20日将电压力锅5000台，价值1500000元（税务机关认定的计税价格为2000000元），无偿捐赠给西部贫困地区。

12. 12月21日委托宁波海天制造厂加工配件，材料上月已发出，本月支付加工费3000元和增值税额390元，取得增值税专用发票，用银行存款支付。

13. 12月22日购入汽车一辆，取得增值税专用发票，价款100000元，税款13000元，价税合计113000元，用支票付款。

14. 12月23日，企业为了加大销量，给客户予折扣，杭州新野公司购买4.0电饭煲2000台，每台不含税售价45元。企业给予价款2%商业折扣，企业开出增值税专用发票，并收到货款存入银行。

15. 12月24日生产加工一批新产品紫砂锅450件，成本价380元/件（无同类产品市场价格），全部售给本企业职工，取得不含税销售额171000元。

16. 12月25日，企业上月销售的4.0电饭煲1000台发生质量问题，客户要求给予一定的折让，经总经理批准给予含税价款45200元的折让。企业开出红字增值税专用发票，并以银行存款支付退货款项。

17. 12月26日将自产的电压力锅200件，成本价500元/件（无同类产品市场价格），送给客户。

18. 12月27日机修车间对外提供加工服务，收取劳务费11300元（含税），存入银行。

19. 12月30日，企业上月销售的3.0电饭煲5000台发生销售退回，价款198000元，应退增值税25740元。企业开出红字增值税专用发票，并以银行存款支付退货款项。

20. 月末盘存发现上月购进的电镀铁10吨被盗，金额20273元（其中含分摊的运输费用273元）。

任务2 一般纳税人增值税纳税申报表的填制

【任务描述】

根据任务1资料，填制增值税及附加税费申报表（表2-6）。

【任务资料】

使用任务1的资料。

表 2-6 增值税及附加税费申报表

（一般纳税人适用）

根据国家税收法律法规及增值税相关规定制定本表。纳税人不论有无销售额，均应按税务机关核定的纳税期限填写本表，并向当地税务机关申报。

税款所属时间：自 年 月 日至 年 月 日 填表日期： 年 月 日 金额单位：元（列至角分）

纳税人识别号（统一社会信用代码）：□□□□□□□□□□□□□□□□□□□□ 所属行业：

纳税人名称：		法定代表人姓名		注册地址		生产经营地址	
开户银行及账号			登记注册类型			电话号码	

项 目		栏 次	一般项目		即征即退项目	
			本月数	本年累计	本月数	本年累计
销售额	（一）按适用税率计税销售额	1				
	其中：应税货物销售额	2				
	应税劳务销售额	3				
	纳税检查调整的销售额	4				
	（二）按简易办法计税销售额	5				
	其中：纳税检查调整的销售额	6				
	（三）免、抵、退办法出口销售额	7			—	—
	（四）免税销售额	8			—	—
	其中：免税货物销售额	9			—	—
	免税劳务销售额	10			—	—
税款计算	销项税额	11				
	进项税额	12				
	上期留抵税额	13				—
	进项税额转出	14				
	免、抵、退应退税额	15			—	—
	按适用税率计算的纳税检查应补缴税额	16			—	—
	应抵扣税额合计	17=12+13−14−15+16			—	—
	实际抵扣税额	18（如17<11，则为17，否则为11）				
	应纳税额	19=11−18				
	期末留抵税额	20=17−18				—
	简易计税办法计算的应纳税额	21				
	按简易计税办法计算的纳税检查应补缴税额	22			—	—
	应纳税额减征额	23				
	应纳税额合计	24=19+21−23				

（续）

项　目	栏　次	一般项目		即征即退项目	
		本月数	本年累计	本月数	本年累计
税款缴纳 期初未缴税额（多缴为负数）	25				
实收出口开具专用缴款书退税额	26			—	—
本期已缴税额	27=28+29+30+31				
①分次预缴税额	28				
②出口开具专用缴款书预缴税额	29				
③本期缴纳上期应纳税额	30				
④本期缴纳欠缴税额	31				
期末未缴税额（多缴为负数）	32=24+25+26−27				
其中：欠缴税额（≥0）	33=25+26−27			—	—
本期应补（退）税额	34=24−28−29			—	—
即征即退实际退税额	35	—	—		
期初未缴查补税额	36			—	—
本期入库查补税额	37			—	—
期末未缴查补税额	38=16+22+36−37			—	—
附加税费 城市维护建设税本期应补（退）税额	39			—	—
教育费附加本期应补（退）费额	40			—	—
地方教育附加本期应补（退）费额	41			—	—

　声明：此表是根据国家税收法律法规及相关规定填写的，本人（单位）对填报内容（及附带资料）的真实性、可靠性、完整性负责。

纳税人（签章）：　　　年　月　日

经办人： 经办人身份证号： 代理机构签章： 代理机构统一社会信用代码：	受理人： 受理税务机关（章）：　　受理日期：　年　月　日

任务 3　小规模纳税人增值税纳税申报

【导入案例基本资料】

绍兴勇俊纺织有限公司为增值税小规模纳税人。适用税率 3%。

该公司的基本资料如下：

开户银行：中国建设银行绍兴柯桥支行

账号：55898000909109

纳税人识别号：370201190021848

经营地址：绍兴市柯桥笛扬路201号

电话：0575-81574100

注册资本：100万元人民币

法定代表人：陈诚

【任务描述】

1. 根据以下业务编制会计分录，并填制记账凭证。

2. 登记"应交税费——应交增值税"明细账。

3. 填制增值税及附加税费申报表（表2-7）。

【任务资料】

该公司2×××年7月发生如下业务：

（1）7月2日，从杭州海蓝化工制品有限公司购进染料价款10 000元，专用发票注明增值税1700元，款项用银行存款支付。

（2）7月4日，向绍兴红江塑胶有限公司购进塑料桶1 000个，专用发票上注明价款10 000元，税额170元，款项未付。

（3）7月5日，向绍兴香叶服装有限公司销售棉布20 000米，不含税售价为240 000元，款未收。

（4）7月10日，上海第一机械制造有限公司对公司的设备进行维修，维修费5 000元，取得普通发票，款项用银行存款支付。

（5）7月12日，销售给杭州润发有限公司涤纶布10 000米，价款合计30 900元，款项用银行存款收讫。

（6）7月25日，支付水电费，合计7 690元，取得专用发票，款项用银行存款支付。

（7）7月26日，向上海明明服装有限公司销售印染布5 000米，价税合计42 230元，款项未收。

（8）7月28日，向常州明英机械有限公司购买气流纺纱机一台，价款合计58 500元，款项用银行存款支付。

（9）7月29日，向宁波大明面料有限公司销售各类棉纱2 000公斤，不含税价合计30 000元，款项上月已预收。

（10）7月31日，对仓库盘点时发现，因仓库漏雨，棉花被淋湿，损失大约1吨左右（不含税成本2 000元/吨），责任暂未查明。

表 2-7 增值税及附加税费申报表

（小规模纳税人适用）

纳税人识别号（统一社会信用代码）：□□□□□□□□□□□□□□□□□□□□

纳税人名称：　　　　　　　　　　　　　　　　　　金额单位：元（列至角分）

税款所属期：　年　月　日至　　年　月　日　　　　填表日期：　年　月　日

项　目		栏　次	本期数		本年累计	
			货物及劳务	服务、不动产和无形资产	货物及劳务	服务、不动产和无形资产
一、计税依据	（一）应征增值税不含税销售额（3%征收率）	1				
	增值税专用发票不含税销售额	2				
	其他增值税发票不含税销售额	3				
	（二）应征增值税不含税销售额（5%征收率）	4	—		—	
	增值税专用发票不含税销售额	5	—		—	
	其他增值税发票不含税销售额	6	—		—	
	（三）销售使用过的固定资产不含税销售额	7（7≥8）		—		—
	其中：其他增值税发票不含税销售额	8		—		—
	（四）免税销售额	9=10+11+12				
	其中：小微企业免税销售额	10				
	未达起征点销售额	11				
	其他免税销售额	12				
	（五）出口免税销售额	13（13≥14）				
	其中：其他增值税发票不含税销售额	14				
二、税款计算	本期应纳税额	15				
	本期应纳税额减征额	16				
	本期免税额	17				
	其中：小微企业免税额	18				
	未达起征点免税额	19				
	应纳税额合计	20=15-16				
	本期预缴税额	21			—	—
	本期应补（退）税额	22=20-21			—	—

（续）

项　目	栏　次	本　期　数		本　年　累　计	
		货物及劳务	服务、不动产和无形资产	货物及劳务	服务、不动产和无形资产
三、附加税费 城市维护建设税本期应补（退）税额	23				
教育费附加本期应补（退）费额	24				
地方教育附加本期应补（退）费额	25				

　　声明：此表是根据国家税收法律法规及相关规定填写的，本人（单位）对填报内容（及附带资料）的真实性、可靠性、完整性负责。

纳税人（签章）：　　　　　年　月　日

经办人： 经办人身份证号： 代理机构签章： 代理机构统一社会信用代码：	受理人： 受理税务机关（章）： 受理日期：　年　月　日

任务4　增值税出口退税业务的核算

【任务描述】

1. 根据以下业务编制会计分录，并填制记账凭证。

2. 计算本月公司应抵、退的增值税税额，对计算结果编制相应的会计分录，并填制记账凭证。

3. 登记"应交税费——应交增值税"明细账。

4. 填制生产企业出口货物兑、抵、退税申报表（表2-8）等相关退税资料。

【任务资料】

该公司2020年末留抵税额为15万元，2021年1月企业有关业务资料如下：

1. 1月5日，与法国戴维公司的订货单出口3.0电饭煲3 000台，以每台10美元离岸价成交，假设人民币外汇牌价为1:6.75，上述款项已收存银行。

2. 1月6日，从杭州飞天公司购进生产用原材料和辅助材料，增值税专用发票上注明的价款为600万元、税款78万元，材料均已验收入库。货款已付。

3. 1月10日，与美国摩根公司的订货单出口4.0电饭煲5 000台，以每台15美元离岸价格成交，假设人民币外汇牌价为1:6.8。款项已收存银行。

4. 1月15日，根据当期签订的购销合同，销售给方艺公司电压力锅20 000台，单价180元，价款3 600 000元，税款468 000元，价税合计为4 068 000元。款项已收存银行。

5. 1月16日，因销售给方艺公司而支付给承运部门运费，取得的承运部门开具的运费普通发票上注明的运费金额累计10 000元。款项已付。

表 2-8　生产企业出口货物免、抵、退税申报表

单位：元至角分

企业代码：　　　　　　　　　　　　　　　　　企业名称：

纳税人识别号：　　　　　　　　　　　　　　　所属期：　　年　月

项　　目	栏　　次	当　　期 (a)	本　　年 (b)	与增值税纳税申报表差额 (c)
当期免抵退出口货物销售额（美元）	1			—
当期免抵退出口货物销售额	2=3+4			
其中：单证不齐销售额	3			
单证齐全销售额	4			
前期出口货物当期收齐单证销售额	5		—	
单证齐全出口货物销售额	6=4+5			—
不予免抵退出口货物销售额	7			—
出口销售额乘征退税率之差	8			—
上期结转免抵退税不得免征和抵扣税额抵减额	9		—	—
免抵退税不得免征和抵扣税额抵减额	10			—
免抵退税不得免征和抵扣税额	11（如 8>9+10 则为 8-9-10，否则为 0）			
结转下期免抵退税不得免征和抵扣税额抵减额	12（如 9+10>8 则为 9+10-8，否则为 0）		—	—
出口销售额乘退税率	13			—
上期结转免抵退税额抵减额	14		—	—
免抵退税额抵减额	15			—
免抵退税额	16（如 13>14+15 则为 13-14-15，否则为 0）			
结转下期免抵退税额抵减额	17（如 14+15>13 则为 14+15-13，否则为 0）		—	—
增值税纳税申报表期末留抵税额	18		—	
计算退税的期末留抵税额	19=18-11c		—	
当期应退税额	20（如 16>19 则为 19，否则为 16）			
当期免抵税额	21=16-20			
出口企业		退税部门		

兹声明以上申报无讹并愿意承担一切法律责任。 　经办人： 　财务负责人：　　　　　　　　　（公章） 　企业负责人：　　　　　　年　月　日	兹声明以上申报无讹并愿意承担一切法律责任。 　经办人： 　财务负责人：　　　　　　　　　（公章） 　企业负责人：　　　　　　年　月　日

第三章

消费税会计

知识目标

1. 熟悉消费税征税环节、税目、税率、计税依据。
2. 掌握自产自用、委托加工、进口应税消费品的组成计税价格的计算。
3. 掌握应纳消费税的计算方法。

能力目标

1. 能及时准确地向税务机关办理消费税的申报工作。
2. 能根据企业相关消费税业务活动进行准确的账务处理。

第一节　认识消费税

问题提出

　　烟、酒、化妆品、汽车、高档手表……这些都是人们再熟悉不过的商品，也是非生活必需品。根据我国的有关法规，人们在拥有（或消费）这些商品时，不仅要缴纳增值税，而且还要缴纳消费税。因此，人们不禁要问："除了上述商品外，我们在购买哪些商品时，也要缴纳消费税？要缴多少？"

　　消费税（Consumption Tax，CT）是全球各国广泛实行的税种。我国消费税是 1994 年税制改革在流转税制中新设置的一个税种。当时开征消费税的目的在于调节产品结构，引导消费方向，保证国家财政收入。随着我国经济的不断发展，2006 年 3 月又对消费税的税目进行调整。2008 年 11 月，国务院第 34 次常务会议修订通过了《中华人民共和国消费税暂行条例》，即现行的消费税制度。

一、消费税的概念

根据《中华人民共和国消费税暂行条例》规定，消费税是对我国境内从事生产、委托加工和进口应税消费品的单位和个人，就其销售额或销售数量，在特定环节征收的一种流转税。简单地说，消费税是对特定的消费品和消费行为征收的一种税。

二、消费税的特点

一般来说，消费税的征税对象主要是与居民消费相关的最终消费品和消费行为。与其他税种相比，消费税具有如下几个特点：

（1）征税项目具有选择性。它只是选择一部分消费品和消费行为征收，而不是对所有的消费品和消费行为征收。

（2）征收环节具有单一性。它只是在消费品生产、流通或消费的某一环节一次征收，而不是在消费品生产、流通和消费的每一个环节征收。

（3）征收方法具有多样性。它可以根据每一课税对象的不同特点，选择不同的征收方法。既可以采取对消费品制定单位税额，依消费品的数量实行从量定额的征收方法，也可以采取对消费品或消费行为制定比例税率，依消费品或消费行为的价格实行从价定率的征收方法。

（4）税收调节具有特殊性。税率、税额具有差别性，可以根据消费品的不同种类、档次（豪华程度、结构性能）或者消费品中某一物质成分的含量，以及消费品的市场供求状况、价格水平、国家的产业政策和消费政策等情况，对消费品制定高低不同的税率、税额。

（5）税负具有转嫁性。消费税无论是在哪个环节征收，也无论是实行价内征收，还是价外征收，消费品中所含的消费税最终要转嫁到消费者身上。

三、消费税的纳税人

消费税的纳税人，是在中国境内生产、委托加工和进口应税消费品的单位和个人，以及国务院确定的销售应税消费品的其他单位和个人。这里的"单位"是指企业、行政单位、事业单位、军事单位、社会团体及其他单位；而"个人"是指个体工商户及其他个人。

四、消费税的征税范围

我国消费税征税范围的选择主要是考虑了以下七个方面：①我国目前的经济发展状况和消费水平；②国家的产业政策和消费政策；③国家财政的需要；④我国资源供给和消费需求状况；⑤我国人民的消费构成和心理承受能力；⑥国外的成功经验和通行做法；⑦适应财税体制改革对推行规范化增值税的需要。根据上述七个方面，我国选择征收消费税的消费品大体可分为五种类型：

第一类：一些过度消费会对人身健康、社会秩序、生态环境等方面造成危害的特殊消费品，如烟、酒、鞭炮、焰火等。

第二类：非生活必需品，如高档化妆品、贵重首饰、珠宝玉石等。

第三类：高能耗及高档消费品，如摩托车、小汽车等。

第四类：不可再生和替代的稀缺资源消费品，如汽油、柴油等油品。

第五类：税基宽广、消费普遍、征税后不影响居民基本生活并具有一定财政意义的消费品，如电池、涂料、一次性木制筷子等。

消费税的征税范围不是一成不变的，随着我国经济的发展，可以根据国家的政策和经济情况及消费结构的变化适当调整。

五、消费税的税目和税率

1. 消费税税目

现行消费税共有 15 个税目，具体包括：

烟（包括卷烟、雪茄烟和烟丝等子目）、酒（包括白酒、黄酒、啤酒、其他酒等子目）、高档化妆品、贵重首饰及珠宝玉石、鞭炮和焰火、成品油（包括汽油、柴油、石脑油、溶剂油、润滑油、燃料油、航空煤油等子目）、摩托车、小汽车（包括乘用车、中轻型商用客车等子目）、高尔夫球及球具、高档手表、游艇、木制一次性筷子、实木地板、电池、涂料。

2. 消费税的税率

消费税的税率，有两种形式：一种是比例税率；另一种是定额税率（即单位税额）。具体情况见表 3-1。

（1）从量征收税目：啤酒、黄酒、成品油。

（2）从价征收税目：除卷烟外的雪茄烟和烟丝，除白酒、黄酒和啤酒外的其他应税酒，高档化妆品，鞭炮、焰火，贵重首饰及珠宝玉石，摩托车，小汽车，高尔夫球及球具，高档手表，游艇，木制一次性筷子，实木地板，电池，涂料。

（3）从价兼从量征收税目：卷烟和白酒。

消费税税率

表 3-1 消费税税目税率表

税目	征收范围	计税单位	税率（税额）
一、烟			
1. 卷烟			
（1）每标准条对外调拨价在 70 元以上（含 70 元）的	包括各种进口卷烟	标准箱（5 万支）	56%，加 150 元
（2）每标准条对外调拨价在 70 元以下的			36%，加 150 元
2. 雪茄烟			36%
3. 烟丝			30%
4. 卷烟批发环节			11%，加 250 元
二、酒			
1. 白酒		斤	20%，加 0.5 元
2. 黄酒		吨	240 元
3. 啤酒			
（1）每吨出厂价（含包装物及包装物押金）在 3 000 元（含 3 000 元，不含增值税）以上的		吨	250 元
（2）每吨在 3 000 元以下的		吨	220 元
（3）娱乐业和饮食业自制的		吨	250 元
4. 其他酒	不包括调味料酒		10%

（续）

税目	征收范围	计税单位	税率（税额）
三、高档化妆品	包括成套化妆品		15%
四、贵重首饰和珠宝玉石			
1．金、银、铂金首饰和钻石、钻石饰品			5%
2．其他贵重首饰和珠宝玉石			10%
五、鞭炮、焰火			15%
六、成品油			
1．汽油		升	1.52 元
2．柴油		升	1.20 元
3．石脑油		升	1.52 元
4．溶剂油		升	1.52 元
5．润滑油		升	1.52 元
6．燃料油		升	1.20 元
7．航空煤油（暂缓征收）		升	1.20 元
七、摩托车			
1．气缸容量（排气量，下同）为 250 毫升的			3%
2．气缸容量在 250 毫升以上的			10%
八、小汽车			
1．乘用车			
（1）气缸容量（排气量，下同）在 1.0 升（含）以下的			1%
（2）气缸容量在 1.0 升以上至 1.5 升（含）的			3%
（3）气缸容量在 1.5 升以上至 2.0 升（含）的			5%
（4）气缸容量在 2.0 升以上至 2.5 升（含）的			9%
（5）气缸容量在 2.5 升以上至 3.0 升（含）的			12%
（6）气缸容量在 3.0 升以上至 4.0 升（含）的			25%
（7）气缸容量在 4.0 升以上的			40%
2．中轻型商用客车			5%
3．超豪华小汽车			10%（零售环节）
九、高尔夫球及球具			10%
十、高档手表			20%
十一、游艇			10%
十二、木制一次性筷子			5%
十三、实木地板			5%
十四、电池			4%
十五、涂料			4%

说明：

①对无汞原电池、金属氢化物镍蓄电池（又称"氢镍蓄电池"或"镍氢蓄电池"）、锂原电池、锂离子蓄电池、太阳能电池、燃料电池和全钒液流电池免征消费税。2015 年 12 月 31 日前对铅蓄电池缓征消费税，自 2016 年 1 月 1 日起，对铅蓄电池按 4% 税率征收消费税。

②对施工状态下挥发性有机物含量低于 420 克 / 升（含）的涂料免征消费税。

六、纳税环节

消费税的纳税环节具体分为以下环节：

消费税纳税环节

（1）生产环节：纳税人生产的应税消费品，由生产者在销售时纳税。其中：

1）自产自用的用于本企业连续生产应税消费品的不纳税；用于其他方面的，于移送使用时纳税。

2）委托加工的应税消费品，由受托方在向委托方交货时代扣代缴。

3）如果受托方是个体经营者，委托方需在收回加工应税消费品后向所在地主管税务机关缴纳消费税。

（2）进口环节：纳税人进口的应税消费品，由进口报关者于报关进口时纳税。

（3）零售环节：金银首饰和超豪华小汽车的消费税由零售者在零售环节缴纳。

（4）批发环节：卷烟批发加征一道批发环节的消费税。

国务院另有规定的除外，对纳税人出口应税消费品，免征消费税。

七、消费税的征收管理

（一）纳税义务发生时间

（1）纳税人销售应税消费品，其纳税义务发生的时间如下：

1）采取赊销和分期收款结算方式的，为销售合同规定的收款日期的当天；

2）采取预收货款结算方式的，为发出应税消费品的当天；

3）采取托收承付和委托银行收款方式的，为发出应税消费品并办妥托收手续的当天；

4）采取其他结算方式的，为收讫销货款或者取得索取销货款的凭据的当天。

（2）纳税人自产自用应税消费品，其纳税义务发生的时间，为移送使用的当天。

（3）纳税人进口应税消费品，其纳税义务发生的时间，为报关进口的当天。

（二）纳税期限

消费税纳税期限分别为 1 日、3 日、5 日、10 日、15 日或者一个月。纳税人的具体纳税期限，由主管税务机关根据纳税人应纳税额的大小分别核定；不能按照固定期限纳税的，可以按次纳税。

（三）纳税地点

（1）生产销售（包括到外地自销或者委托外地代销）以及自产自用的应税消费品，除另有规定者外，均应在纳税人核算地缴纳消费税。

纳税人的总机构与分支机构不在同一县（市）的，应在生产应税消费品的分支机构所在地缴纳消费税。但经国家税务总局及所属税务分局批准，纳税人分支机构应纳消费税款也可由总机构汇总向总机构所在地主管税务机关缴纳。

（2）委托加工的应税消费品，由受托者向所在地主管税务机关解缴消费税税款。

（3）进口的应税消费品，由进口人或者其代理人向报关地海关申报。

（4）纳税人销售的应税消费品，如因质量等原因由购买者退回的，经所在地主管税务机关审核批准后，可退还已征收的消费税税款，但不可以自行抵减应纳税款。

第二节 消费税应纳税额的计算

问题提出

美雅化妆品公司是一家新成立的公司，经营各种化妆品及护肤、护发品。为提高公司的知名度，该公司将 3 月作为广告宣传月，开展了如下活动：

1. 将包装成礼盒的化妆品赠给客户，价值 5 万元；
2. 赞助当地举办民歌节用化妆品，价值 4 万元；
3. 为庆祝"三八"妇女节，发给本公司女职工自产的化妆品，共计价值 2 万元；
4. 广告样品用化妆品，价值 0.2 万元，当月销售化妆品 11 万元。

请问，该公司在 3 月应缴纳多少消费税？

根据我国现行消费税法的规定，直接对外销售应税消费品消费税额的计算方法一般有三种：从价定率法、从量定额法、从价定率和从量定额复合计税法。

一、从价定率法

在从价定率计算方法下，应纳税额的大小取决于应税消费品的销售额和适用税率两个因素。其基本计算公式为

$$应纳消费税额 = 应纳消费品的销售额 × 适用税率$$

1. 应税销售行为的确定

根据《中华人民共和国消费税暂行条例》及其实施细则的有关规定，下列情况均应作为销售或视同销售，确定销售额（或销售数量），并按规定缴纳消费税：

（1）有偿转让应税消费品所有权的行为。具体包括：纳税人用应税消费品换取生产资料和消费资料；用应税消费品支付代扣手续费或者销售回扣；在销售数量之外另付给购货方或者中间人作为奖励和报酬的应税消费品。

（2）纳税人用自产自用的应税消费品用于其他方面的。

（3）委托加工的应税消费品。所谓委托加工，是指由委托方提供原料和主要材料，受托方只收取加工费和代垫部分辅助材料加工的应税消费品。对于由受托方提供原材料，或受托方先把原料卖给委托方然后再接受加工，以及由委托方以委托方名义购进原材料生产的应税消费品，不论纳税人在财务上是否做销售处理，都不得作为委托加工应税消费品，而应当按照自制应税消费品缴纳消费税。但委托加工的应税消费品直接出售的，可不计算销售额，不再征收消费税。

2. 销售额的确定

所谓的销售额是纳税人销售应税消费品向购买方收取的全部价款和价外费用。这里的价外费用是指价外收取的手续费、补贴、基金、集资费、返还利润、奖励费、违约金、滞纳金、延

期付款利息、赔偿金、代收款项、代垫款项、包装费、包装物租金、储备费、优质费、运输装卸费以及其他各种性质的价外收费。

销售额中不包括以下项目：

（1）承运部门开具给购货方的运费发票；

（2）纳税人将该项发票转交给购买方。

如果纳税人应税消费品的销售额中未扣除增值税税款或者因不得开具增值税专用发票而发生价款和增值税税款合并收取的，在计算消费税时，应当换算为不含增值税税款的销售额。其换算公式为

$$应税消费品的销售额 = 含增值税的销售额 \div (1 + 增值税税率或者征收率)$$

3. 包装物及押金的计税销售额

（1）应税消费品连同包装物一起销售的，无论包装物是否单独计价以及在会计上如何核算，均应并入应税消费品的销售额中缴纳消费税。

（2）如果包装物不单独作价随同产品销售，而是收取押金，此项押金则不应并入应税消费品的销售额中征税。但对因逾期未收回的包装物不再退还的或者已收取的时间超过12个月的押金，应并入应税消费品的销售额，按照应税消费品的适用税率缴纳消费税。

（3）对既作价随同应税消费品销售，又另外收取押金的包装物的押金，凡纳税人在规定的期限内没有退还的，均应并入应税消费品的销售额，按照应税消费品的适用税率缴纳消费税。

例 3-1

宁波丽人化妆品公司为增值税一般纳税人，11月发生以下业务：

（1）当月销售给某一化妆品经销商（小规模纳税人）一批高档化妆品，开具普通发票上注明价款为22.6万元；

（2）销售一批高档化妆品，开具增值税专用发票上注明销售额10万元；

（3）销售高档化妆品的包装箱，取得价税合计价款1.13万元；

（4）以成本价转给统一核算的门市部一批高档化妆品30万元，门市部当月收得含税收入45.2万元。

要求： 计算该纳税人当月应纳消费税（高档化妆品适用消费税税率为15%）

例题分析 3-1

（1）业务（1）应纳消费税 =22.6÷（1+13%）×15%=3（万元）。

（2）业务（2）应纳消费税额 =10×15%=1.5（万元）。

（3）业务（3）单独出售包装箱不交消费税。

（4）业务（4）应纳消费税 =45.2÷（1+13%）×15%=6（万元）。

$$11月应纳消费税额 =3+1.5+6=10.5（万元）$$

二、从量定额法

实行从量定额计征办法计算的应税消费品，其应纳税额应从量定额计征，其计税依据是销

售数量。其计算公式为

$$应纳税额 = 销售数量 \times 单位税额$$

1. 从量定额销售数量的确认

（1）销售的应税消费品，为应税消费品的销售数量。

（2）自产自用的应税消费品，为应税消费品的移送使用数量。

（3）委托加工的应税消费品，为纳税人收回的应税消费品的数量。

（4）进口的应税消费品，为海关核定的应税消费品进口征税数量。

2. 从量定额的换算标准

实行从量定额办法计算应纳税额的应税消费品，计量单位的换算标准见表3-2。

表3-2 计量单位换算标准

单位	啤酒	黄酒	汽油	柴油	航空煤油	石脑油	溶剂油	润滑油	燃料油
1吨=	988升	962升	1388升	1176升	1246升	1385升	1282升	1126升	1015升

例 3-2

某石油化工厂1月销售无铅汽油25吨、柴油18吨，提供给本厂基建工程车辆、设备使用柴油5吨，将9吨含铅汽油进行提炼生产高品质汽油。计算该厂当月应纳消费税税额。（已知汽油1吨=1388升，柴油1吨=1176升；无铅汽油的税率为定额税率1.0元/升；柴油的税率为定额税率0.8元/升）

例题分析 3-2

（1）销售无铅汽油应纳消费税税额 = 25×1388×1.0 = 34700（元）

（2）销售柴油应纳消费税税额 = （18+5）×1176×0.8 = 21638.4（元）

（3）含铅汽油提炼生产高品质汽油免征消费税。

（4）该厂当月应纳消费税税额 = 34700+21638.4 = 56338.4（元）

三、复合计税法

复合计税法是指应税的卷烟和白酒，其应纳税额既实行从价定率，又实行从量定额相结合的复合计征办法。其计算公式为：

$$应纳税额 = 销售额 \times 比例税率 + 销售数量 \times 单位税额$$

目前只有卷烟、白酒实行复合计征的方法，其计税依据分别是销售应税消费品向购买方收取的全部价款、价外费用和实际销售（或海关核定、委托方收回、移送使用）数量。

复合计税——
烟草风云

例 3-3

某烟草生产企业是增值税一般纳税人。6月销售甲类卷烟1000标准条，取得销售收入（含增值税）90400元。计算该企业应缴纳的消费税税额。（已知卷烟消费税定额税率为0.003元/支，1标准条有200支；比例税率为56%）

例题分析 3-3

应纳消费税税额 =90 400÷（1+13%）×56%+1 000×200×0.003=45 400（元）

例 3-4

12月，绍兴东湖酒厂（一般纳税人）销售粮食白酒280吨，取得销售额1 356万元（含税），已知白酒的消费税税率为20%加0.5元/500克（或者500毫升）。

计算：该企业当月应纳的消费税税额。

例题分析 3-4

应纳消费税税额 =1 356÷（1+13%）×20%+280×1 000×2×0.5÷10 000=268（万元）

四、若干特殊规定

1. 销售额中扣除外购已税消费品已纳消费税的规定

由于某些应税消费品是用外购已缴税的应税消费品连续生产出来的，在对这些连续生产出来的应税消费品计算征税时，税法规定应按当期生产领用数量计算准予扣除外购的应税消费品已纳的消费税税款。

（1）允许抵扣已纳税款的外购应税消费品范围包括：

①外购已税烟丝生产的卷烟；

②外购已税高档化妆品生产的高档化妆品；

③外购已税珠宝玉石生产的贵重首饰及珠宝玉石；

④外购已税鞭炮焰火生产的鞭炮焰火；

⑤外购已税杆头、杆身和握把为原料生产的高尔夫球杆；

⑥外购已税木制一次性筷子为原料生产的木制一次性筷子；

⑦外购已税实木地板为原料生产的实木地板；

⑧外购已税石脑油为原料生产的应税消费品；

⑨外购已税汽油、柴油为原料生产的汽油、柴油。

此外，还有包括外购已税润滑油为原料生产的润滑油。

在15个税目中，除酒、小汽车、游艇、高档手表、雪茄烟外，成品油要分清子目（不包括汽油、柴油、溶剂油、航空煤油、燃料油）。必须注意的是，允许扣除已纳税额的应税消费品只能是针对同一税目，即购入该税目的已税商品，仍用于生产该税目的商品，可以抵扣。如购入该税目的已税商品，用于生产另一税目的商品，则不能扣税。例如：购进酒及酒精用于再生产，不允许扣减已纳税款。

需要注意的是，纳税人用外购的已税珠宝玉石生产的改在零售环节征收消费税的金银首饰，在计税时一律不得扣除外购的珠宝玉石的已纳消费税税款。

（2）扣税计算。

按当期生产领用数量扣除其已纳消费税，这与增值税的税款抵扣制度是不相同的。当期准予扣除外购应税消费品已纳消费税税款的计算公式是：

当期准予扣除的外购应税消费品已纳税款 = 当期准予扣除的外购应税消费品买价

× 外购应税消费品适用税率

$$当期准予扣除的外购应税消费品买价 = 期初库存的外购应税消费品的买价$$
$$+ 当期购进的应税消费品的买价$$
$$- 期末库存的外购应税消费品的买价$$

外购已税消费品的买价是指购货发票上注明的销售额（不包括增值税税款）。库存数量以盘点数为准。

例 3-5

某卷烟厂购进烟丝用于生产卷烟，10 月份期初库存的外购烟丝价值 100 万元；当期购进烟丝 500 万元；期末库存烟丝 100 万元。

计算：该厂当期准予扣除的外购烟丝已纳税款。

例题分析 3-5

（1）当期准予扣除的外购应税消费品的买价 = 期初库存的外购应税消费品的买价 + 当期购进应税消费品的买价 - 期末库存的外购消费品的买价 =100+500-100=500（万元）

（2）当期准予扣除的外购应税消费品已纳税款 = 当期准予扣除的外购应税消费品买价 × 外购应税消费品适用税率 =500×30%=150（万元）

（3）对自己不生产应税消费品，而只是购进后再销售应税消费品的工业企业，其销售的白酒、高档化妆品、鞭炮焰火和贵重首饰及珠宝玉石，凡不能构成最终消费品直接进入消费品市场，而需进一步生产加工的，应当征收消费税，同时允许扣除上述外购应税消费品的已纳税款。

（4）允许扣除已纳税款的应税消费品只限于从工业企业购进的应税消费品，对从商业企业购进应税消费品的已纳税款一律不得扣除。

2. 自设非独立核算门市部计税的规定

纳税人通过自设非独立核算门市部销售的自产应税消费品，应当按照门市部对外销售额或者销售数量计算征收消费税。

3. 应税消费品用于其他方面的规定

纳税人的自产的应税消费品用于换取生产资料和消费资料，投资入股和抵偿债务等方面应当按纳税人同类应税消费品的最高价格作为计税依据。

五、自产自用应税消费品应纳消费税的计算

根据《中华人民共和国消费税暂行条例》规定，自产自用就是指纳税人生产应税消费品后，不是用于直接对外销售，而是用于自己连续生产应税消费品或用于其他方面。

知识链接

用于其他方面是指纳税人将自产应税消费品用于：

①生产非应税消费品。这种情况下纳消费税，不纳增值税。

②在建工程、管理部门、非生产机构。这种情况下消费税及增值税方面视同销售，所得税方面不视同销售。

③馈赠、赞助、集资、广告、样品、职工福利、奖励等方面。这种情况下消费税及增值税方面视同销售，这属于外部移送，所以，所得税确认收入。

自产自用应税消费品的涉税处理，具体分以下几种情况：第一种是连续生产应税消费品，移送环节不征收消费税，在生产销售时，缴纳消费税。第二种是连续生产非应税消费品，则在移送环节征收消费税，最后销售产成品时，不征收消费税。第三种是自产应税消费品，内部处置（例如用于管理部门）和外部移送（例如用于赠送、投资），均要计算消费税。

1. 销售额的确认原则

（1）有同类消费品的，按纳税人生产的当月同类消费品的销售价格计税。

（2）如果当月同类消费品各期销售价格高低不同的，应按销售数量加权平均计算。但销售的应税消费品有下列情况之一的，不得列入加权平均计算：一是销售价格明显偏低并无正当理由的；二是无销售价格的。

（3）如果当月无销售或者当月未完结，应按照同类消费品上月或者最近月份的销售价格计算纳税。

自产自用应税消费品
消费税的计算

（4）没有同类消费品售价的，按组成计税价格计税。

2. 组成计税价格的计算

（1）对从价定率征收消费税的应税消费品，其组成计税价格的公式：

组成计税价格 = 成本 ×（1+ 成本利润率）÷（1- 消费税税率）

（2）对从量定额征收消费税的应税消费

消费税从量征收与售价或组成计税价格无关；

（3）对复合计税征收消费税的应税消费品，其组成计税价格的公式：

组成计税价格 =（成本 + 利润 + 自产数量 × 单位税额）÷（1- 消费税税率）

这里"成本"是指应税消费品的产品销售成本。"成本利润率"是指全国平均成本利润率，而全国平均成本利润率由国家税务总局确定（见表3-3）。

表3-3 平均成本利润率

应税消费品名称	成本利润率	应税消费品名称	成本利润率
1. 甲类卷烟	10%	11. 摩托车	6%
2. 乙类卷烟	5%	12. 高尔夫球及球具	10%
3. 雪茄烟	5%	13. 高档手表	20%
4. 烟丝	5%	14. 游艇	10%
5. 粮食白酒	10%	15. 木制一次性筷子	5%
6. 薯类白酒	5%	16. 实木地板	5%
7. 其他酒	5%	17. 乘用车	8%
8. 化妆品	5%	18. 中轻型商用客车	5%
9. 鞭炮、焰火	5%	19. 电池	4%
10. 贵重首饰及珠宝玉石	6%	20. 涂料	7%

3. 应纳税额的计算

$$应纳消费税 = 组成计税价格 × 适用税率$$

例 3-6

杭州青年汽车制造厂为增值税一般纳税人，主要生产小汽车和中轻型商用客车，小汽车不含税出厂价为 12.5 万元 / 辆，中轻型商用客车不含税出厂价为 6.8 万元 / 辆。5 月发生如下业务：本月销售小汽车 8 600 辆，将 2 辆小汽车移送本厂研究所做破坏性碰撞实验，10 辆作为广告样品；销售中轻型商用客车 500 辆，将本厂生产的 10 辆中轻型商用客车移送改装分厂，将其改装为救护车。（假设小汽车消费税税率为 3%，中轻型商用客车消费税税率为 5%）

计算：该企业 5 月应纳消费税额。

例题分析 3-6

（1）销售小汽车应纳消费税额 =8 600×12.5×3%=3 225（万元）

（2）销售中轻型商用客车应纳消费税额 =500×6.8×5%=170（万元）

（3）作为广告样品 10 辆小汽车，应视同销售，缴纳消费税。

$$应纳消费税额 =10×12.5×3%=3.75（万元）$$

（4）将生产的 10 辆中轻型商用客车移送改装分厂，并改装为救护车，也应缴纳消费税。

$$应纳消费税额 =10×6.8×5%=3.4（万元）$$

$$5 月共应纳消费税额 =3 225+170+3.75+3.4=3 402.15（万元）$$

六、委托加工的应税消费品应纳消费税的计算

委托加工应税消费品是生产应税消费品的一种形式，需要纳入消费税的征收范围。

1. 委托加工应税消费品的确定

委托加工应税消费品是指委托方提供原料和主要材料，受托方只收取加工费和代垫部分辅助材料加工的应税消费品。

如果出现下列情形，无论纳税人在财务上如何处理，都不得作为委托加工应税消费品，而应按销售自制应税消费品缴纳消费税：

委托加工应税
消费品

（1）由受托方提供原材料生产的应税消费品；

（2）受托方先将原材料卖给委托方后再接受加工的应税消费品；

（3）由受托方以委托方名义购进原材料生产的应税消费品。

2. 代收代缴税款

根据《中华人民共和国消费税暂行条例》规定，受托方是法定的代收代缴义务人，由受托方在向委托方交货时代收代缴消费税。

如果纳税人委托个体经营者加工应税消费品，一律由委托方收回后在委托方所在地缴纳消费税。受托方没有按规定代收代缴税款，除受到一定的处罚外，还要追究委托方的责任，令其补缴税款。委托方要补税，受托方就不再补税了。对委托方补征税款的计税依据是：如果收回的应税消费品直接销售，按销售额计税补征；如果收回的应税消费品尚未销售或用于连续生产等，按组成计税价格计税补征。

委托加工的应税消费品，受托方在交货时已代收代缴消费税，委托方收回后直接销售的，不再征收消费税。

3. 组成计税价格的计算

委托加工的应税消费品，按照受托方的同类消费品的销售价格计算纳税；没有同类价格的按组成计税价格计算纳税。

（1）实行从价定率办法计算纳税的组成计税价格计算公式为

$$组成计税价格 = （材料成本 + 加工费） \div （1 - 比例税率）$$

（2）实行复合计税办法计算纳税的组成计税价格计算公式为

$$组成计税价格 = （材料成本 + 加工费 + 委托加工数量 \times 定额税率） \div （1 - 比例税率）$$

材料成本是指委托方所提供加工材料的实际成本。委托加工应税消费品的纳税人，必须在委托加工合同上如实注明（或者以其他方式提供）材料成本，凡未提供材料成本的，受托方主管税务机关有权核定其材料成本。这里的加工费，是指受托方加工应税消费品向委托方所收取的全部费用（包括代垫辅助材料的实际成本）。

例 3-7

绍兴会稽山酒厂 6 月委托绍兴酒厂生产药酒 60 吨，一次性支付加工费 10 000 元。已知绍兴会稽山酒厂提供原料的成本为 170 000 元，绍兴酒厂无同类产品销售价格。已知药酒的消费税税率为 10%。

试计算：该批药酒的消费税组成计税价格。

例题分析 3-7

因为，绍兴酒厂无同类产品销售价格，应按公式计算消费税组成计税价格：

$$消费税组成计税价格 = （10 000 + 170 000） \div （1 - 10\%） = 200 000 （元）$$

七、进口应税消费品应纳税额的计算

（一）基本应税消费品的基本规定

1. 纳税义务人

进口或代理进口应税消费品的单位和个人，为进口应税消费品消费税的纳税义务人。

2. 课税对象

进口应税消费品的课税对象是进口商品总值，具体包括到岸价格、关税和消费税三部分。

3. 税率

实行的税率和税率按照《消费税税目税率（税额）表》执行。

4. 其他规定

（1）进口的应税消费品，于报关进口时缴纳消费税；

（2）进口的应税消费品由海关代征；

（3）进口的应税消费品由进口人或其代理人向报关地海关纳税；

（4）纳税人进口应税消费品，应当自海关填发税款缴纳书的次日起7日内缴纳税款。

（二）进口应税消费品组成计税价格的计算

1. 实行从价定率法计算应纳税额的，按照组成计税价格计算纳税

$$组成计税价格 = （关税完税价格 + 关税）÷（1 - 消费税税率）$$

$$海关代征的消费税税额 = 组成计税价格 × 消费税税率$$

$$海关代征的增值税税额 = 组成计税价格 × 增值税税率$$

2. 实行复合计税法计算纳税的组成计税价格计算公式

组成计税价格 =（关税完税价格 + 关税 + 进口数量 × 消费税定额税率）÷（1 - 消费税比例税率）
这里的关税完税价格，是指海关核定的关税计税价格。

例 3-8

　　枫叶贸易有限公司2月从国外进口一批化妆品，海关核定的关税完税价格为170 000元（关税税率为50%，消费税税率为15%），已取得海关开具的完税凭证，2月份该企业将其中的一部分化妆品在国内市场销售，取得不含税销售收入500 000元。假定该企业没发生其他增值税业务，该公司2月应纳消费税额为多少？

例题分析 3-8

　　（1）组成计税价格 =（170 000+170 000×50%）÷（1-15%）=300 000（元）

　　（2）进口环节应纳消费税 =300 000×15%=45 000（元）

　　（3）高档化妆品的消费税只在进口环节缴纳，国内销售时，不再缴纳消费税。

第三节　消费税的会计处理与申报

问题提出

　　对于一名合格的财务人员来说，不仅要会处理增值税的涉税业务，而且也要会进行消费税的计算和账务处理。那么消费税的账务处理和增值税的账务处理一样吗？应该如何进行消费税的会计处理呢？

一、会计科目的设置

　　为了正确反映和核算消费税的涉税业务，纳税人应在"应交税费"科目下设置"应交消费税"明细科目。

二、消费税涉税业务的账务处理

1. 销售应税消费品的账务处理

企业对外销售的应税消费品时，应缴纳的消费税，通过"税金及附加"科目核算。即企业按规定计算出应缴纳的消费税后，借记"税金及附加"科目，贷记"应交税费——应交消费税"科目。

例 3-9

钱江摩托公司（一般纳税人）5 月销售摩托车 100 辆，每辆售价 2 万元（不含增值税），货款未收。摩托车每部成本为 1 万元，适用消费税率 10%。企业应做怎样的账务处理？

例题分析 3-9

（1）钱江摩托公司应向购买方收取的增值税额 =100×20 000×13%=260 000（元）

钱江摩托公司应缴纳的消费税 =100×20 000×10%=200 000（元）

（2）账务处理：

①销售时：

借：应收账款	2 260 000	
贷：主营业务收入		2 000 000
应交税费——应交增值税（销项税额）		260 000

②缴纳消费税：

借：税金及附加	200 000	
贷：应交税费——应交消费税		200 000

③结转销售成本：

借：主营业务成本	1 000 000	
贷：库存商品		1 000 000

2. 以应税消费品换取生产资料、抵偿债务等的账务处理

企业以应税消费品换取生产资料的，应按同类产品的最高售价，借记"材料采购""库存商品"等科目，贷记"主营业务收入""应交税费——应交增值税"等科目。同时，计算应纳消费税，借记"税金及附加"科目，贷记"应交税费——应交消费税"科目，并结转销售成本。

例 3-10

续【例 3-7】，绍兴会稽山酒厂 1 月份用白酒 10 吨，抵偿胜利农场大米款 50 000 元。该白酒每吨本月售价在 4 800 ～ 5 200 元之间浮动，平均销售价格 5 000 元 / 吨。计算应纳消费税税额并进行账务处理。

例题分析 3-10

（1）应纳增值税的销项税额 =5 000×10×13%=6 500（元）

（2）纳税人用于换取生产资料和消费资料，投资入股和抵偿债务等方面的应税消费品，应当以纳税人同类应税消费品的最高销售价格作为计税依据计算消费税。该白酒的最高销售价格为 5 200 元 / 吨。

应纳消费税税额 =5 200×10×20%+10 000×2×0.5=20 400（元）

（3）账务处理

①抵偿债务时

借：应付账款——胜利农场   56 500

  贷：主营业务收入   50 000

    应交税费——应交增值税（销项税额）   6 500

②计算应纳消费税

借：税金及附加   13 000

  贷：应交税费——应交消费税   13 000

③缴纳时

借：应交税费——应交消费税   13 000

  贷：银行存款   13 000

3. 视同销售的账务处理

企业将应税消费品对外投资，或用于在建工程、集体福利、个人消费的行为，在税法上属于视同销售，按规定应该计算消费税。纳税人先按规定计算应纳的消费税额，再进行账务处理上，借记"长期股权投资""在建工程""营业外支出""管理费用""应付职工薪酬"等科目，贷记"应交税费——应交消费税"科目。

视同销售的
账务处理

例 3-11

续【例 3-9】，钱江摩托公司 1 月将自产的 10 辆摩托车用于员工福利，同类摩托车销售价为 3 万元，该汽车成本为 2 万元，适用消费税税率为 10%。企业应如何进行账务处理？

例题分析 3-11

（1）该公司应缴纳的消费税 =30 000×10×10%=30 000（元）

    该公司应缴纳的增值税 =30 000×10×13%=39 000（元）

（2）账务处理：

①销售时：

借：应付职工薪酬   339 000

  贷：主营业务收入   300 000

    应交税费——应交增值税（销项税额）   39 000

②结转销售成本：

借：主营业务成本   200 000

  贷：库存商品   200 000

③缴纳消费税：

借：税金及附加   30 000

  贷：应交税费——应交消费税   30 000

4. 应税消费品包装物应交消费税的账务处理

（1）随产品销售但单独计价的包装物，其收入计入"其他业务收入"。因此，应缴纳的消费税借记"其他业务成本"，贷记"应交税费——应交消费税"。

例 3-12

魅力化妆品公司向广大贸易公司销售一批化妆品，所用包装物单独计价，按规定应缴纳消费税税额 2 000 元。账务处理如何进行？

例题分析 3-12

所做的账务处理为：

借：其他业务成本　　　　　　　　　　　　　　　　　　2 000

　　贷：应交税费——应交消费税　　　　　　　　　　　　　　2 000

（2）随同产品销售且不单独计价的包装物，其收入同所销售的产品一起计入"主营业务收入"。因此，因包装物销售应缴纳的消费税与因产品销售应缴纳的消费税一同借记"税金及附加"，贷记"应交税费——应交消费税"。

（3）出租、出借包装物收取的押金，借记"银行存款"科目，贷记"其他应付款"科目；待包装物逾期收不回来的而将押金没收时，借记"其他应付款"，贷记"其他业务收入"科目；这部分押金收入应缴纳的消费税应相应计入"税金及附加"。

（4）包装物已作价随同产品销售，但为促使购货人将包装物退回而另外加收的押金，借记"银行存款"科目，贷记"其他应付款"科目；包装物逾期未收回，押金没收，没收的押金应缴纳的消费税应先记入"其他应付款"科目中冲抵，即借记"其他应付款"科目，贷记"应交税费——应交消费税"科目，冲抵后"其他应付款"科目的余额转入"营业外收入"科目。

例 3-13

东健公司（一般纳税人）7 月 5 日销售应税消费品 200 吨，每吨不含税销售价格为 1 000 元，随同产品销售并单独计价的包装物 200 个，不含税单价 300 元／个。7 月 10 日销售应税消费品 100 吨，每吨不含税销售价格为 1 000 元，客户借用 100 个包装物，为促使包装物能够收回，对每个包装物收取押金 22.6 元，上述款项均以银行存款收讫。则该公司应如何进行账务处理？假定该产品适用的消费税税率为 10%。

例题分析 3-13

该公司应进行的账务处理如下：

（1）7 月 5 日销售应税消费品及包装物，确认收入时：

借：银行存款　　　　　　　　　　　　　　　　　　　293 800

　　贷：主营业务收入　　　　　　　　　　　　　　　　　　200 000

　　　　其他业务收入　　　　　　　　　　　　　　　　　　60 000

　　　　应交税费——应交增值税（销项税额）　　　　　　　33 800

（2）7月10日销售应税消费品及出借包装物，确认收入时：

借：银行存款　　　　　　　　　　　　　　　　　　　115 260

　　贷：主营业务收入　　　　　　　　　　　　　　　　100 000

　　　　应交税费——应交增值税（销项税额）　　　　　13 000

　　　　其他应付款　　　　　　　　　　　　　　　　　　2 260

（3）7月31日，计算该消费品应纳的消费税（假定该产品适用的消费税税率为10%）时：

应纳消费税额=（200 000+60 000+100 000）×10%=36 000（元）

借：税金及附加　　　　　　　　　　　　　　　　　　 30 000

　　其他业务支出　　　　　　　　　　　　　　　　　　 6 000

　　贷：应交税费——应交消费税　　　　　　　　　　　36 000

（4）假定包装物的回收期限为3个月，10月未收回包装物而没收押金时：

该押金应纳的增值税销项税额=2 260÷（1+13%）×13%=260（元）

该押金应纳的消费税额=2 260÷（1+13%）×10%=200（元）

借：其他应付款　　　　　　　　　　　　　　　　　　　2 260

　　贷：应交税费——应交增值税（销项税额）　　　　　　 260

　　　　　　　　　　——应交消费税　　　　　　　　　　 200

　　　　营业外收入　　　　　　　　　　　　　　　　　　1 800

5. 委托加工应税消费品的会计处理

（1）在会计处理时，需要缴纳消费税的委托加工应税消费品，在委托方提货时，由受托方代收代缴税款。受托方按应扣税款金额，借记"应收账款""银行存款"等科目，贷记"应交税费——应交消费税"科目。

委托加工应税消费品的账务处理

（2）委托加工应税消费品收回后，直接用于销售的，委托方应将代收代缴的消费税计入委托加工的应税消费品成本，借记"委托加工物资""生产成本"等科目，贷记"应付账款""银行存款"等科目。待委托加工应税消费品销售时，不需要再缴纳消费税。

（3）委托加工的应税消费品收回后用于连续生产应税消费品，按规定准予抵扣的，委托方应按代收代缴的消费税款，借记"应交税费——应交消费税"科目，贷记"应付账款""银行存款"等科目，待用委托加工的应税消费品生产出应纳消费税的产品销售时，再缴纳消费税。

（4）委托加工或翻新改制金银首饰按规定由受托方缴纳消费税。企业应于向委托方交货时，按规定缴纳的消费税，借记"税金及附加"科目，贷记"应交税费——应交消费税"科目。

例 3-14

大发贸易公司委托外单位加工材料（非金银首饰），原材料价款20万元，加工费用5万元，由受托方代收代缴的消费税0.5万元（不考虑增值税），材料已经加工完毕验收入库，加工费用尚未支付。假定该公司材料采用实际成本核算。根据该项经济业务，委托方应如何进行账务处理？

例题分析 3-14

该公司应进行的账务处理如下：

（1）如果委托方收回加工后的材料用于继续生产应税消费品，委托方的会计处理如下：

借：委托加工物资	200 000	
贷：原材料		200 000
借：委托加工物资	50 000	
应交税费——应交消费税	5 000	
贷：应付账款		55 000
借：原材料	250 000	
贷：委托加工物资		250 000

（2）如果委托方收回加工后的材料直接用于销售，委托方的账务处理如下：

借：委托加工物资	200 000	
贷：原材料		200 000
借：委托加工物资	55 000	
贷：应付账款		55 000
借：库存商品	255 000	
贷：委托加工物资		255 000

6. 进口产品的账务处理

需要缴纳消费税的进口消费品，其缴纳的消费税应计入该进口消费品的成本，借记"固定资产""材料采购"等科目，贷记"银行存款"等科目。

三、消费税的纳税申报

（一）申报时间

消费税的纳税申报时间与增值税的纳税申报时间相同，主管国税机关根据纳税人应纳税额的大小分别核定；不能按照固定期限申报纳税的，可以按次申报纳税。

（二）申报资料

（1）纳税人在规定的申报期限内，报送消费税及附加税费申报表（见表 3-4）及国税机关要求报送的其他纳税资料。

（2）扣缴义务人必须在规定的申报期限内报送消费税代扣代缴税款报告表及国税机关要求报送的其他有关资料。

（3）金银首饰消费税纳税人办理纳税申报时，除报送消费税及附加税费申报表外，还应报送下列资料：

1）金银饰品购销存月报（银统 81）表；

2）金银饰品购销存月报（银统82）表；

3）从事批发、加工业务的经营单位应报送购货单位提供的××省金银首饰购货（加工）管理证明单（第二联）；

4）国税机关要求报送的其他资料。

表3-4 消费税及附加税费申报表

税款所属期：自 年 月 日至 年 月 日

纳税人识别号（统一社会信用代码）：□□□□□□□□□□□□□□□□□□□□

纳税人名称： 金额单位：人民币元（列至角分）

项 目 应税消费品名称	适用税率		计量单位	本期销售数量	本期销售额	本期应纳税额
	定额税率	比例税率				
	1	2	3	4	5	6=1×4+2×5
合计	—	—	—	—	—	

	栏次	本期税费额
本期减（免）税额	7	
期初留抵税额	8	
本期准予扣除税额	9	
本期应扣除税额	10=8+9	
本期实际扣除税额	11[10＜（6-7），则为10，否则为6-7]	
期末留抵税额	12=10-11	
本期预缴税额	13	
本期应补（退）税额	14=6-7-11-13	
城市维护建设税本期应补（退）税额	15	
教育费附加本期应补（退）费额	16	
地方教育附加本期应补（退）费额	17	

声明：此表是根据国家税收法律法规及相关规定填写的，本人（单位）对填报内容（及附带资料）的真实性、可靠性、完整性负责。

纳税人（签章）： 年 月 日

经办人：	受理人：
经办人身份证号：	
代理机构签章：	受理税务机关（章）：
代理机构统一社会信用代码：	受理日期： 年 月 日

第四节 消费税出口退税的会计处理

问题提出

我国为了鼓励出口，在出口环节对出口商品采取免征增值税、出口退税等政策。那对出口的应税消费品也采取出口退税的政策吗？

一、出口应税消费品的免税规定

（1）生产企业直接出口或委托外资企业出口应税消费品，按规定直接予以免税的，可以不计算应缴消费税；

（2）对于外贸企业出口应税消费品，按规定计算（退）消费税。

二、出口应税消费品的退税

（1）出口应税消费品退税的企业范围

1）有出口经营权的外贸、工贸公司；

2）特定出口退税企业，主要指对外承包工程公司、外轮供应公司等。

（2）给予退税的消费品应具备的条件：

1）属于消费税征税范围的消费品；

2）取得税收（出口产品专用）缴款书、增值税专用发票（税款抵扣联）、出口货物报关单（出口退税联）、出口收汇单证；

3）必须报关离境；

4）在财务上做出口销售处理。

（3）虽不具备出口条件，但也给予退税的消费品。如：对外承包工程公司运出境外用于对外承包项目的消费品，外轮供应公司和远洋运输公司销售给外轮、远洋货轮而收取外汇的消费品等。

（4）对于出口的来料加工产品、军品及军队系统企业出口的军需工厂生产或军需部门调拨的货物，以及卷烟等，免征消费税，但不办理退税。

三、出口应税消费品退税税率的确定

出口应税消费品的退税税率或单位税额，按照消费税暂行条例所附《消费税税目税率（税额）表》执行。当出口的货物是应税消费税时，其退还增值税要按照规定的退税率进行计算，而其退还的消费税则应该按照消费税所适用的税率计算。企业应将不同消费税税率的出口应税消费品分开核算和申报，凡划分不清适用税率的，一律从低适用税率计算应退消费税税额。

四、出口应税消费品退税的计算

1. 适用比例税率的出口应税消费品计算公式

不含增值税的购进金额 = 含增值税的购进金额 ÷（1+ 增值税税率或征收率）；

应退消费税额 = 出口消费品的工厂销售额 × 税率

2. 适用定额税率的出口应税消费品计算公式

应退消费税额 = 出口数量 × 单位税额

五、出口货物应退消费税的账务处理

（1）生产性企业直接出口或通过外贸公司出口货物，按规定直接予以免税的，可不计算应纳消费税，也不需进行账务处理。

（2）通过外贸公司出口物资时，如按规定实行先税后退的，按下列方法进行会计处理：委托外贸公司代理出口物资的生产性公司，应在计算消费税时，按应交消费税，借记"其他应收款——应收出口退税"科目，贷记"应交税费——应交消费税"科目。收到退回的税金，借记"银行存款"科目，贷记"其他应收款——应收出口退税"科目。发生退关、退货而补缴已退的消费税做相反的会计分录。

（3）公司将物资销售给外贸公司，由外贸公司自营出口的，其缴纳的消费税应借记"税金及附加"科目，贷记"应交税费——应交消费税"科目。

（4）自营出口物资的外贸公司，在物资报关出口后申请出口退税时，借记"其他应收款——应收出口退税"科目，贷记"主营业务成本"科目，实际收到退回的税金，借记"银行存款"科目，贷记"其他应收款——应收出口退税"科目。发生退关或退货而补缴已退的消费税，做相反的会计分录。

例 3-15

杭州宝丰酒业有限公司委托杭州进出口贸易有限公司代理出口一批葡萄酒。葡萄酒的销售额为人民币 30 万元，增值税税率为 13%，增值税退税率为 10%，消费税税率为 10%。已在主管税务机关办理出口退税的审批手续。试进行账务处理。

例题分析 3-15

该公司应进行的账务处理如下：

（1）出口消费品应纳增值税 =300 000×13%=39 000（元）

（2）出口消费品应退增值税税额 =300 000×10%=30 000（元）

（3）不予退回的增值税 =39 000−30 000=9 000（元）

（4）出口消费品应退消费税 =300 000×10%=30 000（元）

（5）账务处理

①收到出口消费品销售额时：

借：应收账款   300 000

    贷：主营业务收入   300 000

②报关出口办理退税手续后：

借：其他应收款　　　　　　　　　　　　　　　　60 000

　　贷：应交税费——应交增值税（出口退税）　　　　30 000

　　　　税金及附加　　　　　　　　　　　　　　　30 000

③结转不予退还的增值税：

借：主营业务成本　　　　　　　　　　　　　　　　9 000

　　贷：应交税费——应交增值税（进项税额转出）　　9 000

④收到退税税额时：

借：银行存款　　　　　　　　　　　　　　　　　60 000

　　贷：其他应收款　　　　　　　　　　　　　　　60 000

本章小结

消费税是对在我国境内从事生产、委托加工和进口应税消费品的单位和个人就其销售额或销售量征收的一种税。消费税属于流转税的范畴。目的是为了调节产品结构，引导消费方向，保证国家财政收入。消费税的征税范围是 15 个税目的消费品，纳税人的应纳税额的计算方法主要有比例税率从价计税、定额税率从量计税、比例与定额复合计税多种计税方法。消费税纳税环节的单一性带来了对其计税价格实施控制的特殊要求。计算消费税的销售额在一般情况下与计算增值税销项税的销售额一致，但是以物易物、以物投资、抵债的应税消费品，在计算消费税是不用平均价格而用最高价格。消费税的抵扣规则与增值税不同，消费税按照生产领用量计算抵扣外购或委托加工收回的应税消费品的已纳税额，扣税范围和计算有着特殊的要求。

单项练习题及实训

一、单项选择题

1. 现行消费税的计税依据是（　　　）。

　　A. 含消费税不含增值税的销售额　　　　　　B. 不含消费税不含增值税的销售额

　　C. 不含消费税含增值税的销售额　　　　　　D. 含消费税且含增值税的销售额

2. 应税金银首饰的消费税的纳税环节在（　　　）环节。

　　A. 生产　　　　　　　B. 加工　　　　　　　C. 批发　　　　　　　D. 零售

3. 纳税人委托个体经营者加工应税消费品，消费税应（　　　）。

　　A. 由受托方代收代缴　　　　　　　　　　　B. 由委托方在受托方所在地缴纳

　　C. 由委托方收回后在委托方所在地缴纳　　　D. 由委托方在受托方或委托方所在地缴纳

4. 下列产品按量定额征收消费税的是（　　　）。

　　A. 白酒　　　　　　　B. 啤酒　　　　　　　C. 酒精　　　　　　　D. 药酒

5. 下列各项中，符合消费税法有关应按当期生产领用数量计算准予扣除外购的应税消费品已纳消费税税款规定的是（　　　）。

　　A. 外购已税白酒生产的药酒　　　　　　B. 外购已税化妆品生产的化妆品

　　C. 外购已税白酒生产的巧克力　　　　　D. 外购已税珠宝玉石生产的金银镶嵌首饰

6. 纳税人将应税消费品与非应税消费品以及适用税率不同的应税消费品组成成套消费品销售的，在计算消费税应纳税额时，采用的税率是（　　　）。

　　A. 应税消费品的平均税率　　　　　　　B. 应税消费品的最高税率

　　C. 应税消费品的最低税率　　　　　　　D. 应税消费品的各自不同税率

7. 委托加工收回的应税消费品（受托方已代收代缴消费税）由委托方收回后直接出售的，应缴纳的税金是（　　　）。

　　A. 消费税　　　　　　　　　　　　　　B. 增值税

　　C. 消费税和增值税　　　　　　　　　　D. 什么税都不交

8. 由于消费税属于价内税，企业销售应税消费品的售价包含消费税（不含增值税），因此，企业缴纳的消费税，应记入（　　　）账户，由销售收入补偿。

　　A. 主营业务成本　　　　　　　　　　　B. 其他业务成本

　　C. 营业外支出　　　　　　　　　　　　D. 税金及附加

二、多项选择题

1. 下列各项中，应当缴纳消费税的是（　　　）。

　　A. 用于本企业连续生产应税消费品的应税消费品

　　B. 用于鼓励代理商销售业绩的应税消费品

　　C. 用于捐助国家指定的慈善机构的应税消费品

　　D. 自产应税消费品直接对外销售

2. 下列属于消费税纳税人的有（　　　）。

　　A. 销售白酒的商场

　　B. 委托加工应税消费品的单位和个人

　　C. 生产销售应税消费品的单位和个人

　　D. 受托加工应税消费品的单位和个人

3. 按现行消费税规定，纳税人自产自用的应税消费品，如果用于（　　　）。

　　A. 连续生产应税消费品的，不纳税　　　B. 连续生产应税消费品的，纳税

　　C. 连续生产非应税消费品的，纳税　　　D. 连续生产非应税消费品，不纳税

4. 按现行消费税规定，下列关于消费税计税数量的说法中，不正确的是（　　　）。

　　A. 销售应税消费品的，为应税消费品的销售数量

　　B. 自产自用应税消费品，不征税，不必核定计税数量

　　C. 进口的应税消费品，为纳税人报关进口的数量

　　D. 委托加工应税消费品的，为委托方提供原材料数量

5. 下列各项，应以纳税人同类应税消费品的最高销售价格为依据计算消费税的有（　　　）。

　　A. 用于抵债的应税消费品　　　　　　　B. 用于馈赠的应税消费品

　　C. 用于换取消费资料的应税消费品　　　D. 用于对外投资入股的应税消费品

6. 现行消费税实行（   ）三种形式。

    A. 固定税率   B. 从价比例税率

    C. 从量定额税率   D. 复合计税

7. 在从量定额计算消费税时，其计税依据包括（   ）。

    A. 销售应税消费品，为销售数量

    B. 委托加工应税消费品，为加工收回的应税消费品数量

    C. 自产自用应税消费品，为移送使用数量

    D. 进口的应税消费品，为海关核定进口应税数量

8. 下列经营业务中，应征收消费税的是（   ）

    A. 大型超市零售的卷烟

    B. 日化厂将自产高档化妆品用于广告样品

    C. 汽车厂将自产小客车用于投资

    D. 日化厂将高档化妆品用于促销赠送

三、判断题

1. 对应税消费品征收消费税后，不再征收增值税。 （   ）

2. 当货物为应税消费品时，在其流转的各环节征收增值税的同时也应对其征收消费税。

    （   ）

3. 纳税人自产自用的消费品，均应于移送使用时缴纳消费税。 （   ）

4. 各类酒类生产企业生产销售酒而收取的包装物押金，无论是否逾期，押金均应并入销售额缴纳消费税。 （   ）

5. 对应税消费品征收消费税与征收增值税的征税环节是一样的，都是在应税消费品的批发、零售环节征收。 （   ）

6. 纳税人将自产自用的应税消费品用做广告或样品，应于移送使用时按销售应税消费品计算缴纳消费税。 （   ）

7. 委托加工的应税消费品，受托方在交货时已代收代缴消费税，委托方收回后直接出售的，不再征收消费税。 （   ）

8. 因为消费税是价内税，所以消费税的计税销售额含增值税。 （   ）

四、业务计算题

1. 某化妆品厂5月发生如下经济业务：

（1）销售一批高档化妆品，适用消费税税率为15%，开出增值税专用发票，收取价款100万元，增值税款13万元，货款已存入银行。

（2）没收逾期未归还的高档化妆品包装物押金22 600元。

（3）将自产高档化妆品一批以福利形式发放给职工，按同类产品不含税售价计算，价款为50 000元，成本价为30 000元。

（4）受托加工高档化妆品一批，委托方提供原材料20万元，本企业收取加工费8万元，本企业无同类高档化妆品销售价格。

（5）将护肤品、护发品、高档化妆品装入一盒内作为礼品送给客户，成本价为16 000元，不含税售价应为20 000元。

要求：计算该厂当月应纳消费税税额（含代收代缴消费税）。

2. 某酒厂为增值税一般纳税人，2月份发生以下经济业务：

（1）销售瓶装白酒35吨，含税单价每吨2.26万元，全部款项存入银行。

（2）收取白酒包装物押金2260元，全部款项存入银行。

（3）该酒厂委托外单位加工散装药酒，原材料价款22万元，加工费用5万元，支付增值税0.65万元，散装药酒已经加工完毕验收入库，将用于直接出售，加工费用尚未支付。

（4）用本厂生产的瓶装白酒在春节前发给本厂职工2吨。

（白酒适用消费税税率为20%和每斤0.5元，药酒适用消费税税率为10%。）

要求：根据以上资料回答下列问题：

（1）计算该酒厂当月应缴纳的消费税。

（2）计算该酒厂当月应缴纳的增值税。

（3）进行相关的账务处理。

3. 某中外合资化妆品生产企业为增值税一般纳税人，4月发生以下业务：

（1）从国外进口一批高档化妆品，支付给国外的货价120万元，运抵我国海关前的运杂费和保险费30万元，已验收入库；

（2）进口机器设备一套，支付给国外的货价35万元，运抵我国海关前的运杂费和保险费5万元，已验收入库；

（3）本月企业将进口的高档化妆品全部生产加工为成套化妆品7800件，对外批发销售7000件，取得不含税销售额300万元；向消费者零售800件，取得含税销售顿56.5万元。

（化妆品的进口关税税率为40%、消费税税率为15%；机器设备的进口关税税率为20%）

要求：根据上述资料及税法相关规定. 回答下列问题：

（1）计算进口高档化妆品应缴纳的消费税；

（2）计算进口高档化妆品应缴纳的增值税；

（3）计算进口机器设备应纳的增值税；

（4）计算该企业国内生产销售环节应缴纳的增值税；

（5）计算该企业国内生产销售环节应缴纳的消费税。

消费税的核算与申报实训

【能力目标】

1. 能判断哪些项目应征收消费税，适应何种税率。

2. 能根据业务资料计算应纳消费税额。

3. 会根据业务资料填制消费税纳税申报表。

4. 能根据业务资料进行消费税的涉税会计核算。

【实训准备】

1. 知识准备：全面复习消费税应纳税额计算方法，消费税涉税业务的账务处理方法及纳税申报的法规要求。

2. 物品准备：记账凭证、应交税费账页、应交增值税账页、消费税及附加税费申报表和增值税及附加税费申报表。

3．场地准备：教室或实训室。

4．分组安排：每 2 名学生为一组，以便完成模拟实训任务。

【实训操作流程】

涉税经济业务发生→填制涉税业务记账凭证→登记涉税账户→填制纳税申报表附表资料→填制消费纳税申报表→填制税收缴款书办理、税款缴纳手续。

【导入案例基本资料】

企业名称：上海双利汽车制造有限公司

企业地址及电话：上海市国定路 88 号

企业所属行业：工业企业

开户银行及账户：工行国定路分理处 308765412020232100

纳税人类型：一般纳税人

纳税人识别号：210398301743652

注册资本：3 000 万元人民币

法定代表人：刘东升

该企业主要生产经营汽车。

任务 1　填制消费税、增值税涉税业务的记账凭证

【任务描述】

根据以下与消费税、增值税相关的业务，编制记账凭证并登记账簿。

【任务资料】

该汽车制造企业为一般纳税人，主要生产销售 A 型小汽车，出厂不含税售价为每辆 90 000 元，1 月份购销情况如下：

（1）向当地汽车贸易中心销售 80 辆，汽车贸易中心当月付清货款后，厂家给予了 8% 的销售折扣．开具红字发票入账。

（2）向外地特约经销点销售 50 辆，货款未收到，并支付给运输单位 10 000 元，取得运输单位开具给汽车制造厂的货运发票上注明运费 8 000 元，装卸费 2 000 元；取得的货运发票已于通过税务机关的比对

（3）销售本厂自用两年的小轿车一辆，售价 100 000 元，账面原值 150 000 元，货款存入银行。

（4）逾期仍未收回的包装物押金 67 900 元，计入销售收入。

（5）本月共向客户收取提车加急费 113 000 元，存入银行。

（6）购小轿车零部件、原材料，取得防伪税控增值税专用发票上注明的价款为 5 000 000 元，税款为 650 000 元；开出银行汇票支付。

（7）从国外进口一批小轿车零部件，支付给国外的货价 1 300 000 元、卖方佣金 20 000 元，运抵我国海关前的运杂费和保险费 180 000 元；取得的海关增值税完税凭证当月未向税务机关申请认证。

（8）从小规模纳税人处购进小轿车零件 900 000 元，货款未付。

（9）本厂直接组织收购废旧小汽车，用支票支付收购金额共计6 000 000元。

（已知小轿车的消费税税率为5%，小轿车零部件的进口关税率为20%）

任务2 消费税纳税申报表填制

【任务描述】

根据任务要求，填制消费税及附加税费申报表（表3-5）和增值税及附加税费申报表（表3-6）。

【任务资料】

使用任务1的资料。

表3-5 消费税及附加税费申报表

税款所属期：自　年　月　日至　年　月　日

纳税人识别号（统一社会信用代码）：□□□□□□□□□□□□□□□□□□□□

纳税人名称：　　　　　　　　　　　　　　　　　　　金额单位：人民币元（列至角分）

项　目 应税消费品名称	适用税率		计量单位	本期销售数量	本期销售额	本期应纳税额
	定额税率	比例税率				
	1	2	3	4	5	6=1×4+2×5
合　计	—	—	—	—	—	—

	栏次	本期税费额
本期减（免）税额	7	
期初留抵税额	8	
本期准予扣除税额	9	
本期应扣除税额	10=8+9	
本期实际扣除税额	11[10<（6-7），则为 10，否则为6-7]	
期末留抵税额	12=10-11	
本期预缴税额	13	
本期应补（退）税额	14=6-7-11-13	
城市维护建设税本期应补（退）税额	15	
教育费附加本期应补（退）费额	16	
地方教育附加本期应补（退）费额	17	

声明：此表是根据国家税收法律法规及相关规定填写的，本人（单位）对填报内容（及附带资料）的真实性、可靠性、完整性负责。

纳税人（签章）：　　年　月　日

经办人： 经办人身份证号： 代理机构签章： 代理机构统一社会信用代码：	受理人： 受理税务机关（章）： 受理日期：　　年　月　日

表 3-6 增值税及附加税费申报表

（一般纳税人适用）

根据国家税收法律法规及增值税相关规定制定本表。纳税人不论有无销售额，均应按税务机关核定的纳税期限填写本表，并向当地税务机关申报。

税款所属时间：自 年 月 日至 年 月 日 填表日期： 年 月 日 金额单位：元（列至角分）

纳税人识别号（统一社会信用代码）：□□□□□□□□□□□□□□□□□□□ 所属行业：

纳税人名称：		法定代表人姓名		注册地址		生产经营地址	
开户银行及账号			登记注册类型			电话号码	

项目		栏次	一般项目		即征即退项目	
			本月数	本年累计	本月数	本年累计
销售额	（一）按适用税率计税销售额	1				
	其中：应税货物销售额	2				
	应税劳务销售额	3				
	纳税检查调整的销售额	4				
	（二）按简易办法计税销售额	5				
	其中：纳税检查调整的销售额	6				
	（三）免、抵、退办法出口销售额	7			—	—
	（四）免税销售额	8			—	—
	其中：免税货物销售额	9			—	—
	免税劳务销售额	10			—	—
税款计算	销项税额	11				
	进项税额	12				
	上期留抵税额	13			—	
	进项税额转出	14				
	免、抵、退应退税额	15			—	—
	按适用税率计算的纳税检查应补缴税额	16			—	—
	应抵扣税额合计	17=12+13-14-15+16		—		—
	实际抵扣税额	18（如 17<11，则为 17，否则为 11）				
	应纳税额	19=11-18				
	期末留抵税额	20=17-18			—	
	简易计税办法计算的应纳税额	21				
	按简易计税办法计算的纳税检查应补缴税额	22			—	—
	应纳税额减征额	23				
	应纳税额合计	24=19+21-23				

（续）

	项目	栏次	一般项目		即征即退项目	
			本月数	本年累计	本月数	本年累计
税款缴纳	期初未缴税额（多缴为负数）	25				
	实收出口开具专用缴款书退税额	26			—	—
	本期已缴税额	27=28+29+30+31				
	①分次预缴税额	28		—	—	—
	②出口开具专用缴款书预缴税额	29		—	—	—
	③本期缴纳上期应纳税额	30				
	④本期缴纳欠缴税额	31				
	期末未缴税额（多缴为负数）	32=24+25+26-27				
	其中：欠缴税额（≥0）	33=25+26-27		—		—
	本期应补（退）税额	34=24-28-29		—		—
	即征即退实际退税额	35	—	—		
	期初未缴查补税额	36			—	—
	本期入库查补税额	37			—	—
	期末未缴查补税额	38=16+22+36-37			—	—
附加税费	城市维护建设税本期应补（退）税额	39			—	—
	教育费附加本期应补（退）费额	40			—	—
	地方教育附加本期应补（退）费额	41			—	—

声明：此表是根据国家税收法律法规及相关规定填写的，本人（单位）对填报内容（及附带资料）的真实性、可靠性、完整性负责。

纳税人（签章）：　　　年　月　日

经办人： 经办人身份证号： 代理机构签章： 代理机构统一社会信用代码：	受理人： 受理税务机关（章）：　　受理日期：　年　月　日

第四章

企业所得税会计

知识目标

1. 了解我国企业所得税法规的基础知识。
2. 掌握企业所得税应纳税所得额及应纳税额的计算。
3. 熟悉企业所得税涉税业务的会计处理。
4. 理解企业所得税的预缴与年终汇算清缴。
5. 了解纳税申报的基本知识。

能力目标

1. 能区分居民企业与非居民企业。
2. 能根据资料计算企业所得税应纳税所得额及应纳税额。
3. 能根据资料进行所得税会计的处理。
4. 能根据资料编制企业所得税纳税申报表，办理纳税申报。

第一节 认识企业所得税

问题提出

现行企业所得税的基本规范，包括2007年3月16日第十届全国人民代表大会第五次会议通过、2017年2月24日第十二届全国人民代表大会常务委员会第二十六次会议第一次修正、2018年12月29日第十三届全国人民代表大会常务委员会第七次会议第二次修正的《中华人民共和国企业所得税法》（以下简称《企业所得税法》），2007年12月6日国务院发布、2019年4月23日国务院令第714号修订的《中华人民共和国企业所得税法实施条例》（以下简称《企业所得税法实施条例》），以及国家财政、税务主管部门制定、发布的一系列部门规章和规范性文件。这些法律规范构成了我国企业所得税法律制度的主要内容。《企业所得税法》于2008年1月1日开始实行，内外资企业从此实行统一的企业所得税法。那么，现行企业所得税的基本规范中对企业所得税纳税义务人、征税对象、税率、税收优惠等是如何规定的？通过本节的学习，我们将找出答案。

一、企业所得税概念及特点

企业所得税（Enterprise Income Tax，EIT）是对企业和其他取得收入的组织的生产经营所得和其他所得征收的一种税。它是国家参与企业利润分配的重要手段，其特点主要有以下四个方面：

1. 将纳税人划分为居民企业和非居民企业

为更保障我国税收管辖权的有效行使，现行企业所得税按照收入来源地管辖权和居民管辖权相结合的双重管辖权，将所得税纳税人划分为居民企业和非居民企业。

2. 计税依据为应纳税所得额

企业所得税以应纳税所得额为计税依据，应纳税所得额是按照企业所得税法规的规定，为企业在一个纳税年度内的应税收入总额扣除各项成本、费用、税金和损失等后的余额，而不是依据会计制度的规定计算出来的利润总额。

3. 征税以量能负担为原则

企业所得税以企业的生产、经营所得和其他所得为征税对象，所得多的多缴税，所得少的少缴税，没有所得的不缴税，充分体现税收的公平负担原则，而不是像流转税只要取得收入就应缴税，不管盈利还是亏损。

4. 实行按年计征、分期预缴的办法

企业所得税以企业一个纳税年度的应纳税所得额为计税依据，平时分月或分季预缴，年度终了后进行汇算清缴，多退少补。

二、企业所得税纳税人与扣缴义务人

（一）纳税人

企业所得税的纳税人是指在中华人民共和国境内的企业和其他取得收入的组织（以下统称企业）。企业所得税的纳税人分为居民企业和非居民企业。

纳税义务人、征税对象和税率

1. 居民企业

居民企业是指依法在中国境内成立，或者依照外国（地区）法律成立但实际管理机构在中国境内的企业。依法在中国境内成立的企业，包括依照中国法律、行政法规成立的企业、事业单位、社会团体以及其他取得收入的组织。由于我国的一些社会团体组织、事业单位在完成国家事业计划的过程中，开展多种经营和有偿服务活动，取得除财政部门各项拨款、财政部和国家价格主管部门批准的各项规费收入以外的经营收入，具有了经营的特点，应当视同企业纳入征税范围。

知识链接

所谓实际管理机构是指对企业的生产经营、人员、账务、财产等实施实质性全面管理和控制的机构。实际管理机构所在地的认定，一般以股东大会的场所、董事会的场所以及行使指挥监督权力的场所等因素来综合判断。

2. 非居民企业

非居民企业是指依照外国（地区）法律成立且实际管理机构不在中国境内，但在中国境内设立机构、场所的，或者在中国境内未设立机构、场所，但有来源于中国境内所得的企业。

知识链接

中国境内设立机构、场所指在中国境内从事生产经营活动的机构、场所，包括：管理机构、营业机构、办事机构；工厂、农场、开采自然资源的场所；提供劳务的场所；从事建筑、安装、装配、修理、勘探等工程作业的场所；其他从事生产经营活动的机构、场所。非居民企业委托营业代理人在中国境内从事生产经营活动的，包括委托单位或者个人经常代其签订合同，或者储存、交付货物等，该营业代理人视为非居民企业在中国境内设立的机构、场所。

依照中国法律、法规成立的个人独资企业、合伙企业不缴纳企业所得税，其生产经营所得比照个体工商户的生产、经营所得征收个人所得税。

（二）扣缴义务人

非居民企业在中国境内未设立机构、场所，或者虽设立机构、场所但取得的与其所设机构、场所没有实际联系的所得，应缴纳的所得税，实行源泉扣缴，以支付人为扣缴义务人。支付人指依照有关法律规定或者合同约定对非居民企业直接负有支付相关款项义务的组织和个人。税款由扣缴义务人在每次支付或者到期应支付时，从支付或者到期应支付的款项中扣缴。支付，包括现金支付、汇拨支付、转账支付和权益兑价支付等货币支付和非货币支付。到期应支付的款项，是指支付人按照权责发生制原则应当计入相关成本、费用的应付款项。

对非居民企业在中国境内取得工程作业和劳务所得应缴纳的所得税，税务机关可以指定工程价款或者劳务费的支付人为扣缴义务人。

知识链接

指定扣缴义务人的情形包括：①预计工程作业或者提供劳务期限不足一个纳税年度，且有证据表明不履行纳税义务的；②没有办理税务登记或者临时税务登记，且未委托中国境内的代理人履行纳税义务的；③未按照规定期限办理企业所得税纳税申报或者预缴申报的。

三、企业所得税征税对象

企业所得税的征税对象是指企业的生产经营所得、其他所得和清算所得。

1. 居民企业的征税对象

居民企业应就来源于中国境内、境外的所得作为征税对象。所得,包括销售货物所得、提供劳务所得、转让财产所得、股息红利等权益性投资所得,以及利息所得、租金所得、特许权使用费所得、接受捐赠所得和其他所得。

2. 非居民企业的征税对象

非居民企业在中国境内设立机构、场所的,应当就其所设机构、场所取得的来源于中国境内的所得,以及发生在中国境外但与其所设机构、场所有实际联系的所得,缴纳企业所得税;非居民企业在中国境内未设立机构、场所的,或者虽设立机构、场所但取得的所得与其所设机构、场所没有实际联系的,应当就其来源于中国境内的所得缴纳企业所得税。

上述所称实际联系,是指非居民企业在中国境内设立的机构、场所拥有的据以取得所得的股权、债权,以及拥有、管理、控制据以取得所得的财产。

3. 所得来源的确定

来源于中国境内、境外的所得,按照以下原则确定:

(1)销售货物所得,按照交易活动发生地确定。

(2)提供劳务所得,按照劳务发生地确定。

(3)转让财产所得。①不动产转让所得按照不动产所在地确定。②动产转让所得按照转让动产的企业或者机构、场所所在地确定。③权益性投资资产转让所得按照被投资企业所在地确定。

(4)股息、红利等权益性投资所得,按照分配所得的企业所在地确定。

(5)利息所得、租金所得、特许权使用费所得,按照负担、支付所得的企业或者机构、场所所在地确定,或者按照负担、支付所得的个人的住所地确定。

(6)其他所得,由国务院财政、税务主管部门确定。

四、税率

企业所得税的税率是指对企业应纳税所得额征税的比例。我国企业所得税实行比例税率。现行规定如下:

1. 基本税率

企业所得税基本税率为25%。适用于居民企业和在中国境内设有机构、场所且所得与机构、场所有实际联系的非居民企业,应当就其来源于中国境内、境外的所得缴纳企业所得税,适用税率为25%。

2. 低税率

企业所得税低税率为20%。适用于在中国境内未设立机构、场所的,或者虽设立机构、场所但取得的所得与其所设机构、场所没有实际联系的非居民企业,应当就其来源于中国境内的所得缴纳企业所得税,适用税率为20%,但实际征税时适用10%的税率。

3. 其他规定

根据现行税收优惠政策规定,符合条件的小型微利企业(一般简称"小微企业"),减按20%的税率征收企业所得税。仅就来源于我国所得负有我国纳税义务的非居民企业,不适用上述规定。

国家需要重点扶持的高新技术企业，减按 15% 的税率征收企业所得税。

对经认定的技术先进型企业（服务贸易类），减按 15% 的税率征收企业所得税。

对设在西部地区，以《西部地区鼓励类产业目录》中新增鼓励产业项目为主营业务，且其当年度主营业务收入占企业收入总额 70% 以上的企业，可减按 15% 的税率缴纳企业所得税。

知识链接

小型微利企业是指从事国家非限制和禁止行业，且同时符合年度应纳税所得额不超过 300 万元、从业人数不超过 300 人、资产总额不超过 5 000 万元三个条件的企业。

知识链接

国家需要重点扶持的高新技术企业，是指拥有核心自主知识产权，并同时符合下列条件的企业：①产品（服务）属于《国家重点支持的高新技术领域》规定的范围；②研究开发费用占销售收入的比例不低于规定比例；③高新技术产品（服务）收入占企业总收入的比例不低于规定比例；④科技人员占企业职工总数的比例不低于规定比例；⑤高新技术企业认定管理办法规定的其他条件。

第二节 企业所得税应纳税额的计算

问题提出

毕业生张某与王某到一家企业面试，考官给了他们一道关于企业所得税的考题：某工业企业 2020 年产品销售收入 3 000 万元，销售成本 1 500 万元，销售税金及附加 12 万元，销售费用 200 万元（含广告费 100 万元），管理费用 500 万元（含业务招待费 20 万元），投资收益 25 万元（含国债利息收入 6 万元），营业外支出 10.5 万元，系违约罚款。要求他们报出该企业 2020 年应纳税所得额及应纳税额。张某报给考官的数字为：802.5 万元；王某报给考官的数字为：815 万元，并列出了计算过程。几天后，王某接到该企业的录取通知。你知道张某没被录取的原因吗？你知道应纳税所得额 815 万元又是怎么计算出来的吗？你知道企业所得税应纳税额又是如何计算的吗？

一、企业所得税应纳税所得额的计算

企业所得税应纳税额的计算依据是应纳税所得额。要计算企业所得税应纳税额首先要按照税法确定应纳税所得额。应纳税所得额为企业每一个纳税年度的收入总额，减除不征税收入、免税收入、各项扣除，以及允许弥补的以前年度亏损后的余额。基本公式为

应纳税所得额＝收入总额－不征税收入－免税收入－各项扣除项目金额－以前年度亏损弥补

《企业所得税法》对收入总额、不征税收入、免税收入、扣除项目范围和标准、亏损弥补等做了明确的规定。

（一）收入总额

企业的收入总额包括以货币形式和非货币形式从各种来源取得的收入，具体有销售货物收入、提供劳务收入、财产转让收入、股息红利等权益性投资收益、利息收入、租金收入、特许权使用费收入、接受捐赠收入和其他收入。

（1）销售货物收入，是指企业销售商品、产品、原材料、包装物、低值易耗品以及其他存货取得的收入。

（2）劳务收入，是指企业从事建筑安装、修理修配、交通运输、仓储租赁、金融保险、邮电通信、咨询经纪、文化体育、科学研究、技术服务、教育培训、餐饮住宿、中介代理、卫生保健、社区服务、旅游、娱乐、加工以及其他劳务服务活动取得的收入。

（3）财产转让收入，是指企业转让固定资产、生物资产、无形资产、股权、债权等财产取得的收入。

（4）股息、红利等权益性投资收益，是指企业因权益性投资从被投资方取得的收入。股息、红利等权益性投资收益，除国务院财政、税务主管部门另有规定外，按照被投资方做出利润分配决定的日期确认收入的实现。

（5）利息收入，是指企业将资金提供他人使用但不构成权益性投资，或者因他人占用企业资金取得的收入，包括存款利息、贷款利息、债券利息、欠款利息等收入。利息收入，按照合同约定的债务人应付利息的日期确认收入的实现。

（6）租金收入，是指企业提供固定资产、包装物或者及其他有形财产人使用权取得的收入。租金收入，按照合同约定的承租人应付租金的日期确认收入的实现。

（7）特许权使用费收入，是指企业提供专利权、非专利技术、商标权、著作权以及其他特许权的使用权而取得的收入。特许权使用费收入，按照合同约定的特许权使用人应付特许权使用费的日期确认收入的实现。

（8）接受捐赠收入，是指企业接受的来自其他企业、组织或者个人无偿给予的货币性资产、非货币性资产。接受捐赠收入，按照实际收到的捐赠资产的日期确认收入的实现。

（9）其他收入，是指企业取得的除以上收入外的其他收入，包括企业资产溢余收入、逾期未退包装物押金收入、确实无法偿付的应付款项、已做坏账损失处理后又收回的应收款项、债务重组收入、补贴收入、违约金收入、汇兑收益等。

（二）不征税收入和免税收入

国家为了扶持和鼓励某些特殊的纳税人和特定的项目，或者避免因征税影响企业的正常经营，对企业取得的某些收入予以不征税或免税的特殊政策，以减轻企业的负担，促进经济的协调发展。

1. 不征税收入

不征税收入，是指从性质上不属于企业营利性活动带来的经济利益，不负有纳税义务并不作为应纳税所得额组成部分的收入。《企业所得税法》规定，收入总额中的下列收入为不征税收入：

（1）财政拨款。

财政拨款，是指各级人民政府对纳入预算管理的事业单位、社会团体等组织拨付的财政资金，但国务院和国务院财政、税务主管部门另有规定的除外。

（2）依法收取并纳入财政管理的行政事业性收费、政府性基金。

行政事业性收费，是指依照法律法规等有关规定，按照国务院规定程序批准，在实施社会公共管理，以及在向公民、法人或者其他组织提供特定公共服务过程中，向特定对象收取并纳入财政管理的费用。政府性基金，是指企业依照法律、行政法规等有关规定，代政府收取的具有专项用途的财政资金。

（3）国务院规定的其他不征税收入。

国务院规定的其他不征税收入，是指企业取得的，由国务院财政、税务主管部门规定专项用途并经国务院批准的财政性资金。

县级以上人民政府将国有资产无偿划入企业，凡指定专门用途并按规定进行管理的，企业可作为不征税收入进行企业所得税处理。其中，该项资产属于非货币性资产的，应按政府确定的接收价值计算不征税收入。

2018 年 9 月 20 日起，对全国社会保障基金理事会及基本养老保险基金投资管理机构在国务院批准的投资范围内，运用养老基金投资取得的归属于养老基金的投资收入，作为企业所得税不征税收入。

2018 年 9 月 10 日起，对全国社会保障基金取得的直接股权投资收益、股权投资基金收益，作为企业所得税不征税收入。

2. 免税收入

免税收入是指属于企业的应税所得但按税法规定免予征收企业所得税的收入。《企业所得税法》规定的免税税收入包括：

（1）国债利息收入。

（2）符合条件的居民企业之间的股息、红利等权益性收益。

（3）在中国境内设立机构、场所的非居民企业从居民企业取得与该机构、场所有实际联系的股息、红利等权益性投资收益。

股息、红利等权益性投资收益，不包括连续持有居民企业公开发行并上市流通的股票不足 12 个月取得的投资收益。

（4）符合条件的非营利组织的收入。

符合条件的非营利组织的收入，不包括非营利组织从事营利性活动取得的收入，但国务院财政、税务主管部门另有规定的除外。对非营利组织从事非营利性活动取得的收入给予免税，但从事营利性活动取得的收入则要征税。

知识链接

符合条件的非营利组织是指：①依法履行非营利组织登记手续。②从事公益性或者非营利性活动。③取得的收入除用于与该组织有关的、合理的支出外，全部用于登记核定或者章程规定的公益性或者非营利性事业。④财产及其孳生息不用于分配。⑤按照登记核定或者章程规定，该组织注销后的剩余财产用于公益性或者非营利性目的，或者由登记管理机关转赠给与该组织性质、宗旨相同的组织，并向社会公告。⑥投入人对投入该组织的财产不保留或者享有任何财产权利。⑦工作人员工资福利开支控制在规定的比例内，不能变相分配该组织的财产。⑧国务院财政、税务主管部门规定的其他条件。

（三）扣除项目范围与标准

1. 扣除项目的范围

企业所得税法规定，企业实际发生的与取得收入有关的、合理的支出，包括成本、费用、税金、损失其他支出，准予在计算应纳税所得额时扣除。

合理的支出，是指符合生产经营活动常规，应当计入当期损益或者有关资产成本的必要和正常的支出。除另有规定外，企业实际发生的成本、费用、税金、损失和其他支出，不得重复扣除。

企业发生的支出应当区分收益性支出和资本性支出。收益性支出在发生当期直接扣除；资本性支出应当分期扣除或者计入有关资产成本，不得在发生当期直接扣除。

企业的不征税收入用于支出所形成的费用或者财产，不得扣除或者计算对应的折旧、摊销扣除。

（1）成本，是指企业在生产经营活动中发生的销售成本、销货成本、业务支出，以及其他耗费，即企业销售商品（产品、材料、下脚料、废料、废旧物资等）、提供劳务、转让固定资产、无形资产（包括技术转让）的成本。

（2）费用，是指企业每一个纳税年度为生产、经营商品和提供劳务等所发生的销售（经营）费用、管理费用和财务费用，已计入成本的有关费用除外。

（3）税金，是指企业发生的除企业所得税和允许抵扣的增值税以外的各项税金及其附加。即纳税人按照规定缴纳的消费税、资源税、土地增值税、关税、城市维护建设税、教育费附加及房产税、车船税、城镇土地使用税、印花税等。企业缴纳的增值税属于价外税，故不在扣除之列。

（4）损失，是指企业在生产经营活动中发生的固定资产和存货的盘亏、毁损、报废损失，转让财产损失，呆账损失，坏账损失，自然灾害等不可抗力因素造成的损失以及其他损失。

企业发生的损失减除责任人赔偿和保险赔款后的余额，依照国务院财政、税务主管部门的规定扣除。企业已经作为损失处理的资产，在以后纳税年度又全部收回或者部分收回时，应当计入当期收入。

（5）扣除的其他支出，是指除成本、费用、税金、损失外，企业在生产经营活动中发生的与生产经营活动有关的、合理的支出。

2. 扣除项目的标准

在计算应纳税所得额时，下列项目可按照实际发生额或规定的标准扣除：

（1）工资、薪金支出。企业发生的合理的工资、薪金支出准予据实扣除。工资、薪金支出是企业每一纳税年度支付给在本企业任职或与其有雇佣关系的员工的所有现金或非现金形式的劳动报酬，包括基本工资、奖金、津贴、补贴、年终加薪、加班工资，以及与任职或者受雇有关的其他支出。

（2）职工福利费、工会经费、职工教育经费。企业发生的职工福利费、工会经费、职工教育经费按标准扣除，未超过标准的按实际数扣除，超过标准的只能按标准扣除。企业发生的职工福利费支出，不超过工资薪金总额14%的部分准予扣除。企业拨缴的工会经费，不超过工资薪金总额2%的部分准予扣除。除国务院财政、税务主管部门另有规定外，企业发生的职工教育经费支出，不超过工资薪金总额8%的部分准予扣除，超过部分准予结转以后纳税年度扣除。

税前扣除项目——
三项经费

例 4-1

浙江长征有限公司2×××年度计税工资为300万元，实际支付工资附加的三项费用情况如下：职工福利费50万元、工会经费5万元、职工教育经费25万元。假定职工福利费、职工工会经费、职工教育经费分别按税工资总额的14%、2%、8%计算。试分析工资附加的三项费用是否超过税法扣除标准。

例题分析 4-1

按税法规定，该企业工资附加的三项费用扣除标准如下：

职工福利费扣除标准：300×14%=42（万元）

工会经费扣除标准：300×2%=6（万元）

职工教育经费扣除标准：300×8%=24（万元）

因此，企业允许扣除：

职工福利费扣除金额=42（万元），超过部分（50-42=8）不得扣除；

工会经费扣除金额=5（万元）；

职工教育经费扣除金额=24（万元），超过部分（25-24=1）留到下一年度扣除。

（3）社会保险费。企业依照国务院有关主管部门或者省级人民政府规定的范围和标准为职工缴纳的"四险一金"，即基本养老保险费、基本医疗保险费、失业保险费、工伤保险费等基本社会保险费和住房公积金，准予扣除。

自2008年1月1日起，企业根据国家有关政策规定，为在本企业任职或者受雇的全体员工支付的补充养老保险费、补充医疗保险费，分别在不超过职工工资总额5%标准内的部分，在计算应纳税所得额时准予扣除；超过的部分，不予扣除。

（4）利息费用。企业在生产、经营活动中发生的利息费用，按下列规定扣除：非金融企业向金融机构借款的利息支出、金融企业的各项存款利息支出和同业拆借利息支出、企业经批准发生债券的利息支出可据实扣除；非金融企业向非金融机构借款的利息支出，不超过按照金融企业同期同类贷款利率计算的数额的部分可据实扣除，超过部分不允许扣除。

例 4-2

续上例，浙江长征有限公司当年度财务费用30万元中，银行借款利息15万元，向乙科技有限责任公司借款100万元的利息15万元。假定银行同期贷款利率为10%。要求计算应纳税所得额中利息费用的扣除标准。

例题分析 4-2

①企业向银行借款的利息费用 15 万元可以据实扣除；

②企业向乙科技有限责任公司借款 100 万元的利息扣除标准为：100×10%=10（万元），超出部分（15-10=5 万元）不允许扣除；

因此，在计算应纳税所得额时，利息费用扣除总数为：15+10=25 万元。

（5）借款费用。企业在生产经营活动中发生的合理的不需要资本化的借款费用，准予扣除。企业为购置、建造固定资产、无形资产和经过 12 个月以上的建造才能达到预定可销售状态的存货发生的借款的，在有关资产购置、建造期间发生的合理的借款费用，应予以资本化，作为资本性支出计入有关资产的成本；有关资产交付使用后发生的借款利息，可在发生当期扣除。

（6）汇兑损失。企业在货币交易中，以及纳税年度终了时将人民币以外的货币性资产、负债按照期末即期人民币汇率中间价折算为人民币时产生的汇兑损失，除已经计入有关资产成本以及与向所有者进行利润分配相关的部分外，准予扣除。

（7）业务招待费。企业发生的与其生产、经营业务有关的业务招待费支出，按照发生额的 60% 扣除，但最高不得超过当年销售（营业）收入的 5‰。

税前扣除项目——
业务招待费

例 4-3

某企业年销售收入为 2 000 万元，年度管理费用中业务招待费为 100 万元。试计算业务招待费税法扣除标准。若企业年度业务招待费为 10 万元，业务招待费税法扣除标准又为多少？

例题分析 4-3

按照税法规定，业务招待费按照发生额的 60% 扣除，即该企业业务招待费的扣除额为：100×60%=60（万元）。同时税法又规定，业务招待费的扣除额最高不得超过当年销售（营业）收入的 5‰，即该企业业务招待费的扣除限额为 2 000×0.5%=10（万元）。因此，该企业应纳税所得额允许扣除的业务招待费为 10 万元。企业年度业务招待费为 10 万元时，按照发生额的 60% 计算出的扣除数 6 万元未超过该费用的扣除限额 10 万元，因此在计算应纳税所得额是允许扣除的业务招待费为 6 万元。

（8）广告费和业务宣传费。企业发生的符合条件的广告费和业务宣传费支出，除国务院财政、税务主管部门另有规定外，不超过当年销售（营业）收入 15% 的部分，准予扣除；超过部分，准予结转以后纳税年度扣除。企业申报扣除的广告费支出应与赞助支出严格区分。企业申报扣除的广告费支出，必须符合下列条件：①广告是通过工商部门批准的专门机构制作的；②已实际支付费用，并已取得相应发票；③通过一定的媒体传播。

税前扣除项目——
广告宣传费

例 4-4

续上例，浙江长征有限公司 2×××年销售收入为 2 000 万元，广告费支出为 350 万元。试计算广告费支出税法扣除标准。

例题分析 4-4

按税法规定，该公司发生的符合条件的广告费不超过当年销售（营业）收入 15% 的部分，准予扣除。该企业准予扣除的广告支出为 2 000×15%=300（万元）。超出部分：350-300=50（万元），准予结转以后纳税年度扣除。

自 2021 年 1 月 1 日至 2025 年 12 月 31 日，对化妆品制造或销售、医药制造和饮料制造（不含酒类制造）企业发生的广告费和业务宣传费支出，不超过当年销售（营业）收入 30% 的部分，准予扣除；超过部分，准予在以后纳税年度结转扣除。

烟草企业的烟草广告费和业务宣传费支出，一律不得在计算应纳税所得额时扣除。

（9）环境保护专项资金。企业依照法律、行政法规有关规定提取的用于环境保护、生态恢复等方面的专项资金，准予扣除。上述专项资金提取后改变用途的，不得扣除。

（10）保险费。企业参加财产保险，按照规定缴纳的保险费，准予扣除。

除企业依照国家有关规定为特殊工种职工支付的人身安全保险费和国务院财政、税务主管部门规定可以扣除的其他商业保险费外，企业为投资者或职工支付的商业保险费，不得扣除。

企业参加雇主责任险、公众责任险等责任保险，按照规定缴纳的保险费，准予在企业所得税税前扣除。

企业职工因公出差乘坐交通工具发生的人身意外保险费支出，准予企业在计算应纳税所得额时扣除。

（11）租赁费。企业根据生产经营需要租入固定资产支付的租赁费，按照以下方法扣除：①以经营租赁方式租入固定资产发生的租赁费支出，按照租赁期限均匀扣除。经营性租赁是指所有权不转移的租赁。②以融资租赁方式租入固定资产发生的租赁费支出，按照规定构成融资租入固定资产价值的部分应当提取折旧费用，分期扣除。融资租赁是指在实质上转移与一项资产所有权有关的全部风险和报酬的一种租赁。

（12）劳动保护费。企业发生的合理的劳动保护支出，准予扣除。

（13）公益性捐赠支出。公益性捐赠，是指企业通过公益性社会组织或者县级（含县级）以上人民政府及其部门，用于《中华人民共和国公益事业捐赠法》规定的公益事业的捐赠。企业发生的公益性捐赠支出，不超过年度利润总额 12% 的部分，准予扣除；超过年度利润总额 12% 的部分，准予结转以后三年内在计算应纳税所得额时扣除。企业在对公益性捐赠支出计算扣除时，应先扣除以前年度结转的捐赠支出，再扣除当年发生的捐赠支出。年度利润总额，是指企业依照国家统一会计制度的规定计算的年度会计利润。

税前扣除项目——
公益性捐赠

公益性捐赠具体范围包括：①救助灾害、救济贫困、扶助残疾人等困难的社会群体和个人的活动；②教育、科学、文化、卫生、体育事业；③环境保护、社会公共设施建设；④促进社会发展和进步的其他社会公共和福利事业。

自 2019 年 1 月 1 日至 2022 年 12 月 31 日，企业通过公益性社会组织或者县级（含县级）以上人民政府及其组成部门，用于目标脱贫地区的扶贫捐赠支出，准予在计算企业所得税应纳税所得额时据实扣除。在政策执行期限内，目标脱贫地区实现脱贫的，可继续适用上述政策。企业同时发生扶贫捐赠支出和其他公益性捐赠支出，在计算公益性捐赠支出年度扣除限额时，符合条件的扶贫捐赠支出不计算在内。

知识链接

公益性社会组织，是指同时符合下列条件的基金会、慈善组织等社会团体：①依法登记，具有法人资格。②以发展公益事业为宗旨，且不以营利为目的。③全部资产及其增值为该法人所有。④收益和劳动结余主要用于符合该法人设立目的的事业。⑤终止后的剩余财产不归属任何个人或者营利组织。⑥不经营与其设立目的无关的业务。⑦有健全的财务会计制度。⑧捐赠者不以任何形式参与社会团体财产的分配。⑨国务院财政、税务主管部门会同国务院民政部门等登记管理部门规定的其他条件。

例 4-5

续上例，浙江长征有限公司 2×××年各种捐赠支出为 8 万元，其中 6 万元通过希望工程基金会捐赠，2 万元直接捐赠给某贫困地区。全年产品销售收入为 950 万元，全年产品销售成本共 728.45 万元，各种销售产品税金及附加为 7.65 万元，投资收益为 4 万元，取得财政各种补贴收入 10 万元，发生的各种期间费用共 107.9 万元。要求计算应纳税所得额中公益性捐赠支出的扣除标准。

例题分析 4-5

（1）按税法规定，企业发生的公益性捐赠支出，不超过年度利润总额 12% 的部分，准予扣除。

（2）未经公益性社会团体直接向受赠方捐赠的支出，不允许扣除。

（3）企业通过希望工程基金会捐赠 6 万元可以扣除，直接捐赠给某贫困地区 2 万元不允许扣除。

（4）该公司年度利润总额 =950-728.45-7.65+4+10-107.9-8=112（万元），在计算应纳税所得额时允许扣除的公益性捐赠支出限额标准为：112×12%=13.44（万元）。

（5）6 万元小于 13.44 万元，企业可允许扣除的公益性捐赠支出为 6 万元。

（14）有关资产的费用。企业转让各类固定资产发生的费用，允许扣除。企业按规定计算的固定资产折旧费、无形资产和递延资产的摊销费，准予扣除。

（15）总机构分摊的费用。非居民企业在中国境内设立的机构、场所，就其中国境外总机构发生的与该机构、场所生产经营有关的费用，能够提供总机构出具的费用汇集范围、定额、分配依据和方法等证明文件，并合理分摊的，准予扣除。

（16）手续费及佣金支出。

①2019 年 1 月 1 日起，保险企业发生与其经营活动有关的手续费及佣金支出，不超过当年全部保费收入扣除退保金等后余额的 18%（含本数）的部分，在计算应纳税所得额时准予扣除；超过部分，允许结转以后年度扣除。

手续费及佣金

②其他企业：按与具有合法经营资格的中介服务机构或个人（不含交易双方及其雇员、代理人和代表人等）所签订服务协议或合同确认的收入金额的 5% 计算限额。

③从事代理服务、主营业务收入为手续费、佣金的企业（如证券、期货、保险代理等企业），其为取得该类收入而实际发生的营业成本（包括手续费及佣金支出），准予在企业所得税前据实扣除。

企业应与具有合法经营资格的中介服务企业或个人签订代办协议或合同，并按规定支付手续费及佣金。除委托个人代理外，企业以现金等非转账方式支付的手续费及佣金不得在税前扣除。企业为发行权益性证券支付给有关证券承销机构的手续费及佣金不得在税前扣除。企业不得将手续费及佣金支出计入回扣、业务提成、返利、进场费等费用。企业已计入固定资产、无形资产等相关资产的手续费及佣金支出，应当通过折旧、摊销等方式分期扣除，不得在发生当期直接扣除。企业支付的手续费及佣金不得直接冲减服务协议或合同金额，并如实入账。保险企业应建立健全手续费及佣金的相关管理制度，并加强手续费及佣金结转扣除的台账管理。

（17）国有企业（包括国有独资、全资和国有资本绝对控股、相对控股企业）纳入管理费用的党组织工作经费，实际支出不超过职工年度工资薪金总额 1% 的部分，可以据实在企业所得税前扣除。

非公有制企业党组织工作经费纳入企业管理费列支，不超过职工年度工资薪金总额 1% 的部分，可以据实在企业所得税前扣除。

（18）依照有关法律、行政法规和国家有关税法规定准予扣除的其他项目，如会员费、合理的会议费、差旅费、违约金、诉讼费用等。

3. 不得扣除的项目

在计算应纳税所得额时，下列支出不得扣除：

（1）向投资者支付的股息、红利等权益性投资收益款项。

（2）企业所得税税款。

（3）税收滞纳金，是指纳税人违反税收法规，被税务机关处以的滞纳金。

（4）罚金、罚款和被没收财物的损失，是指纳税人违反国家有关法律、法规规定，被有关部门处以的罚款，以及被司法机关处以的罚金和被没收财物。

（5）超过规定标准的捐赠支出。

（6）赞助支出，是指企业发生的与生产经营活动无关的各种非广告性质支出。

（7）未经核定的准备金支出，是指不符合国务院财政、税务主管部门规定的各项资产减值准备、风险准备等准备金支出。

（8）企业之间支付的管理费、企业内营业机构之间支付的租金和特许权使用费，以及非银行企业内营业机构之间支付的利息，不得扣除。

（9）与取得收入无关的其他支出。

（四）亏损弥补

亏损是指企业依照《企业所得税法》《企业所得税法实施条例》的规定，将每一纳税年度的收入总额减除不征税收入、免税收入和各项扣除后小于零的数额。税法规定，企业某一纳税年度发生的亏损可以用下一年度的所得弥补，下一年度的所得不足以弥补的，可以逐年延续弥补，但最长不得超过 5 年。而且，企业在汇总计算缴纳企业所得税时，其境外营业机构的亏损不得抵减境内营业机构的盈利。

自 2018 年 1 月 1 日起，当年具备高新技术企业或科技型中小企业资格的企业，其具备资格年度之前 5 个年度发生的尚未弥补完的亏损，准予结转以后年度弥补，最长结转年限由 5 年延长至 10 年。

例 4-6

浙江长征有限公司 2013—2019 年度的盈亏（万元）情况如表 4-1 所示，该企业适用的企业所得税税率为 25%，请分析该公司 2013 年亏损弥补的正确方法。

表 4-1　浙江长征有限公司年度盈亏情况　　　　　（单位：万元）

年度	2013	2014	2015	2016	2017	2018	2019
盈亏	−120	−50	10	30	30	40	70

例题分析 4-6

（1）该公司 2013 年度亏损 120 万元，按照税法规定可以申请用 2014—2018 年 5 年的盈利弥补。

（2）虽然该企业在 2014 年度也发生了亏损，但仍应作为计算 2013 年度亏损弥补的第一年。

（3）当 2018 年度终了后，2013 年度的亏损弥补期限已经结束，还有剩余 10 万亏损，不能再用以后年度的盈利弥补剩余亏损。

（五）其他项目

在确定企业所得税应纳税所得额时除了要考虑上述提及的四点外，还需考虑企业所得税税收优惠政策中关于调整应纳税所得额的各项税收优惠措施。这些税收优惠措施主要包括：

1. 减征与免征优惠

企业的下列所得，可以免征、减征企业所得税；企业如果从事国家限制和禁止发展的项目，不得享受企业所得税优惠：

（1）从事农、林、牧、渔业项目的所得。企业从事下列项目的所得，免征企业所得税：蔬菜、谷物、薯类、油料、豆类、棉花、麻类、糖料、水果、坚果的种植；农作物新品种的选育；中药材的种植；林木的培育和种植；牲畜、家禽的饲养；林产品的采集；灌溉、农产品初加工、兽医、农技推广、农机作业和维修等农、林、牧、渔服务业项目；远洋捕捞。

企业从事下列项目的所得，减半征收企业所得税：花卉、茶以及其他饮料作物和香料作物的种植；海水养殖、内陆养殖。

（2）从事国家重点扶持的公共基础设施项目投资经营的所得。企业从事国家重点扶持的公共基础设施项目的投资经营的所得，自项目取得第一笔生产经营收入所属纳税年度起，第一年至第三年免征企业所得税，第四年至第六年减半征收企业所得税。

企业承包经营、承包建设和内部自建自用本条规定的项目，不得享受本条规定的企业所得税优惠。

企业所得税法所称国家重点扶持的公共基础设施项目，是指《公共基础设施项目企业所得税优惠目录》规定的港口码头、机场、铁路、公路、电力、水利等项目。

（3）从事符合条件的环境保护、节能节水项目的所得。环境保护、节能节水项目的所得，自项目取得第一笔生产经营收入所属纳税年度起，第一年至第三年免征企业所得税，第四年至第六年减半征收企业所得税。

符合条件的环境保护、节能节水项目，包括公共污水处理、公共垃圾处理、沼气综合开发利用、节能减排技术改造、海水淡化等。项目的具体条件和范围由国务财政、税务主管部门同国务院有关部门制定，报国务院批准后公布施行。

（4）依法成立且符合条件的集成电路设计企业和软件企业，在2019年12月31日前自获利年度起计算优惠期，第一年至第二年免征企业所得税，第三年至第五年按照25%的法定税率减半征收企业所得税，并享受至期满为止。

（5）2019年1月1日至2023年12月31日，经营性文化事业单位转制为企业，自转制注册之日起五年内免征企业所得税。2018年12月31日之前已完成转制的企业，自2019年1月1日起可继续免征五年企业所得税。经营性文化事业单位是指从事新闻出版、广播影视和文化艺术的事业单位。

2. 减计收入

企业以《资源综合利用企业所得税优惠目录》规定的资源作为主要原材料，生产国家非限制和禁止并符合国家和行业相关标准的产品取得的收入，减按90%计入收入总额。

自2019年6月1日起至2025年12月31日，社区提供养老、托育、家政等服务的机构，提供社区养老、托育、家政服务取得的收入，在计算应纳税所得额时，减按90%计入收入总额。社区包括城市社区和农村社区。

3. 加计扣除

加计扣除优惠包括以下两项内容：

（1）研究开发费。研究开发费是指企业为开发新技术、新产品、新工艺发生的研究开发费用，未形成无形资产计入当期损益的，在按照规定据实扣除的基础上，按照研究开发费用的50%加计扣除；形成无形资产的，按照无形资产成本的150%摊销。

加计扣除

企业开展研发活动中实际发生的研发费用，未形成无形资产计入当期损益的，在按规定据实扣除的基础上，在2018年1月1日至2020年12月31日期间，再按照实际发生额的75%在税前加计扣除；形成无形资产的，在上述期间按照无形资产成本的175%在税前摊销。

下列行业不适用税前加计扣除政策：烟草制造业；住宿和餐饮业；批发和零售业；房地产业；租赁和商务服务业；娱乐业；财政部和国家税务总局规定的其他行业。

（2）企业安置残疾人员所支付的工资。企业安置残疾人员所支付的工资是指企业安置残疾人员的，在按照支付给残疾职工工资据实扣除的基础上，按照支付给残疾职工工资的100%加计扣除。残疾人员的范围适用《中华人民共和国残疾人保障法》的有关规定。企业安置国家鼓励安置的其他就业人员所支付的工资的加计扣除办法，由国务院另行规定。

4. 创业投资企业优惠政策

创投企业从事国家需要重点扶持和鼓励的创业投资，可以按投资额的一定比例抵扣应纳税所得额。

创投企业优惠，是指创业投资企业采取股权投资方式投资于未上市的中小高新技术企业2年以上的，可以按照其投资额的70%在股权持有满2年的当年抵扣该创业投资企业的应纳税所得额，当年不足抵扣的，可以在以后纳税年度结转抵扣。

5. 符合条件的技术转让所得

符合条件的技术转让所得免征、减征企业所得税，是指一个纳税年度内，居民企业技术转让所得不超过 500 万元的部分，免征企业所得税；超过 500 万元的部分，减半征收企业所得税。其计算公式为

$$技术转让所得 = 技术转让收入 - 技术转让成本 - 相关税费$$

二、企业所得税应纳税所得额的计算

在实际过程中，应纳税所得额的计算一般有两种方法。

（1）根据下列计算公式直接算出应纳税所得额，此种方法称为直接计算法。

$$应纳税所得额 = 收入总额 - 不征税收入 - 免税收入 - 各项扣除金额 - 弥补亏损$$

（2）在会计利润总额的基础上加或减按照税法规定调整的项目金额后，即为应纳税所得额，此种方法称为间接计算法。计算公式为

$$应纳税所得额 = 会计利润总额 \pm 纳税调整项目金额$$

税收调整项目金额包括两方面的内容：企业的会计处理和税收规定不一致的应予以调整的金额；企业按税法规定准予扣除的税收金额。

例 4-7

某企业为居民企业，2×××年实现主营业务收入 3 000 万元，主营业务成本 2 000 万元，税金及附加 70 万元，其他业务收入 500 万元，其他业务成本 350 万元，期间费用 350 万元，营业外收入为 142 万元，投资收益为 110 万元，营业外支出为 70 万元，资产减值损失 50 万元。经查核实，企业本年度发生下列经济业务：

（1）本年度共支付广告费 120 万元；

（2）本年度共列支业务招待费 43 万元；

（3）年终存货盘点，计提存货跌价准备金 50 万元；

（4）本年度企业取得国库券利息收入 6 万元；

（5）通过市民政局向贫困地区捐赠 60 万元，向某院校校庆赞助支出 5 万元。

要求：根据上述资料计算该企业 2×××年度应纳税所得额。

例题分析 4-7

（1）收入总额 =3 000+500+142+110=3 752（万元）

（2）免税收入 =6（万元）

（3）纳税调整：

①广告费：税前允许扣除额 =（3 000+500）×15%=525（万元），实际支付 120 万元，未超过标准，据实扣除。

②业务招待费：税前允许扣除额 =43×60%=25.8（万元），但最高不得超过：（3 000+500）×0.5%=17.5（万元）扣除。

③存货：跌价准备不允许税前扣除。

④国库券利息收入：免税收入。

⑤企业年度利润总额=（3 000−2 000−70+500−350−350+142+110−70−50）=862（万元）

捐赠支出：税前允许扣除额=862×12%=103.44（万元），实际捐赠支出60万元，未超过标准。

⑥赞助支出不允许扣除。

（4）本年度应纳税所得额=3 752−6−2 000−70−350−（350−43+17.5）−（70−5）=936.5（万元）

例 4-8

浙江长征有限公司为居民企业，2×××年发生经营业务如下：

（1）取得产品销售收入6 000万元；

（2）发生产品销售成本3 000万元；

（3）发生销售费用770万元（其中广告费650万元）；管理费用480万元（其中业务招待费25万元，新技术开发费用40万元）；财务费用60万元；

（4）销售税金60万元；

（5）营业外收入80万元，营业外支出50万元（含支付税收滞纳金6万元）；

（6）计入成本、费用中的实发工资总额为200万元、拨缴职工工会经费5万元、发生职工福利费31万元、发生职工教育经费7万元。

要求：根据上述资料计算该企业2×××年度应纳税所得额。

例题分析 4-8

企业年度利润总额=（6 000−3 000−770−480−60−60+80−50）=1 660（万元）

纳税调整：（1）广告费：税前允许扣除额=6 000×15%=900（万元），实际支付650万元，未超过标准无须调整。

（2）业务招待费：税前允许扣除额=25×60%=15（万元），但最高不得超过：6 000×0.5%=30（万元），调增应纳税所得额：25−15=10（万元）。

（3）新技术开发费用扣除额=40×（1+50%）=60（万元），而企业实际扣除40万元，应调减所得额=60−40=20（万元）。

（4）税收滞纳金6万元不允许扣除，应调增所得额6万元。

（5）工会经费税前扣除额=200×2%=4（万元），实际拨缴5万元，应调增所得额5−4=1（万元）。

（6）职工福利费税前扣除额=200×14%=28（万元），实际发生31万元，应调增所得额31−28=3（万元）。

（7）职工教育经费税前扣除额=200×2.5%=5（万元），实际发生7万元，应调增所得额7−5=2（万元）。

（8）企业本年度应纳税所得额=1 660+10−20+6+1+3+2=1 662（万元）。

三、企业所得税应纳税额的计算

（一）居民企业应纳所得税额的计算

居民企业应纳所得税额等于应纳税所得额乘以适用的税率，基本计算公式为

居民企业应纳税额＝应纳税所得额×适用税率－减免税额－抵免税额

根据计算公式可以看出，居民企业应纳税额的多少，除了与应纳税所得额和适用税率有关外，还与减免税额和抵免税额有关。

1. 减免税额

减免税额，主要包括：①从事国家非限制和禁止行业并符合条件的小型微利企业享受优惠税率减征的企业所得税税额；②从事国家重点扶持拥有核心自主知识产权等条件的高新技术企业享受减征的企业所得税税额；③经民族自治区所在的省、自治区、直辖市人民政府批准，减征或免征民族自治地方的企业应缴纳的企业所得税中属于地方分享的企业所得税税额；④对经认定的技术先进型企业（服务贸易类），享受优惠税率减征的企业所得税税额；⑤享受过渡期税收优惠政策享受的减征或免征的企业所得税税额。

知识链接

小微企业减免规定：在 2021 年 1 月 1 日至 2022 年 12 月 31 日期间，对年应纳税所得额不超过 100 万元的部分，减按 12.5% 计入应纳税所得额，按 20% 的税率缴纳企业所得税；对年应纳税所得额超过 100 万元但不超过 300 万元的部分，减按 50% 计入应纳税所得额，按 20% 的税率缴纳企业所得税。

小型微利企业无论按查账征收方式或核定征收方式缴纳企业所得税，均可享受上述优惠政策。

2. 抵免税额

抵免税额，是指按照税法规定可直接冲抵应纳税额的一种税收优惠措施。《企业所得税法》及其实施实则中关于抵免税额的规定，主要包括：

（1）境外所得抵扣税额。企业取得的境外所得已在境外缴纳的所得税税额，可以从其当期应纳税额中抵免，抵免限额为该项所得依照《企业所得税法》规定计算的应纳税额；超过抵免限额的部分，可以在以后 5 个年度内，用每年度抵免限额抵免当年应抵税额后的余额进行抵补。前述 5 个年度，是指从企业取得的来源于中国境外的所得，已经在中国境外缴纳的企业所得税性质的税额超过抵免限额的当年的次年起连续 5 个纳税年度。

知识链接

企业取得的下列所得适用抵扣税额政策：①居民企业来源于中国境外应税所得的。②非居民企业在中国境内设立机构、场所，取得发生在中国境外但与该机构、场所有实际联系的应税所得。

已在境外缴纳的所得税税额，是指企业来源于中国境外的所得依照中国境外税收法律以及相关规定应当缴纳并已经实际缴纳的企业所得税性质的税款。企业依照税法的规定抵免企业所得税税额时，应当提供中国境外税务机关出具的税款所属年度的有关纳税凭证。

抵免限额，是指企业来源于中国境外的所得，依照《企业所得税法》和《企业所得税法实施条例》的规定计算的应纳税额。自 2017 年 7 月 1 日起，企业可以选择按国（地区）别分别计算［即"分国（地区）不分项"］，或者不按国（地区）别汇总计算［即"不分国（地区）不分项"］其来源于境外的应纳税所得额，按照规定的税率，分别计算其可抵免境外所得税税额和抵免限额。上述方式一经选择，5年内不得改变。

例 4-9

甲企业2020年度境内应纳税所得额为100万元，适用25%的企业所得税税率。甲企业分别在A国和B国设有分支机构（我国与A、B两国已缔结避免双重征税协定），在A国分支机构的应纳税所得额为50万元，A国的企业所得税税率为20%；在B国分支机构的应纳税所得额为30万元，B国的企业所得税税率为30%。

例题分析 4-9

（1）如果该企业选择按国别分别计算，如表4-2所示：

	抵免限额	境外已纳税款	处理
A国	50×25%=12.5（万元）	50×20%=10（万元）	补税2.5万元
B国	30×25%=7.5（万元）	30×30%=9（万元）	结转以后5个纳税年度抵补1.5万元

综上，甲企业当年在我国境内应纳税额=100×25%+2.5=27.5（万元）。

（2）如果该企业选择不分国别，汇总计算，如表4-3所示：

	抵免限额	境外已纳税款	处理
A国	（50+30）×25%=20（万元）	50×20%=10（万元）	补税1万元
B国		30×30%=9（万元）	

综上，甲企业当年在我国境内应纳税额=100×25%+1=26（万元）。

（2）其他抵免税额

其他抵免税额，是指企业购置并实际使用《环境保护专用设备企业所得税优惠目录》《节能节水专用设备企业所得税优惠目录》和《安全生产专用设备企业所得税优惠目录》规定的环境保护、节能节水、安全生产等专用设备的，该专用设备的投资额的10%可以从企业当年的应纳税额中抵免；当年不足抵免的，可以在以后5个纳税年度结转抵免。

（二）非居民企业应纳所得税额的计算

对于在中国境内未设立机构、场所的，或者虽设立机构、场所但取得的所得与其所设机构、场所没有实际联系的非居民企业的所得，按照下列方法计算应纳税所得额：

（1）股息、红利等权益性投资收益和利息、租金、特许权使用费所得，以收入全额为应纳税所得额。

（2）转让财产所得，以收入全额减除财产净值后的余额为应纳税所得额。

（3）其他所得，参照前两项规定的方法计算应纳税所得额。

知识链接

上述财产净值是指财产的计税基础减除已经按照规定扣除的折旧、折耗、摊销、准备金等后的余额。对于在中国境内未设立机构、场所的，或者虽设立机构、场所但取得的所得与其所设机构、场所没有实际联系的非居民企业的所得由扣缴义务人在每次向非居民企业支付或者到期支付所得时，应从支付或者到期应支付的款项中扣缴企业所得税。

例 4-10

境外某企业在中国境内未设立机构、场所，2×××年取得境内甲企业支付的贷款利息收入 100 万元；取得境内乙企业支付的财产转让收入 80 万元，该项财产净值 60 万元；取得境内丙企业支付的特许使用费收入 50 万元。试计算 2×××年度该境外企业在我国应缴纳的企业所得税额。

例题分析 4-10

应纳税额 =（100+50）×10%+（80-60）×10%=17（万元）

四、预缴与汇算清缴所得税的计算

根据《企业所得税法》及《企业所得税法实施条例》的规定，缴纳企业所得税，按年计算，分月或者分季预缴。月份或者季度终了后 15 日内预缴，年度终了后 5 个月内汇算清缴，多退少补。

（一）预缴所得税的计算

《企业所得税法实施条例》规定，企业根据《企业所得税法》第五十四条规定，分月或者分季预缴企业所得税时，应当按照月度或者季度的实际利润额预缴；按照月度或者季度的实际利润额预缴有困难的，可以按照上一纳税年度应纳税所得额的月度或者季度平均额预缴，或者按照经税务机关认可的其他方法预缴。预缴方法一经确定，该纳税年度内不得随意变更。企业预缴所得税应纳税额的计算公式为

应纳所得税额 = 月份、季度实际应纳税所得额或上一年度应纳税所得额的 1/12 或 1/4× 适用税率

知识链接

实际利润额为按会计制度核算的利润总额减除以前年度待弥补亏损以及不征税收入、免税收入后的余额，即按新规定，允许企业所得税预缴时，不但可以弥补以前年度的亏损，而且允许扣除不征税收入、免税收入。

例 4-11

浙江长征有限公司 2×××年第一季度实现利润为 50 万元，按照税法调整后应纳税所得额为 55 万元，计算该公司 2××× 第一季度应预缴的企业所得税额。

例题分析 4-11

该公司 2×××年第一季度应预缴的企业所得税额计算如下：

$$应纳税额 =55×25\%=13.75（万元）$$

（二）汇算清缴所得税的计算

企业所得税汇算清缴是指纳税人在纳税年度终了后5个月内，依照税收法律、法规、规章及其他有关企业所得税的规定，自行计算全年应纳税所得额和应纳所得税额，根据月度或季度预缴所得税的数额，确定该年度应补或者应退税额，并填写年度企业所得税纳税申报表，向主管税务机关办理年度企业所得税纳税申报、提供税务机关要求提供的有关资料、结清全年企业所得税税款的行为。年终汇算清缴所得税的计算公式为

年终汇算清缴应补（退）所得税额 = 全年应纳税所得额 × 适用税率 − 本年累计预缴所得税税额

例 4-12

承【例4-7】，并假设该企业1—11月份已预缴企业所得税额120万元，要求计算该企业年终汇算清缴时应补（退）所得税额。

例题分析 4-12

（1）该企业 2×××年度全年应纳所得税税额 =936.5×25%=234.125（万元）

（2）年终汇算清缴应补交所得税税额 =234.125−120=114.125（万元）

第三节 资产的税务处理

问题提出

企业有一台设备，于上年一月开始计提折旧，不考虑残值。购买价款为20万元，税法规定折旧年限5年，直线法折旧，会计上采用双倍余额递减法。当年企业计提减值准备2万元。按税法规定，该设备当年计提折旧4万元，不允扣除减值准备。按会计规定提取的折旧为4.8（万元）=（20−8）×2÷5。一个4万，一个4.8万，在进行纳税申报时，是按4万申报，还是按4.8万呢？税法上关于资产的税务处理又是做何规定的？它与会计规定又有何不同？

税法规定，纳入税务处理范围的资产形式主要有固定资产、生物资产、无形资产、长期待摊费用、投资资产、存货等。这些资产均以历史成本为计税基础。历史成本，是指企业取得该项资产时实际发生的支出。企业持有各项资产期间资产增值或者减值，除国务院财政、税务主管部门规定可以确认损益外，不得调整该资产的计税基础。

一、固定资产的税务处理

固定资产是指企业为生产产品、提供劳务、出租或者经营管理而持有的、使用时间超过 12 个月的非货币性资产。

（一）固定资产的计税基础

固定资产的计税基础按以下原则处理：

（1）外购的固定资产，以购买价款和支付的相关税费以及直接归属于使该资产达到预定用途发生的其他支出为计税基础。

（2）自行建造的固定资产，以竣工结算前发生的支出为计税基础。

（3）融资租入的固定资产，以租赁合同约定的付款总额和承租人在签订租赁合同过程中发生的相关费用为计税基础，租赁合同未约定付款总额的，以该资产的公允价值和承租人在签订租赁合同过程中发生的相关费用为计税基础。

（4）盘盈的固定资产，以同类固定资产的重置完全价值为计税基础。

（5）通过捐赠、投资、非货币性资产交换、债务重组等方式取得的固定资产，以该资产的公允价值和支付的相关税费为计税基础。

（6）改建的固定资产，以改建过程中发生的改建支出增加计税基础。

固定资产的价值确定后，除国家统一规定的清产核资，将固定资产的一部分拆除、固定资产的永久性损害后（经批准可调整至固定资产可收回金额，并确认损失），根据实际价值调整原暂估价值或发现原计价有错误的情况以外，不得调整其价值。

（二）固定资产折旧

纳税人的固定资产，应当从投入使用月份的次月起计提折旧；停止使用的固定资产，应当从停止使用月份的次月起，停止计提折旧。

企业应当根据固定资产的性质和使用情况，合理确定固定资产的预计净残值，固定资产的预计净残值一经确定，不得变更；固定资产一般应当按照直线法计提折旧，由于技术进步等原因，确需加速折旧的，对技术进步、产品更新换代比较快或者年数总和法固定资产计算折旧的最低年限如下：房屋、建筑物为 20 年；飞机、火车、轮船、机器、机械和其他生产设备为 10 年；与生产经营活动有关的器具、工具、家具等为 5 年；飞机、火车、轮船以外的运输工具为 4 年；电子设备为 3 年。

下列固定资产不得计算折旧扣除：

（1）房屋、建筑物以外未投入使用的固定资产。

（2）以经营租赁方式租入的固定资产。

（3）以融资租赁方式租出的固定资产。

（4）已足额提取折旧仍继续使用的固定资产。

（5）与经营活动无关的固定资产。

（6）单独估价作为固定资产入账的土地。

（7）财政部规定的其他不得计算折旧扣除的固定资产。

固定资产折旧当会计核算与税收规定不一致时，需要按税收规定进行纳税调整。

知识链接

符合下列条件的固定资产可以使用加速折旧法：①由于技术进步，产品更新换代较快的固定资产；②常年处于强震动、高腐蚀状态的固定资产。加速折旧的方法可以是缩短折旧年限和采取双倍余额递减法或者年数总和法。采取缩短折旧年限方法的，最低折旧年限不得低于《所得税法实施条例》第六十条规定折旧年限的 60%。

二、无形资产的税务处理

无形资产是指企业为生产产品，提供劳务，出租或者经营管而持有的、没有实物形态的非货币性长期资产，包括专利权、商标权、著作权、土地使用权、非专利技术、商誉等。

（一）无形资产的计税基础

无形资产按照以下方法确定计税基础：

（1）外购的无形资产，以购买价款和支付的相关税费以及直接归属于使该资产达到预定用途发生的其他支出为计税基础。

（2）自行开发的无形资产，以开发过程中该资产符合资本化条件后至达到预定用途前发生的支出为计税基础。

（3）通过捐赠、投资、非货币性资产交换、债务重组等方式取得的无形资产，以该资产的公允价值和支付的相关税费为计税基础。

（二）无形资产摊销

无形资产按照直线法计算的摊销费用，准予扣除，摊销年限不得低于 10 年；作为投资或者受让的无形资产，有关法规定或者合同规定了使用年限的，可以按照规定或者约定的使用年限分期摊销，外购商誉的支出，在企业整体转让或者清算时，准予扣除。

下列无形资产不得计算摊销费用扣除：

（1）自行开发的支出已在计算应纳税所得额时扣除的无形资产。

（2）自创商誉。

（3）与经营活动无关的无形资产。

（4）其他不得计算摊销费用的无形资产。

无形资产摊销当会计核算与税收规定不一致时，需要按税收规定进行纳税调整。

三、生产性生物资产的税务处理

生产性生物资产，是指企业为生产农产品、提供劳务或者出租等而持有的生物资产，包括经济林、薪炭林、产畜和役畜等。

（一）生产性生物资产的计税基础

生产性生物资产按照以下方法确定计税基础：

（1）外购的生产性生物资产，以购买价款和支付的相关税费为计税基础。

（2）通过捐赠、投资、非货币性资产交换、债务重组等方式取得的生产性生物资产，以该资产的公允价值和支付的相关税费为计税基础。

（二）生产性生物资产折旧

企业应当自生产性生物资产投入使用月份的次月起计算折旧；停止使用的生产性生物资产，应当自停止使用月份的次月起停止计算折旧。生产性生物资产按照直线法计算的折旧，准予扣除。企业应当根据生产性生物资产的性质和使用情况，合理确定生产性生物资产的预计净残值。生产性生物资产的预计净残值一经确定，不得变更。

生产性生物资产计算折旧的最低年限如下：

（1）林木类生产性生物资产为 10 年。

（2）畜类生产性生物资产为 3 年。

四、长期待摊费用的税务处理

长期待摊费用，是指企业发生的应在 1 个年度以上或几个年度进行摊销的费用。在计算应纳税所得额时，企业发生的下列支出作为长期待摊费用，按照规定摊销的，准予扣除：

（1）已足额提取折旧的固定资产的改建支出，应在预计尚可使用年限内摊销。

（2）租入固定资产的改建支出，按照合同约定的剩余租赁期限分期摊销。

（3）固定资产的大修理支出，按照固定资产尚可使用年限分期摊销。

（4）其他应当作为长期待摊费用的支出，自支出发生月份的次月起，分期摊销，摊销年限不得低于 3 年。

长期待摊费用的摊销当会计核算与税收规定不一致时，需要按税收规定进行纳税调整。

知识链接

固定资产的大修理支出，是指同时符合下列条件的支出：①修理支出达到取得固定资产时的计税基础 50% 以上；②修理后固定资产的使用年限延长 2 年以上。

五、投资资产的税务处理

投资资产，指企业对外进行权益性投资和债权性投资形成的资产。

企业对外投资期间，投资资产的成本在计算应纳税所得额时不得扣除（创业投资企业的对外投资有特例）。企业在转让或者处置投资资产时，投资资产的成本，准予扣除。

投资资产按照以下方法确定成本：

（1）通过支付现金方式取得的投资资产，以购买价款为成本；

（2）通过支付现金以外的方式取得的投资资产，以该资产的公允价值和支付的相关税费为成本。

六、存货的税务处理

存货指企业持有以备出售的产品或者商品、处在生产过程中的在产品、在生产或者提供劳务过程中耗用的材料和物料等。

存货按照以下方法确定取得时的成本：

（1）通过支付现金方式取得的存货，以购买价款和支付的相关税费为成本；

（2）通过支付现金以外的方式取得的存货，以该存货的公允价值和支付的相关税费为成本；

（3）生产性生物资产收获的农产品，以产出或者采收过程中发生的材料费、人工费和分摊的间接费用等必要支出为成本。

存货发出时的成本计量，企业使用或者销售的存货的成本计算方法，可以在先进先出法、加权平均法、个别计价法中选用一种。计价方法一经选用，不得随意变更。

七、资产损失的税务处理

企业资产发生永久或实质性损害，按以下规定处理，允许在税前扣除，超过税务机关审批的财产损失不得扣除，应调增纳税所得额。

（1）企业的存货、固定资产、无形资产和投资当有确凿证据表明已形成资产损失或者已发生永久或实质损害时，应扣除变价收入、可收回金额以及责任和保险赔款后，确认为资产损失。可收回金额可以由中介机构评估确定。未经中介机构评估的，固定资产和长期投资的可收回金额一律暂定为账面余额的5%；存货为账面价值的1%。已按永久或实质性损害确认财产损失的各项资产必须保留会计记录，各项资产实际清理报废时，应根据实际清理报废情况或已预计的可收回金额确认损益。

（2）企业的各项资产损失，应在损失发生当年申报扣除，不得提前或延后。非因计算错误或其他客观原因，企业未及时申报的财产损失，逾期不得扣除。确因税务机关原因未能按期扣除的，经税务机关批准后，应调整该财产损失发生年度的纳税申报表，并相应抵退税款，不得改变财产损失所属纳税年度。

（3）企业申报扣除各项产损失时，均应提供能够证明资产损失确属已实际发生的合法证据，包括：具法律效力的外部证据，具有法定资质的中介机构的经济鉴证证明和特定事项的企业内部证据。

（4）存货出现以下一项或若干项情形时，应当确认为发生永久或实质性损害：已霉烂变质；已过期且无法转让价值；经营中已不再需要，并且已无使用价值或转让价值；其他足以证明已无使用价值或转让价值。

（5）固定资产出现下列情形之一时，应当确认为发生永久或实质性损害：长期闲置不用，且已无转让价值；由于技术进步原因，已经不可使用；已遭毁损，不再具有使用价值和转让价值；因本身原因，使用后导致企业产生大量不合格品；其他实质上已经不能再给企业带来经济利益。

（6）无形资产出现以下一项或若干项情形时，应当确认为发生永久或实质性损害：已被其他新技术所替代，且已无使用价值和转让价值；已超过法律保护期限，且已不能为企业带来经济利益；其他足以证明已经丧失使用价值和转让价值。

（7）投资出现以下一项或若干项情形时，应当确认为发生永久或实质性损害：被投资方已依法宣告破产、撤销、关闭或被注销、吊销工商营业执照；被投资方财务状况严重恶化，累计发生巨额亏损，已连续停止经营3年以上，且无重新恢复经营的改组计划等；被投资方财务状况严重恶化，累计发生巨额亏损，被投资方的股票从证券交易市场摘牌，停止交易1年或1年以上。被投资方财务状况严重恶化，累计发生巨额亏损，已进行清算。

（8）资产盘亏、毁损净损失。纳税人发期发生的固定资产和流动资产盘亏，毁损净损失，由其提供清查盘存资料，经主管税务机关审核后，准予扣除；纳税人因存货盘亏、毁损、报废等原因不得从销项税金中抵扣的进项税额，应视同企业财产损失，准予与存货损失一起在所得税前按规定进行扣除；除金融保险企业等国家规定允许从事信贷业务的企业外，其他企业直接借出的款项，由于债务人破产、关闭、死亡等原因无法收回或逾期无法收回的，一律不得作为财产损失在税前进行扣除；其他企业委托金融保险企业等国家规定允许从事信贷业务的企业借出的款项，由于债务人破产、关闭，死亡等原因无法收回或逾期无法收回的，准予作为财产损失在税前进行扣除。

第四节　企业所得税应纳税额的计算及会计处理

问题提出

应纳税所得额是按照税法规定确定的，而企业的会计利润是按照会计处理办法确定的，两者不一定完全一致。换句话说，企业当期应纳所得税与当期按会计利润计算的所得税费用之间可能会存在差异。对于存在的差异，会计核算上是如何进行会计处理的？企业当期应纳所得税在会计核算上又是如何进行处理？本节主要围绕这两个问题展开。

根据《企业会计准则第18号——所得税》，我国所得税会计采用资产负债表债务法。

资产负债表债务法是从资产负债表出发，通过比较资产负债表上列的资产、负债按照会计准则规定确定的账面价值与按照税法规定确定的计税基础，对于两者之间的差额分别应纳税暂时性差异和可抵扣暂时性差异，确认相关的递延所得税负债和递延所得税资产，并在此基础上确定每一个会计期间利润表中的所得税费用。资产负债表债务法的操作具体分为三步：

第一步，按照税法规定对税前会计利润进行调整，根据调整后的应纳税所得额计缴当期所得税。

第二步，依据资产或负债的账面价值与税法计税基础，确定递延所得税资产或递延所得税负债的账面余额。

$$期末递延所得税资产账面余额 = 期末可抵扣暂时性差异 × 适用所得税税率$$
$$期末递延所得税负债账面余额 = 期末应纳税暂时性差异 × 适用所得税税率$$

第三步，计算所得税费用。计算公式为

$$所得税费用 = 当期应纳所得税 + 递延所得税费用$$

一、记账依据

企业所得税得记账依据有两种：①纳税申报表，据此企业编制计提企业应纳所得税的记账凭证。②完税凭证，据此企业编制上缴企业所得税的记账凭证。

二、会计科目设置

在资产负债表债务法下，企业核算企业所得税应设置"所得税费用""递延所得税资产""递延所得税负债"和"应交税费——应交所得税"科目。

（一）"所得税费用"科目

"所得税费用"科目是损益类科目，核算企业从本期损益中扣除的所得税费用。借方登记本期应交的所得税额，贷方登记期末时将本期的所得税额转入"本年利润"科目的数额。经过结转后，该科目无余额。该科目应当期所得税费用和递延所得税费用进行明细核算。

（二）"递延所得税资产"科目

"递延所得税资产"科目核算企业确认的可抵扣暂时性差异产生的递延所得税资产。根据税法规定可用以后年度税前利润弥补的亏损及税款抵减产生所得税资产，也在该科目核算。该科目期末借方余额，反映企业确认的递延所得税资产。该科目应按可抵扣暂时性差异等项目进行明细核算。

（三）"递延所得税负债"科目

"递延所得税负债"科目核算企业确认的应纳税暂时性差异产生的所得税负债。该科目期末贷方余额，反映企业已确认的递延所得税负债，该科目在应纳税暂时性差异的基础上进行明细核算。

（四）"应交税费——应交所得税"科目

"应交税费——应交所得税"科目核算企业所得税的缴纳情况。该科目的贷方登记应缴纳的企业所得税税额，借方登记已缴纳的企业所得税税额，期末贷方余额反映尚未缴纳的企业所得税税额；期末如为借方余额，反映多缴或尚未抵扣的企业所得税税额。

三、企业所得税的会计核算

企业所得税会计核算内容主要包括：当期所得税的核算、递延所得税的核算、上缴当期企业所得税的核算和结转所得税费用的核算。

（一）当期所得税的核算

当期所得税是指企业按照税法规定计算的针对当期发生的交易或事项，应缴纳给税务部门的所得税金额。企业应按照税法规定对税前会计利润进行调整，根据调整后的应纳税所得额计缴当期所得税。计算公式为

$$当期应交所得税 = 当期应纳税所得额 \times 税率当期所得税$$

账务处理为：

借：所得税费用

　　贷：应交税费——应交所得税

例 4-13

某企业为居民企业，2×××年度实现利润总额为 300 万元。经审核企业实际发放得工资总额中有不合理的工资额 20 万元（职工福利费、职工教育经费和工会经费分别按照实发工资总额的 14%、8% 和 2% 计提），捐赠超标 10 万元，国债利息收入 8 万元，违法经营罚款 4 万元，支付内部营业机构特许权使用费 7 万元。企业所得税率 25%。年初递延所得税资产、递延所得税负债均无余额。其他有关资料如下：

（1）存货成本为 150 万元，计提存货跌价准备 60 万元。

（2）上年 12 月 30 日购进固定资产成本 20 万元，折旧年限为 5 年，净残值为零。会计折旧采用双倍余额递减法计提，税法规定采用平均年限法。

（3）年初交易性金融资产成本为 100 万元，年末市场价值 115 万元。

（4）年末确认产品售后服务承诺费 50 万元，税法规定该项费用在实际发生时才准予扣除。

例题分析 4-13-1

（1）企业 2××× 年应纳税所得额

=300+20+20×（14%+8%+2%）+10-8+4+7+60+4-（115-100）+50=436.8（万元）

（2）当年应纳税额 =436.8×25%=109.20（万元）。

（3）账务处理为：

借：所得税费用　　　　　　　　　　　　　　　　　　　　　1 092 000

　　贷：应交税费——应交所得税　　　　　　　　　　　　　　　1 092 000

（二）递延所得税的核算

递延所得税是指按照会计准则规定应确认的递延所得税资产和递延所得税负债在期末应有的金额相对于原已确认金额之间的差额，即递延所得税资产及递延所得税负债得当期发生额，但不包括直接计入所有者权益的交易或事项及企业合并的所得税影响。

递延所得税 =（期末递延所得税负债 - 期初递延所得税负债）

- （期末递延所得税资产 - 期初递延所得税资产）

1. 递延所得税资产的核算

资产负债表日，若递延所得税资产的应有余额大于其账面余额的，应按其差额确认递延所得税资产，计算公式为

当期应确认（或冲减）的递延所得税资产 = 期末递延所得税资产账面余额

- 期初递延所得税资产账面余额

账务处理为：

借：递延所得税资产

　　贷：所得税费用

资产负债表日，若递延所得税资产的应有余额小于其账面余额的差额做相反的会计分录。

例题分析 4-13-2

承前，相关计税计算表见表 4-4。

表 4-4　2×××年资产负债表有关项目及相关计税计算表　　（单位：万元）

项目	账面价值	计税基础	暂时性差异		递延所得税资产及负债	
			应纳税	可抵扣	资产余额	负债余额
存货	90	150		60	60×25%=15	
固定资产	12	16		4	4×25%=1	
交易性金融资产	115	100	15			15×25%=3.75
预计负债	50	0		50	50×25%=12.5	
合计			15	114	28.5	3.75

2×××年年初递延所得税资产无余额，因此 2×××年企业应确认的递延所得税资产为 28.5 万元，账务处理为：

借：递延所得税资产　　　　　　　　　　　　　　　　　　　285 000
　　贷：所得税费用　　　　　　　　　　　　　　　　　　　　　　285 000

2. 递延所得税负债的核算

资产负债表日，若递延所得税负债应有余额大于其账面余额的，应按其差额确认递延所得税负债，计算公式为

当期应确认（或冲减）的递延所得税负债 = 期末递延所得税负债账面余额 - 期初递延所得税负债账面余额

账务处理为：

借：所得税费用
　　贷：递延所得税负债

资产负债表日，若递延所得税的应有余额小于账面余额的差额做相反的会计分录。

例题分析 4-13-3

承上，2×××年初递延所得税资产无余额。因此，2×××年企业应确认的递延所得税负债为 3.75 万元，账务处理为：

借：所得税费用　　　　　　　　　　　　　　　　　　　　　37 500
　　贷：递延所得税负债　　　　　　　　　　　　　　　　　　　　37 500

知识链接

①企业合并中取得资产、负债的入账价值与其计税基础不同形成可抵扣暂时性差异的，应于购买日确认递延所得税资产，借记"递延所得税资产"科目，贷记"商誉"等科目。企业合并中取得资产、负债的入账价值与其计税基础不同形成应纳税暂时性差异的，应于购买日确定递延所得税负债，同时调整商誉，借记"商誉"等科目，贷记"递延所得税负债"科目。②与直接计入所有者权益的交易或事项相关的递延所得税资产，借记"递延所得税资产"，贷记"资

本公积——其他资本公积"科目。与直接计入所有者权益的交易或事项相关的递延所得税负债，借记"资本公积——其他资本公积"科目，贷记"递延所得税负债"科目。③资产负债表日，预计未来期间很可能无法获得足够的应纳税所得额用以抵扣可抵扣暂时性差异的，按原已确认的递延所得税资产中应减记的金额，借记"所得税费用""资本公积——其他资本公积"等科目，贷记"递延所得税资产"科目。

（三）上缴（预缴）所得税的核算

1. 企业按照税法规定上缴当期所得税的账务处理为：

借：应交税费——应交所得税
　　贷：银行存款

例题分析 4-13-4

承上，企业按照税法规定上缴 2××× 年当期所得税 109.2 万元，账务处理为：

借：应交税费——应交所得税　　　　　　　　　　　　1 092 000
　　贷：银行存款　　　　　　　　　　　　　　　　　　　　1 092 000

2. 结转所得税费用

借：本年利润
　　贷：所得税费用

例题分析 4-13-5

承上，企业 2××× 年所得税费用 =109.2+（3.75-28.5）=84.45（万元），年末结转所得税费用账务处理为：

借：本年利润　　　　　　　　　　　　　　　　　　　844 500
　　贷：所得税费用　　　　　　　　　　　　　　　　　　　844 500

第五节　企业所得税的纳税申报

问题提出

　　王芳刚进单位工作时，对企业所得税的申报纳税感到非常的不解：企业所得税的申报与缴纳为什么搞得那么复杂，企业要缴多少税缴就行了，为什么还要先进行纳税申报？财务经理跟她解释说："纳税申报是纳税人履行纳税义务时就计算缴纳税款的有关事项向税务机关提出书面报告的一种法定手续。纳税申报一方面可以明确法律责任，不申报或进行虚假申报，都要负有相应的法律责任；另一方面也是税务机关办理征收业务、核实应纳税款，开具完税凭证的主要依据，是税务机关加强企业所得税税收征收管理一个重要环节。"那么税法中关于企业所得税的申报纳税是做如何规定的呢？

一、征收方式

根据纳税人的账簿设立、会计核算、纳税资料提供以及所得税申报等各种情况，税务机关可以对纳税人采用查账征收或核定征收方式征收企业所得税。

查账征收适用于能依照税收法律法规规定设置账簿，能准确核算收入总额和成本费用支出，能完整保存账簿、凭证及有关纳税资料的纳税人。

核定征收主要适用于有下列情形之一的居民纳税人：

（1）依照法律、行政法规的规定可以不设置账簿的；

（2）依照法律、行政法规的规定应当设置但未设置账簿的；

（3）擅自销毁账簿或者拒不提供纳税资料的；

（4）虽设置账簿，但账目混乱或者成本资料、收入凭证、费用凭证残缺不全，难以查账的；

（5）发生纳税义务，未按照规定的期限办理纳税申报，经税务机关责令限期申报，逾期仍不申报的；

（6）申报的计税依据明显偏低，又无正当理由的。

例 4–14

某小型企业 2××× 年向其主管税务机关申报收入 150 万元，成本、费用及销售税金共计 160 万元，全年亏损 10 万元。经审核，成本、费用真实，收入无法核准。当地税务机关确定的应税所得率为 20%。要求：计算该小型企业 2××× 年应缴纳的企业所得税。

例题分析 4–14

应纳税额 =160÷（1–20%）×20%×25%=10（万元）

二、纳税地点

除税收法律、行政法规另有规定外，居民企业以企业登记注册地为纳税地点；但登记注册地在境外的，以实际管理机构所在地为地点。企业注册登记地是指企业依照国家的关规定登记注册的住所地。

居民企业在中国境内设立不具有法人资格的营业机构的，应当汇总计算并缴纳企业所得税。企业汇总计算并缴纳企业所得税时，应当统一核算应纳税所得额，个体办法由国务院财政、税务主管部门另行制定。

非居民企业在中国境内设立机构、场所的，应当就其所设机构、场所取得的来源于中国境内的所得，以及发生在中国境外但与其所设机构、场所有实际联系的所得，以机构、场所所在地为纳税地点。非居民企业在中国境内设立两个或者两个以上机构、场所的，经税务机关审核批准，可以选择由其主要机构、场所汇总缴纳企业所得税。非居民企业经批准汇总缴纳企业所得税后，需要增设、合并、迁移、关闭机构、场所或者停止机构、场所业务的，应当事先由负责汇总申报缴纳企业所得税的主要机构、场所向其所在地税务机关报告；需要变更汇总缴纳企业所得税的主要机构、场所的，依照前款规定办理。

在居民企业在中国境内未设立机构、场所，或者虽设立机构、场所但取得的所得与其设机构、场所没有实际联系的，以扣缴义务人所在地为纳税地点。纳税人应当扣缴的所得税，扣缴义务人未依法扣缴或者无法履行扣缴义务的，由纳税人在所得发生地缴纳。在中国境内存在多处所得发生地的，由纳税人选择其中一地申报缴纳企业所得税。纳税人未依法缴纳的，税务机关可以从该纳税人在中国境内其他收入项目的支付人应付的款项中，追缴该纳税人的应纳税款。

除国务院另有规定外，企业之间不得合并缴纳企业所得税。

三、纳税期限

企业所得税按年计征，分月或者分季预缴，年终汇算清缴，多退少补。

企业所得税的年度，自公历 1 月 1 日起至 12 月 31 日止。企业在一个纳税年度的中间开业，或者由于合并、关闭等原因终止经营活动，使该纳税年度的实际经营期不足 12 个月的，以其实际经营期为一个纳税年度。企业清算时，应当以清算期间作为一个纳税年度。企业应当自清算结束之日 15 日内，向主管税务机关报送企业所得税纳税申报表，并结清税款。

纳税人应在年度终了后 5 个月内汇算清缴，多退少补：纳税人在纳税年度内预缴的税款少于全年应纳税额的，应在汇算清缴期限内结清应补缴的税款；预缴的税款超过全年应纳税额的，主管税务机关应及时办理退税或者抵缴其下一年度应缴纳的所得税。

纳税人在年度中间终止经营活动的，应当自实际经营终止之日起 60 日内，向税务机关办理当期所得税汇算清缴。

扣缴义务人每次代扣的税款，应当自代扣之日起 7 日内缴入国库，并向所在地的税务机关报送扣缴企业所得税报告表。

四、纳税申报

按月或按季预缴的，应当自月份或者季度终了之日起 15 日内，向税务机关报送预缴企业所得税纳税申报表，预缴税款。

企业在报送企业所得税纳税申报表时，应当按照规定附送财务会计报告和其他有关资料。

企业应当在办理注销登记前，就其清算所得向税务机关申报并依法缴纳企业所得税。

依照《企业所得税法》缴纳的企业所得税，以人民币计算。所得以人民币以外的货币计算的，应当折合成人民币计算并缴纳税款。

企业在纳税年度内无论盈利或者亏损，都应当依照《企业所得税法》第五十四条规定的期限，向税务机关报送预缴企业所得税纳税申报表、年度企业所得税纳税申报表、财务会计报告和税务机关规定应当的其他有关资料。

本章小结

　　企业所得税是对我国境内的企业和其他取得收入的组织的生产经营所得和其他所得征收的一种税。本章阐述了企业所得税纳税义务人、征税对象、税率、税收优惠等基本内容，明确企业所得税的计税依据——应纳税所得额及其计算方法。要正确计算企业所得税应纳税额，必须准确计算应纳税所得额，只有正确计算应纳税所得额，才能保证企业所得税会计处理的正确性。企业所得税会计处理的方法为资产负债表债务法。本章应重点掌握企业应纳税所得额的确定，应纳所得税税额计算及其所得税会计处理方法。

单项练习题及实训

一、单项选择题

1. 以下哪项是企业所得税免税收入（　　）。

    A. 事业单位取得的财政拨款　　　　　　B. 企业团购国债取得的利息收入

    C. 事业单位从事营利性活动取得的收入　　D. 企业转让股权取得的转让收入

2. 某企业利润总额 80 万，通过公益性团体向贫困灾区捐赠 2 万元，直接向学校捐款 5 万元，可以在计算应纳税所得额抵扣的是（　　）万元。

    A. 2　　　　　　　　B. 5　　　　　　　　C. 7　　　　　　　　D. 9.6

3. 计算应纳税所得额时，在以下项目中，不超过规定比例的准予扣除，超过部分，准予在以后纳税年度结转扣除的项目是（　　）。

    A. 职工福利费　　　　B. 工会经费　　　　C. 职工教育经费　　D. 社会保险费

4. 某居民企业 2021 年度发生的亏损，根据《企业所得税法》的规定，该亏损额可以用以后纳税年度的所得弥补，但延续弥补的期限最长不得超过（　　）。

    A. 2021 年　　　　　　B. 2025 年　　　　　C. 2026 年　　　　　D. 2027 年

5. 在中国设立机构，场所且所得与机构、场所有实际联系的非居民企业适用的企业所得税税率是（　　）。

    A. 10%　　　　　　　B. 20%　　　　　　　C. 25%　　　　　　　D. 33%

6. 某企业 2××× 年度境内所得应纳税所得额为 400 万元，在全年已预缴税款 25 万元，来源于境外某国税前所得 100 万元，境外实纳税款 20 万元，该企业当年汇算清缴应补（退）的税款为（　　）万元。

    A. 50　　　　　　　　B. 60　　　　　　　　C. 70　　　　　　　　D. 80

7. 纳税人应在 3 月 15 日缴纳的税款 30 万元，逾期未缴纳，税务机关责令在 3 月 31 日前缴纳。但直到 4 月 24 日才缴纳。则滞纳金为（　　）万元。

    A. 30×0.5‰×15　　B. 30×0.5‰×16　　C. 30×0.5‰×24　　D. 30×0.5‰×40

二、多项选择题

1. 依据企业所得税法的规定，判定居民企业的标准有（　　　　）。

  A. 登记注册地标准   B. 所得来源地标准

  C. 经营行为实际发生地标准   D. 实际管理机构所在地标准

2. 下列关于居民企业和非居民企业的说法符合《企业所得税法》的规定的是（　　　　）。

  A. 非居民企业在中国境内未设立机构、场所的，只就其中国境内所得缴纳企业所得税

  B. 居民企业应当就其来源于中国境内、境外所得缴纳企业所得税

  C. 在中国境内设立机构场所的非居民企业，其取得的来源于中国境内、境外所得都要缴纳企业所得税

  D. 非居民企业在中国境内设立机构、场所，只就其机构、场所取得的来源于中国境内所得缴纳企业所得税

3. 计算企业所得税时可能出现的税率有（　　　　）。

  A. 25%   B. 20%   C. 10%   D. 33%

4. 根据企业所得税法律制度的规定，下列各项中，纳税人在计算企业所得税应纳所得额时准予扣除的税金有（　　　　）。

  A. 消费税   B. 印花税   C. 土地增值税   D. 增值税

5. 根据《企业所得税法》的规定，下列支出项目中，在计算企业所得税应纳税所得额时，不得扣除的有（　　　　）。

  A. 税收滞纳金   B. 捐赠支出

  C. 被没收财物的损失   D. 未经核定的准备金支出

6. 在计算应纳税所得额时，允许扣除的费用是指（　　　　）。

  A. 销售费用   B. 管理费用   C. 财务费用   D. 制造费用

7. 下列固定资产不得计算折旧扣除的是（　　　　）。

  A. 单独估价作为固定资产入账的土地 B. 未投入使用的机器设备

  C. 以经营租赁方式租出的固定资产   D. 已足额提取折旧仍继续使用的固定资产

8. 在中国境内未设立机构、场所的非居民企业从中国境内取得的下列所得，应按收入全额计算征收企业所得税的有（　　　　）。

  A. 股息   B. 转让财产所得   C. 租金   D. 特许权使用费

三、判断题

1. 非居民企业在中国境内未设立机构、场所的，或者虽设立机构、场所但取得的所得与其所设机构、场所没有实际联系的，应当就其来源于中国境内的收入全额缴纳企业所得税。（　　　）

2. 居民企业适用税率25%，非居民企业适用税率20%。（　　　）

3. 居民企业承担无限纳税义务，非居民企业承担有限纳税义务。（　　　）

4. 纳税人在产权转让过程中，发生的产权转让净收益或净损失，应计入应纳税所得额，依法缴纳企业所得税。（　　　）

5. 企业所得税法的收入总额包括财政拨款、税收返还和依法收取并纳入财政管理的行政事业性收费和政府性基金。（　　　）

6. 企业发生的公益救济性捐赠，在应纳税所得额12%以内的部分，准予在计算应纳税所得

额时扣除。　　　　　　　　　　　　　　　　　　　　　　　　　　　　　（　　）

7. 企业所得税法所称特许权使用费收入，是指企业提供专利权、非专利技术、商标权以及其他特许权的使用权取得的收入。　　　　　　　　　　　　　　　　　　　　（　　）

8. 企业发生的与生产经营活动有关的业务招待费支出，按照不超过当年销售（营业）收入的5‰扣除。　　　　　　　　　　　　　　　　　　　　　　　　　　　　　（　　）

四、计算题

1. 某企业2×××年销售收入情况如下：开具增值税专用发票的收入2 000万元，开具普通发票的金额1 170万元。企业发生管理费用200万元（其中业务招待费40万元），发生的销售费用800万元（其中广告费500万元、业务宣传费300万元），发生的财务费用200万元。

要求：计算准予在企业所得税前扣除的期间费用金额。

2. 某企业为居民企业，2×××年经营业务如下：取得销售收入5 000万元，销售成本2 200万元，发生销售费用1 340万元（其中广告费900万元），管理费用960万元（其中业务招待费30万元），财务费用120万元，销售税金及附加320万元（含增值税240万元），营业外收入140万元，营业外支出100万元（含通过公益性社会团体向贫困山区捐款60万元，支付税收滞纳金12万元），计入成本、费用中的实发工资总额300万元，拨缴职工工会经费6万元，提取职工福利费46万元，职工教育经费10万元。

要求：计算该企业实际应缴纳的企业所得税税额。

3. 某境内工业企业2×××年度生产经营情况如下：

（1）销售收入4 500万元；与收入相配比的销售成本2 000万元；实际缴纳的增值税700万元，营业税金及附加80万元。

（2）其他业务收入300万元。

（3）销售费用1 500万元，其中包括广告费800万元、业务宣传费20万元。

（4）管理费用500万元，其中包括业务招待费50万元、新产品研究开发费用40万元。

（5）财务费用80万元，其中包括向非金融机构借款1年的利息支出50万元，年利息率为10%（银行同期同类贷款年利率为6%）。

（6）营业外支出30万元，其中包括向供货商支付违约金5万元，接受工商局罚款1万元，通过市民政部门向灾区捐赠20万元。

（7）投资收益18万元，其中包括直接投资外地非上市的居民公司分回的税后利润17万元和国债利息收入1万元。

已知：该企业适用的企业所得税税率为25%，已预缴企业所得税157万元。

要求：计算该企业实际应缴纳的企业所得税税额。

企业所得税的核算与申报实训

【能力目标】

1. 能判断居民纳税人、非居民纳税人，适用何种税率。

2. 能根据业务资料计算应纳企业所得税额。

3. 会根据业务资料填制企业所得税月（季）度预缴纳税申报表。

4. 会填制企业所得税年度纳税申报表及相关附表。

5. 能根据业务资料进行所得税会计业务处理。

【实训准备】

1. 知识准备：全面复习企业所得税应纳税额计算方法及涉及业务的账务处理方法及纳税申报的法规要求。

2. 物品准备：企业所得税纳税申报表。

3. 场地准备：教室或是实训室。

4. 分组安排：每 2 名学生为一组，以便完成模拟实训任务。

【实训操作流程】

预缴企业所得税→年末清算税款→登记涉税账户→填制纳税申报表附表资料→填制纳税申报表。

任务 1　企业所得税涉税业务的核算

【导入案例基本资料】

企业名称：杭州大华食品有限公司

注册类型：有限责任公司

法定代表：徐东

注册资本：50 万元

税务登记号：330192320218751

开户银行及账号：广发银行杭州支行 661032320046780

企业地址及电话：杭州市留和路 158 号 0571-85701605

经营范围：食品的生产和销售

【任务描述】

根据资料，计算该企业全年应纳企业所得税额，并编制企业所得税申报表。

【任务资料】

杭州大华食品有限公司 2021 年经营情况如下：

1. 主营业务收入 2 450 万元，其他业务收入 50 万元；

2. 本年应缴增值税 100 万元，城建税 7 万元，教育费附加 3 万元；

3. 主营业务成本 1 490 万元，其他业务成本 10 万元；

4. 销售费用 240 万元（其中广告费 200 万元，其他税前可以扣除的销售费用 40 万元）；

5. 管理费用 120 万元（其中：业务招待费 36.85 万元）；

6. 财务费用共 60 万元，其中向银行借款 400 万元，支付银行借款利息 32 万元，向其他单位借款 300 万元支付年利息 28 万元（假定银行同期贷款利率为 8%）；

7. 营业外支出 120 万元（其中被工商部门罚款 5 万元，向某商场店庆赞助 5 万元，通过希望工程基金会捐赠 20 万元，向红十字事业捐赠 20 万元）；

8. 处理不用的无形资产，该资产原入账价值为 150 万元，已提摊销额为 100 万元，取得收入 200 万元，按 5% 税率缴纳了营业税；

9. 企业上年经税务机关认定的亏损额为 10 万元；

10. 1～11 月企业共已缴所得税 55 万元。

任务 2　企业所得税年度申报

【任务描述】

根据任务 1 资料，填制企业所得税纳税申报表（表 4-5）及其附表（表 4-6～表 4-10）。

【任务资料】

使用任务 1 的资料

表 4-5　中华人民共和国企业所得税年度纳税申报表（A 类）

行次	类别	项　　目	金额
1	利润总额计算	一、营业收入（填写 A101010\101020\103000）	
2		减：营业成本（填写 A102010\102020\103000）	
3		减：税金及附加	
4		减：销售费用（填写 A104000）	
5		减：管理费用（填写 A104000）	
6		减：财务费用（填写 A104000）	
7		减：资产减值损失	
8		加：公允价值变动收益	
9		加：投资收益	
10		二、营业利润（1-2-3-4-5-6-7+8+9）	
11		加：营业外收入（填写 A101010\101020\103000）	
12		减：营业外支出（填写 A102010\102020\103000）	
13		三、利润总额（10+11-12）	
14	应纳税所得额计算	减：境外所得（填写 A108010）	
15		加：纳税调整增加额（填写 A105000）	
16		减：纳税调整减少额（填写 A105000）	
17		减：免税、减计收入及加计扣除（填写 A107010）	
18		加：境外应税所得抵减境内亏损（填写 A108000）	
19		四、纳税调整后所得（13-14+15-16-17+18）	
20		减：所得减免（填写 A107020）	
21		减：弥补以前年度亏损（填写 A106000）	
22		减：抵扣应纳税所得额（填写 A107030）	
23		五、应纳税所得额（19-20-21-22）	

（续）

行次	类别	项　目	金额
24	应纳税额计算	税率（25%）	
25		六、应纳所得税额（23×24）	
26		减：减免所得税额（填写A107040）	
27		减：抵免所得税额（填写A107050）	
28		七、应纳税额（25-26-27）	
29		加：境外所得应纳所得税额（填写A108000）	
30		减：境外所得抵免所得税额（填写A108000）	
31		八、实际应纳所得税额（28+29-30）	
32		减：本年累计实际已缴纳的所得税额	
33		九、本年应补（退）所得税额（31-32）	
34		其中：总机构分摊本年应补（退）所得税额（填写A109000）	
35		财政集中分配本年应补（退）所得税额（填写A109000）	
36		总机构主体生产经营部门分摊本年应补（退）所得税额（填写A109000）	

表4-6　一般企业收入明细表

行次	项　目	金额
1	一、营业收入（2+9）	
2	（一）主营业务收入（3+5+6+7+8）	
3	1. 销售商品收入	
4	其中：非货币性资产交换收入	
5	2. 提供劳务收入	
6	3. 建造合同收入	
7	4. 让渡资产使用权收入	
8	5. 其他	
9	（二）其他业务收入（10+12+13+14+15）	
10	1. 销售材料收入	
11	其中：非货币性资产交换收入	
12	2. 出租固定资产收入	
13	3. 出租无形资产收入	
14	4. 出租包装物和商品收入	
15	5. 其他	
16	二、营业外收入（17+18+19+20+21+22+23+24+25+26）	
17	（一）非流动资产处置利得	
18	（二）非货币性资产交换利得	
19	（三）债务重组利得	
20	（四）政府补助利得	
21	（五）盘盈利得	
22	（六）捐赠利得	
23	（七）罚没利得	
24	（八）确实无法偿付的应付款项	
25	（九）汇兑收益	
26	（十）其他	

表 4-7 一般企业成本支出明细表

行次	项　　目	金额
1	一、营业成本（2+9）	
2	（一）主营业务成本（3+5+6+7+8）	
3	1. 销售商品成本	
4	其中：非货币性资产交换成本	
5	2. 提供劳务成本	
6	3. 建造合同成本	
7	4. 让渡资产使用权成本	
8	5. 其他	
9	（二）其他业务成本（10+12+13+14+15）	
10	1. 销售材料成本	
11	其中：非货币性资产交换成本	
12	2. 出租固定资产成本	
13	3. 出租无形资产成本	
14	4. 包装物出租成本	
15	5. 其他	
16	二、营业外支出（17+18+19+20+21+22+23+24+25+26）	
17	（一）非流动资产处置损失	
18	（二）非货币性资产交换损失	
19	（三）债务重组损失	
20	（四）非常损失	
21	（五）捐赠支出	
22	（六）赞助支出	
23	（七）罚没支出	
24	（八）坏账损失	
25	（九）无法收回的债券股权投资损失	
26	（十）其他	

表 4-8 期间费用明细表

行次	项目	销售费用	其中：境外支付	管理费用	其中：境外支付	财务费用	其中：境外支付
		1	2	3	4	5	6
1	一、职工薪酬		*		*	*	*
2	二、劳务费					*	*
3	三、咨询顾问费					*	*
4	四、业务招待费		*		*	*	*
5	五、广告费和业务宣传费		*		*	*	*
6	六、佣金和手续费						
7	七、资产折旧摊销费		*		*	*	*

（续）

行次	项目	销售费用	其中：境外支付	管理费用	其中：境外支付	财务费用	其中：境外支付
		1	2	3	4	5	6
8	八、财产损耗、盘亏及毁损损失		*		*	*	*
9	九、办公费		*		*	*	*
10	十、董事会费		*		*	*	*
11	十一、租赁费					*	*
12	十二、诉讼费		*		*	*	*
13	十三、差旅费		*		*	*	*
14	十四、保险费		*		*	*	*
15	十五、运输、仓储费					*	*
16	十六、修理费					*	*
17	十七、包装费		*		*	*	*
18	十八、技术转让费					*	*
19	十九、研究费用					*	*
20	二十、各项税费		*		*	*	*
21	二十一、利息收支	*	*	*	*		
22	二十二、汇兑差额	*	*	*	*		
23	二十三、现金折扣	*	*	*	*		*
24	二十四、党组织工作经费	*	*		*	*	*
25	二十五、其他						
26	合计（1+2+3+…25）						

注：* 表示此项不填。

表 4-9　纳税调整项目明细表

行次	项目	账载金额	税收金额	调增金额	调减金额
		1	2	3	4
1	一、收入类调整项目（2+3+…8+10+11）	*	*		
2	（一）视同销售收入（填写 A105010）	*			*
3	（二）未按权责发生制原则确认的收入（填写 A105020）				
4	（三）投资收益（填写 A105030）				
5	（四）按权益法核算长期股权投资对初始投资成本调整确认收益	*	*	*	
6	（五）交易性金融资产初始投资调整	*	*		*
7	（六）公允价值变动净损益		*		
8	（七）不征税收入	*	*		
9	其中：专项用途财政性资金（填写 A105040）	*	*		
10	（八）销售折扣、折让和退回				
11	（九）其他				
12	二、扣除类调整项目（13+14+…24+26+27+28+29+30）	*	*		

（续）

行次	项目	账载金额	税收金额	调增金额	调减金额
		1	2	3	4
13	（一）视同销售成本（填写 A105010）	*		*	
14	（二）职工薪酬（填写 A105050）				
15	（三）业务招待费支出				*
16	（四）广告费和业务宣传费支出（填写 A105060）	*	*		
17	（五）捐赠支出（填写 A105070）				
18	（六）利息支出				
19	（七）罚金、罚款和被没收财物的损失		*		*
20	（八）税收滞纳金、加收利息		*		*
21	（九）赞助支出		*		*
22	（十）与未实现融资收益相关在当期确认的财务费用				
23	（十一）佣金和手续费支出（保险企业填写 A105060）				
24	（十二）不征税收入用于支出所形成的费用	*	*		*
25	其中：专项用途财政性资金用于支出所形成的费用（填写 A105040）	*	*		*
26	（十三）跨期扣除项目				
27	（十四）与取得收入无关的支出		*		*
28	（十五）境外所得分摊的共同支出	*	*		*
29	（十六）党组织工作经费				
30	（十七）其他				
31	三、资产类调整项目（32+33+34+35）	*	*		
32	（一）资产折旧、摊销（填写 A105080）				
33	（二）资产减值准备金		*		
34	（三）资产损失（填写 A105090）				
35	（四）其他				
36	四、特殊事项调整项目（37+38+…+43）	*	*		
37	（一）企业重组及递延纳税事项（填写 A105100）				
38	（二）政策性搬迁（填写 A105110）	*	*		
39	（三）特殊行业准备金（填写 A105120）				
40	（四）房地产开发企业特定业务计算的纳税调整额（填写 A105010）	*			
41	（五）合伙企业法人合伙人应分得的应纳税所得额				
42	（六）发行永续债利息支出				
43	（七）其他	*	*		
44	五、特别纳税调整应税所得	*	*		
45	六、其他	*	*		
46	合计（1+12+31+36+44+45）	*	*		

注：* 表示此项不填。

表 4-10　视同销售和房地产开发企业特定业务纳税调整明细表

行次	项目	税收金额	纳税调整金额
		1	2
1	一、视同销售（营业）收入（2+3+4+5+6+7+8+9+10）		
2	（一）非货币性资产交换视同销售收入		
3	（二）用于市场推广或销售视同销售收入		
4	（三）用于交际应酬视同销售收入		
5	（四）用于职工奖励或福利视同销售收入		
6	（五）用于股息分配视同销售收入		
7	（六）用于对外捐赠视同销售收入		
8	（七）用于对外投资项目视同销售收入		
9	（八）提供劳务视同销售收入		
10	（九）其他		
11	二、视同销售（营业）成本（12+13+14+15+16+17+18+19+20）		
12	（一）非货币性资产交换视同销售成本		
13	（二）用于市场推广或销售视同销售成本		
14	（三）用于交际应酬视同销售成本		
15	（四）用于职工奖励或福利视同销售成本		
16	（五）用于股息分配视同销售成本		
17	（六）用于对外捐赠视同销售成本		
18	（七）用于对外投资项目视同销售成本		
19	（八）提供劳务视同销售成本		
20	（九）其他		
21	三、房地产开发企业特定业务计算的纳税调整额（22-26）		
22	（一）房地产企业销售未完工开发产品特定业务计算的纳税调整额（24-25）		
23	1. 销售未完工产品的收入		*
24	2. 销售未完工产品预计毛利额		
25	3. 实际发生的税金及附加、土地增值税		
26	（二）房地产企业销售的未完工产品转完工产品特定业务计算的纳税调整额（28-29）		
27	1. 销售未完工产品转完工产品确认的销售收入		*
28	2. 转回的销售未完工产品预计毛利额		
29	3. 转回实际发生的税金及附加、土地增值税		

注：* 表示此项不填。

个人所得税会计

知识目标

1．理解个人所得税基本法规知识。

2．掌握各项所得个人所得税应纳税额的计算。

3．掌握个人所得税的申报方式和方法。

4．熟悉个人所得税代扣代缴涉税业务的会计处理。

能力目标

1．能判断居民纳税人、非居民纳税人。

2．能根据相关资料计算应缴纳的个人所得税额。

3．能独立进行个人所得税申报。

4．会办理个人所得税代扣代缴业务。

5．能进行个人所得税代扣代缴业务的会计处理。

第一节 认识个人所得税

问题提出

在英国的民间传说中，罗宾汉是一个极富传奇色彩的英雄人物，相传其活跃于 1160 年至 1247 年间，而"劫富济贫"无疑是对罗宾汉的精准描述。或是基于两者的相似性，个人所得税在西方也有"罗宾汉税种"之称。因此，可以把个人所得税 = 英雄税吗？

个人所得税（Individual Income Tax，IIT）是对我国公民、居民来源于我国境内外的一切所得和非我国居民来源于我国境内的所得征收的一种税。

国际上，英国于 1799 年首次提出个人所得税这一税种。我国于 1994 年税制改革中，合并了原来的个人所得税、个人收入调节税和城乡个体工商业户所得税三个税种，个人所得税就是在此基础上建立和发展起来的。

作为征税对象的个人所得，有狭义和广义之分。狭义的个人所得，仅限于每年经常性、反复性所得。广义的个人所得，是指个人在一定期间内，通过各种来源或方式所获得的一切利益，而不论这种利益是偶然的，还是临时的，是货币、有价证券的，还是实物的。目前，包括我国在内的世界各国所实行的个人所得税，大多以这种广义解释的个人所得概念为基础。根据这种理解，可以将个人取得的各种所得分为毛所得和净所得、非劳动所得和劳动所得、经常所得和偶然所得、自由支配所得和非自由支配所得、交易所得和转移所得、应收所得和实现所得、名义所得和实际所得、积极所得和消极所得等。

个人所得税在我国是一个年轻的税种，在改革开放前一个相当长的时期里，我国对个人的所得是不征税的。党的十一届三中全会以后，我国实行对外开放政策，随着对外经济交往的不断扩大，来华工作、取得收入的外籍人员亦日益增多，为了维护国家的税收权益，第五届全国人民代表大会根据国际惯例，于1980年9月公布了《中华人民共和国个人所得税法》，开征个人所得税，统一适用于中国公民和在我国取得收入的外籍人员。1986年和1987年，国务院分别发布了《中华人民共和国城乡个体工商业户所得税暂行条例》和《中华人民共和国个人收入调节税暂行条例》。这样，我国对个人所得的征税制度就形成了个人所得税、城乡个体工商业户所得税和个人收入调节税等三税并存的格局。

随着我国社会主义市场经济体制改革的目标的确定，为统一、规范和完善对个人所得的课税制度，第八届全国人民代表大会常务委员会在对原三部个人所得课税的法律、法规进行修改、合并的基础上，于1993年10月31日公布了修改后的《中华人民共和国个人所得税法》（以下简称《个人所得税法》），自1994年1月1日起施行。国务院于1994年1月28日发布了《中华人民共和国个人所得税法实施条例》（以下简称《个人所得税法实施条例》）。之后，根据我国国民经济和社会发展的情况，全国人大常委会于1999年8月30日、2005年10月27日、2007年6月29日、2007年12月29日、2011年6月30日和2018年8月31日对《个人所得税法》进行了多次修订。

一、个人所得税的特点

个人所得税是世界各国普遍征收的一个税种，我国个人所得税主要有以下特点：

（一）分类与综合相结合

我国个人所得税采取分类与综合相结合的课税模式，主要是将我国个人取得的各种所得划分为9种类型，适用不同的费用扣除标准、税率和计税方法。综合课税可以实现公平税负、调节收入差距的目的；分类课税计算简便，可以达到简化纳税手续、减轻纳税成本等的目的。

（二）累进税率与比例税率并用

分类所得税制一般采用比例税率，综合所得税制一般采用累进税率。比例税率的计算简便，便于实行税源扣缴；累进税率可以合理调节收入分配，体现公平。我国现行个人所得税根据各类个人所得的不同性质和特点，将这两类形式的税率综合运用于个人所得税制。其中：综合所得（工资、薪金所得，劳务报酬所得，稿酬所得和特许权使用费所得）和经营所得采用超额累进税率；对利息、股息红利所得，财产租赁所得，财产转让所得和偶然所得等采用比例税率，从而在促进公平的同时兼顾了效率。

（三）费用扣除方式多样

我国现行的个人所得税遵循费用扣除从宽、从简的原则，对于应税所得，根据情况不同在费用扣除上分别采用定额扣除、定率扣除和会计计算等费用扣除方法。例如，对于工资、薪金所得，适用的减除费用标准为每月 5 000 元；对于财产租赁所得，对每次收入不足 4 000 元时的费用扣除标准为 800 元，每次收入在 4 000 元以上时的费用扣除标准为 20%；对于生产经营所得，目前采用会计利润的方法进行计算。

（四）税源扣缴和自行申报并行

税源扣缴方式主要是由支付人代扣代缴，从而可以降低征管成本。对于无法进行税源扣缴的所得及综合所得，由纳税人自行申报，从而最大限度地保障了个人所得税的及时、足额入库。

二、个人所得税的纳税人

个人所得税的纳税人包括中国公民，外籍个人以及中国香港、中国澳门、中国台湾同胞等，其中也包括"自然人性质的特殊主体"，例如个体工商户、个人独资企业的投资人、合伙企业的合伙人。

个人所得税
纳税人

个人所得税的纳税人可根据住所和居住时间两个标准，可以分为居民纳税人和非居民纳税人，分别承担不同的纳税义务。

案例引入 5-1

外籍人员约翰来华工作，于 2019 年 12 月 1 日入境，2021 年 1 月 2 日离境，那他算是我国的居民纳税人吗？

（一）居民纳税人

居民纳税人，是指在中国境内有住所，或者虽无住所而一个纳税年度内在中国境内居住累计满 183 天的个人。居民个人从中国境内和境外取得的所得，依法缴纳个人所得税。

知识链接

所谓的"中国境内"是指中国大陆地区，目前还不包括香港、澳门和台湾地区。中国境内有住所，是指因户籍、家庭、经济利益关系而在中国境内习惯性居住。习惯性居住是指个人因学习、工作、探亲、旅游等原因消除后，没有理由在其他地方继续居留时，所要回到的地方，而不是实际居住或在某一特定时期内的居住地。

所谓在境内居住满 183 天，是指在一个纳税年度（即公历 1 月 1 日起至 12 月 31 日止，下同）内，在中国境内居住满 183 日。自 2019 年 1 月 1 日起，无住所个人一个纳税年度内在中国境内累计居住天数，按照个人在中国境内累计停留的天数计算。在中国境内停留的当天满 24 小时的，计入中国境内居住天数，在中国境内停留的当天不足 24 小时的，不计入中国境内居住天数。

案例分析 5-1

外国人在我国居住日期的计算是分纳税年度计算，即按年而不是跨年度计算，如果跨年居住的，应分别计算在每个纳税年度中的居住天数。约翰在中国居住天数为：2019 年 30 天，2020 年 365 天和 2021 年 1 天。所以，2019 年和 2021 年约翰在中国境内无住所而且在一个纳税年度中在中国境内居住不满 183 天，不算是中国的居民纳税人。但是 2020 年他在中国境内无住所且在一个纳税年度中在中国境内居住满 183 天，应认为是中国的居民纳税人。

（二）非居民纳税人

非居民纳税人，在中国境内无住所又不居住，或者无住所而一个纳税年度内在中国境内居住累计不满 183 天的个人。非居民个人从中国境内取得的所得，缴纳个人所得税。

知识链接

无住所个人一个纳税年度在中国境内累计居住满 183 天的，如果此前 6 年在中国境内每年累计居住天数都满 183 天而且没有任何一年单次离境超过 30 天，该纳税年度来源于中国境内、境外所得应当缴纳个人所得税；如果此前 6 年的任一年在中国境内累计居住天数不满 183 天或者单次离境超过 30 天，该纳税年度来源于中国境外且由境外单位或者个人支付的所得，免予缴纳个人所得税。所称此前 6 年，是指该纳税年度的前 1 年至前 6 年的连续 6 个年度，此前 6 年的起始年度自 2019 年（含）以后年度开始计算。

（三）所得来源地的确定

所得来源地是确定某项所得是否征收个人所得税的重要依据，但是所得来源地与所得支付地并不是同一概念，两者有时是一致的，有时却是不相同，而我国个人所得税依据是依据所得来源地。例如：某企业的外派人员到美国工作三年，在判断其取得的工资薪金是否应缴纳个人所得税，在何地缴纳时，首先，先分析其工资薪金是谁支付的，如果是由国内企业支付的，可以判定其所得来源地是中国，尽管所得支付地是美国，该外派人员（中华人民共和国的居民纳税义务人）应就其取得的境内所得和境外所得缴纳个人所得税。

下列所得，不论支付地点是否在中国境内，均为来源于中国境内的所得：

（1）因任职、受雇、履约等而在中国境内提供劳务取得的所得；

（2）将财产出租给承租人在中国境内使用而取得的所得；

（3）许可各种特许权在中国境内使用而取得的所得；

（4）转让中国境内的不动产等财产或者在中国境内转让其他财产取得的所得；

（5）从中国境内企、事业单位和其他经济组织以及居民个人取得的利息、股息、红利所得。

三、征税对象

个人所得税的征税对象是个人取得的应税所得。个人所得的形式，包括现金、实物、有价证券和其他形式的经济利益。所得为实物的，应当按照取得的凭证上所注明的价格计算应纳税所得额，无凭证的实物或凭证上所注明的价格明显偏低的，参照市场价格核定应纳税所得额；所得为有价证券的，根据票面价格和市场价格核定应纳税所得额；所得为其他形式的经济利益的，参照市场价格核定应纳税所得额。

《个人所得税法》列举征税的个人所得共有9项：①工资、薪金所得；②劳务报酬所得；③稿酬所得；④特许权使用费所得；⑤经营所得；⑥利息、股息、红利所得；⑦财产租赁所得；⑧财产转让所得；⑨偶然所得。

居民个人取得①～④项所得（以下称综合所得），按纳税年度合并计算个人所得税；非居民个人取得①～④项所得，按月或者按次分项计算个人所得税。纳税人取得⑤～⑨项所得，依照法律规定分别计算个人所得税。

四、税率

个人所得税按照不同的所得项目，分别采用两种税率形式：超额累进税率、比例税率。

（一）综合所得（工薪所得、劳务报酬所得、特许权使用费所得和稿酬所得）

适用3%～45%的七级超额累进税率，见表5-1。

表5-1 综合所得适用税率表（居民纳税人适用）

级数	全年应纳税所得额	税率（%）	速算扣除数（元）
1	不超过36 000元的部分	3	0
2	超过36 000元至144 000元的部分	10	2 520
3	超过144 000元至300 000元的部分	20	16 920
4	超过300 000元至420 000元的部分	25	31 920
5	超过420 000元至660 000元的部分	30	52 920
6	超过660 000元至960 000元的部分	35	85 920
7	超过960 000元的部分	45	181 920

（二）经营所得

适用5%～35%的五级超额累进税率，见表5-2。

表5-2 经营所得适用税率表

级数	全年应纳税所得额含税级距	税率（%）	速算扣除数（元）
1	不超过30 000元的	5	0
2	超过30 000元至90 000元的部分	10	1 500
3	超过90 000元至300 000元的部分	20	10 500
4	超过300 000元至500 000元的部分	30	40 500
5	超过500 000元的部分	35	65 500

（三）财产租赁所得、财产转让所得、利息、股息、红利所得、偶然所得和其他所得

适用 20% 的比例税率。为了配合国家住房制度改革支持住房租赁市场的健康发展，从 2008 年 3 月 1 日起，对个人出租住房取得的所得暂减按 10% 的税率征收个人所得税。

五、税收优惠政策

（一）法定免税项目

（1）省级人民政府、国务院部委和中国人民解放军军以上单位，以及外国组织、国际组织颁发的科学、教育、技术、文化、卫生、体育、环境保护等方面的奖金。

（2）国债和国家发行的金融债券利息。所称国债利息，是指个人持有中华人民共和国财政部发行的债券而取得的利息所得；所称国家发行的金融债券利息，是指个人持有经国务院批准发行的金融债券而取得的利息所得。

（3）按照国家统一规定发给的补贴、津贴。具体是指按照国务院规定发给的政府特殊津贴和国务院规定免纳个人所得税的补贴、津贴。例如，发放的中国科学院资深院士和中国工程院资深院士每人每年 1 万元的资深院士津贴免予征税。

（4）福利费、抚恤金、救济金。所称福利费，是指根据国家有关规定，从企业、事业单位、国家机关、社会团体提留的福利费或者工会经费中支付给个人的生活补助费。这里的"生活补助费"，是指由于某些特定事件或原因而给纳税人本人或其家庭的正常生活造成一定困难，其任职单位按国家规定从提留的福利费或者工会经费中向其支付的临时性生活困难补助。

所称救济金，是指国家民政部门支付给个人的生活困难补助费。

知识链接

下列收入不属于免税的福利费范围，应当并入纳税人的工资、薪金收入计征个人所得税：

（1）从超出国家规定的比例或基数计提的福利费、工会经费中支付给个人的各种补贴、补助；

（2）从福利费和工会经费中支付给本单位职工的人人有份的补贴、补助；

（3）单位为个人购买汽车、住房、电子计算机等不属于临时性生活困难补助性质的支出。

（5）保险赔款。

（6）军人的转业费、复员费。

（7）按照国家统一规定发给干部、职工的安家费、退职费、退休工资、离休工资、离休生活补助费。

（8）依照我国有关法律规定应予免税的各国驻华使馆、领事馆的外交代表、领事馆员和其他人员的所得。具体是指依照《中华人民共和国外交特权与豁免条例》和《中华人民共和国领事特权与豁免条例》规定免税的所得。

（9）中国政府参加的国际公约、签订的协议中规定免税的所得。

（10）经国务院财政部门批准免税的所得。

另外，根据有关规定，下列所得也可免纳个人所得税：

（1）对乡、镇（含乡、镇）以上人民政府或经县（含县）以上人民政府主管部门批准成立的有机构、有章程的见义勇为基金或者类似性质组织，奖励见义勇为者的奖金或奖品，经主管税务机关核准，免征个人所得税。

（2）企业和个人按照省级以上人民政府规定的比例提取并缴付的住房公积金、医疗保险金、基本养老保险金、失业保险金，不计入个人当期的工资、薪金收入，免予征收个人所得税。超过规定的比例缴付的部分应计征个人所得税。

个人领取原提存的住房公积金、医疗保险金、基本养老保险金时，免予征收个人所得税。

（二）法定减征项目

（1）残疾、孤老人员和烈属的所得。

（2）因严重自然灾害造成重大损失的。

（3）其他经国务院财政部门批准减税的。

（三）暂免征税项目

（1）外籍个人以非现金形式或实报实销形式取得的住房补贴、伙食补贴、搬迁费、洗衣费。

（2）外籍个人按合理标准取得的境内、外出差补贴。

（3）外籍个人取得的探亲费、语言训练费、子女教育费等，经当地税务机关审核批准为合理的部分。

（4）个人举报、协查各种违法、犯罪行为而获得的奖金。

（5）个人办理代扣代缴税款手续，按规定取得的扣缴手续费。

（6）个人转让自用达5年以上并且是唯一的家庭居住用房取得的所得。

（7）达到离休、退休年龄，但确因工作需要，适当延长离休退休年龄的高级专家（指享受国家发放的政府特殊津贴的专家、学者），其在延长离休退休期间的工资、薪金所得，视同退休工资、离休工资免征个人所得税。

（8）外籍个人从外商投资企业取得的股息、红利所得。

（9）凡符合下列条件之一的外籍专家取得的工资、薪金所得可免征个人所得税：

1）根据世界银行专项贷款协议由世界银行直接派往我国工作的外国专家；

2）联合国组织直接派往我国工作的专家；

3）为联合国援助项目来华工作的专家；

4）援助国派往我国专为该国无偿援助项目工作的专家；

5）根据两国政府签订文化交流项目来华工作2年以内的文教专家，其工资、薪金所得由该国负担的；

6）根据我国大专院校国际交流项目来华工作2年以内的文教专家，其工资、薪金所得由该国负担的；

7）通过民间科研协定来华工作的专家，其工资、薪金所得由该国政府机构负担的。

第二节 个人所得税应纳税所得额的确定

问题提出

在每年的年中、岁末，一些商家会举办答谢、店庆、感恩回馈等活动。在活动期间赠送给顾客的礼品和抽取的奖品。但是，大多数人不会注意到这些活动的说明（用最小号的字体标明了"个税自理"的字样）。个税自理！？人们马上会问："难道收到这些礼品还要交税啊？除了这种情况外，还有哪些个人收入要缴纳个人所得税？"

一、居民个人的综合所得

（一）综合所得概述

综合所得，包括工资、薪金所得，劳务报酬所得，稿酬所得和特许权使用费所得四项。居民个人按纳税年度"合并计算"个人所得税，非居民个人按月或者按次分项计算个人所得税。

1. 工资、薪金所得

工资、薪金所得，是指个人因任职或者受雇而取得的工资、薪金、奖金、年终加薪、劳动分红、津贴、补贴以及与任职或者受雇有关的其他所得。

下列项目不属于工资、薪金所得性质的补贴、津贴，不予征收个人所得税，具体包括：①独生子女补贴；②执行公务员工资制度未纳入基本工资总额的补贴、津贴差额和家属成员的副食品补贴；③托儿补助费；④差旅费津贴、误餐补助；⑤外国来华留学生，领取的生活津贴费、奖学金；⑥军队干部取得的列举项目补贴津贴。

知识链接

误餐补助，是指按财政部门规定，个人因公在城区、郊区工作，不能在工作单位或返回就餐，确实需要在外就餐的，根据实际误餐顿数，按规定的标准领取的误餐费。一些单位以误餐补助名义发给职工的补贴、津贴，应当并入当月工资、薪金所得计征个人所得税。

2. 劳务报酬所得

劳务报酬所得，是指个人独立从事各种非雇佣的各种劳务所取得的所得，包括从事设计、装潢、安装、制图、化验、测试、医疗、法律、会计、咨询、讲学、翻译、审稿、书画、雕刻、影视、录音、录像、演出、表演、广告、展览、技术服务、介绍服务、经纪服务、代办服务和其他劳务取得的所得。

知识链接

工资、薪金与劳务报酬的区别：工资、薪金所得是属于非独立个人劳务活动，即在机关、团体、学校、部队、企事业单位及其他组织中任职、受雇而得到的报酬；劳务报酬所得则是个人独立从事各种技艺、提供各项劳务取得的报酬。两者的主要区别在于，前者存在雇佣与被雇佣关系，后者则不存在这种关系。

3. 稿酬所得

稿酬所得，是指个人因其作品（文学、书画、摄影）以图书、报刊形式出版、发表取得的所得。作品包括文学作品、书画作品、摄影作品，以及其他作品。作者去世后，财产继承人取得的遗作稿酬，也应按"稿酬所得"缴纳个人所得税。

4. 特许权使用费所得

特许权使用费所得，是指个人提供专利权、商标权、著作权、非专利技术以及其他特许权的使用权所得。

（1）作者将自己的文字作品手稿原件或复印件拍卖取得的所得，按照"特许权使用费所得"项目缴纳个人所得税。

（2）个人取得专利赔偿所得，应按"特许权使用费所得"项目缴纳个人所得税。

（3）对于剧本作者从电影、电视剧的制作单位取得的剧本使用费，不再区分剧本的使用方是否为其任职单位，统一按按"特许权使用费所得"项目缴纳个人所得税。

（二）综合所得的计税依据

应纳税所得额 = 年收入 − 费用扣除（6万/年）− 专项扣除 − 专项附加扣除 − 其他扣除

1. 综合所得的年度收入

应包括全部工资薪金；劳务报酬所得、特许权使用费所得以收入减除 20% 后的费用后的余额为收入额；稿酬所得的收入额的 80% 再减按 70% 计算，即收入的 56%。

2. 专项扣除

按照《个人所得税法》规定，专项扣除是指个人按国家规定的范围和标准缴纳的基本养老保险、基本医疗保险、失业保险等社会保险费和住房公积金等。

3. 专项附加扣除

包括赡养老人、子女教育、继续教育、大病医疗、住房贷款利息或者住房租金等 6 项支出。

（1）赡养老人

纳税人赡养一位及以上被赡养人的赡养支出，统一按照以下标准定额扣除：

1）纳税人为独生子女的，按照每月 2 000 元的标准定额扣除；

2）纳税人为非独生子女的，由其与兄弟姐妹分摊每月 2 000 元的扣除额度，每人分摊的额度不能超过每月 1 000 元。可以由赡养人均摊或者约定分摊，也可以由被赡养人指定分摊。约定或者指定分摊的须签订书面分摊协议，指定分摊优先于约定分摊。具体分摊方式和额度在一个纳税年度内不能变更。

被赡养人是指年满 60 岁的父母，以及子女均已去世的年满 60 岁的祖父母、外祖父母。

（2）子女教育

纳税人的子女接受全日制学历教育的相关支出、年满 3 岁至小学入学前处于学前教育阶段的子女，按照每个子女每月 1 000 元的标准定额扣除。

学历教育包括义务教育（小学、初中教育）、高中阶段教育（普通高中、中等职业、技工教育）、高等教育（大学专科、大学本科、硕士研究生、博士研究生教育）。

父母可以选择由其中一方按扣除标准的 100% 扣除，也可以选择由双方分别按扣除标准的 50% 扣除，具体扣除方式在一个纳税年度内不能变更。

若纳税人子女在中国境外接受教育的，纳税人应当留存境外学校录取通知书、留学签证等相关教育的证明资料备查。

（3）继续教育

纳税人在中国境内接受学历（学位）继续教育的支出，在学历（学位）教育期间按照每月 400 元定额扣除。同一学历（学位）继续教育的扣除期限不能超过 48 个月。纳税人接受技能人员职业资格继续教育、专业技术人员职业资格继续教育的支出，在取得相关证书的当年，按照 3 600 元定额扣除。

个人接受本科及以下学历（学位）继续教育，符合本办法规定扣除条件的，可以选择由其父母扣除，也可以选择由本人扣除。

纳税人接受技能人员职业资格继续教育、专业技术人员职业资格继续教育的，应当留存相关证书等资料备查。

（4）大病医疗

在一个纳税年度内，纳税人发生的与基本医保相关的医药费用支出，扣除医保报销后个人负担（指医保目录范围内的自付部分）累计超过 15 000 元的部分，由纳税人在办理年度汇算清缴时，在 80 000 元限额内据实扣除。

纳税人发生的医药费用支出可以选择由本人或者其配偶扣除；未成年子女发生的医药费用支出可以选择由其父母一方扣除。

纳税人应当留存医药服务收费及医保报销相关票据原件（或者复印件）等资料备查。医疗保障部门应当向患者提供在医疗保障信息系统记录的本人年度医药费用信息查询服务。

（5）住房贷款利息

纳税人本人或者配偶单独或者共同使用商业银行或者住房公积金个人住房贷款为本人或者其配偶购买中国境内住房，发生的首套住房贷款利息支出，在实际发生贷款利息的年度，按照每月 1 000 元的标准定额扣除，扣除期限最长不超过 240 个月。纳税人只能享受一次首套住房贷款的利息扣除。

经夫妻双方约定，可以选择由其中一方扣除，具体扣除方式在一个纳税年度内不能变更。

夫妻双方婚前分别购买住房发生的首套住房贷款，其贷款利息支出，婚后可以选择其中一套购买的住房，由购买方按扣除标准的 100% 扣除，也可以由夫妻双方对各自购买的住房分别按扣除标准的 50% 扣除，具体扣除方式在一个纳税年度内不能变更。

纳税人应当留存住房贷款合同、贷款还款支出凭证备查。

（6）住房租金

纳税人在主要工作城市没有自有住房而发生的住房租金支出，可以按照以下标准定额扣除：

1）直辖市、省会（首府）城市、计划单列市以及国务院确定的其他城市，扣除标准为每月 1 500 元；

2）除第一项所列城市以外，市辖区户籍人口超过 100 万的城市，扣除标准为每月 1 100 元；市辖区户籍人口不超过 100 万的城市，扣除标准为每月 800 元。

纳税人的配偶在纳税人的主要工作城市有自有住房的，视同纳税人在主要工作城市有自有住房。

夫妻双方主要工作城市相同的，只能由一方扣除住房租金支出。纳税人及其配偶在一个纳税年度内不能同时分别享受住房贷款利息和住房租金专项附加扣除。纳税人应当留存住房租赁合同、协议等有关资料备查。

4. 其他扣除

其他扣除，包括个人缴付符合国家规定的企业年金、职业年金，以及个人购买符合国家规定的商业健康保险、税收递延型商业养老保险的支出，以及国务院规定可以扣除的其他项目。

例 5-1

我国居民纳税人马某，在某科技公司工作。2020 年取得工资收入 200 000 元，在某高校授课取得收入 50 000 元，出版著作取得稿酬 30 000 元，转让专利权，取得特许权使用费收入 20 000 元。马某全年缴纳基本养老保险等社会保险费 50 000 元，独自赡养 70 周岁的母亲，还要抚养 2 个孩子（一个孩子 10 周岁，一个孩子 2 周岁）。

要求：假设无其他扣除项目，计算马某 2020 年应纳税所得额。

例题分析 5-1

（1）工资薪金、劳务报酬、稿酬、特许权使用费为综合所得。

（2）劳务报酬所得、稿酬所得、特许权使用费所得以收入减除 20% 的费用后的余额为收入额。稿酬所得的收入额减按 70% 计算；

（3）马某的年收入 =200 000+50 000×（1-20%）+20 000×（1-20%）+30 000×（1-20%）×70%
=200 000+40 000+16 000+16 800=272 800（元）

（4）费用扣除 =60 000（元）

（5）专项扣除 =50 000（元）

（6）专项附加扣除 =24 000+12 000=36 000（元）

①赡养老人准予扣除费用 =2 000×12=24 000（元）

②其中一个孩子未满 3 周岁，所以不能扣除教育费用。

子女教育准予扣除费用 =1 000×12=12 000（元）

没有其他扣除项目。

应纳税所得额 =272 800-60 000-50 000-36 000=126 800（元）

二、非居民纳税人的以上四项所得

非居民个人取得工资、薪金所得，劳务报酬所得，稿酬所得和特许权使用费所得，有扣缴义务人的，由扣缴义务人代扣代缴税款，不办理汇算清缴。扣缴义务人向非居民个人支付工资、薪金所得，劳务报酬所得，稿酬所得和特许权使用费所得时，应当按以下方法按月或者按次代扣代缴个人所得税：

（1）工资、薪金所得应纳税所得额 = 每月收入额 −5 000/ 月；

（2）劳务报酬所得、稿酬所得、特许权使用费所得，以每次收入额为应纳税所得额，其中：

1）劳务报酬所得应纳税所得额 = 收入 ×（1−20%）

2）稿酬所得应纳税所得额 = 收入 ×（1−20%）

3）特许权使用费所得应纳税所得额 = 收入 ×（1−20%）

例 5-2

2021 年 1 月非居民纳税人吉姆从受雇的中国企业取得工资 30 000 元，加班费 5 000 元，奖金 15 000 元。此外，因出版书籍取得稿酬 50 000 元。

要求：计算吉姆 2021 年 1 月应纳税所得额

例题分析 5-2

（1）工资、薪金所得应纳税所得额 =30 000+5 000+15 000−5 000=45 000（元）

（2）稿酬所得应纳税所得额 =50 000×（1−20%）=40 000（元）

三、经营所得

（一）经营所得概述

经营所得，是指：

（1）个体工商户从事生产、经营活动取得的所得——业主为纳税人；个人独资企业投资人、合伙企业的个人合伙人来源于境内注册的个人独资企业、合伙企业生产、经营的所得。

（2）个人依法从事办学、医疗、咨询以及其他有偿服务活动取得的所得。

（3）个人对企业、事业单位承包经营、承租经营以及转包、转租取得的所得。

（4）个人从事其他生产、经营活动取得的所得，例如：个人因从事彩票代销业务而取得的所得；从事个体出租车运营的出租车驾驶员取得的收入。

（二）经营所得的计税依据

以每一纳税年度的收入总额减除成本、费用以及损失后的余额，为应纳税所得额。

年应纳税所得额 = 年收入总额 − 成本、费用及损失

成本、费用是指生产、经营活动中发生的各项直接支出和分配计入成本的间接费用以及销售费用、管理费用、财务费用；损失，是指生产、经营活动中发生的固定资产和存货的盘亏、毁损、报废损失，转让财产损失，坏账损失，自然灾害等不可抗力因素造成的损失以及其他损失。

取得经营所得的个人（个体工商户业主、个人独资企业和合伙企业的自然人投资者本人），没有综合所得的，计算其每一纳税年度的应纳税所得额时，应当减除：费用 60 000 元、专项扣除、专项附加扣除以及依法确定的其他扣除。

取得经营所得的个人，没有综合所得的，计算其每一纳税年度的应纳税所得额时，应当减

除费用 6 万元、专项扣除、专项附加扣除以及依法确定的其他扣除。专项附加扣除在办理汇算清缴时减除。

从事生产、经营活动，未提供完整、准确的纳税资料，不能正确计算应纳税所得额由主管税务机关核定应纳税所得额或者应纳税额。

对于个体工商户的生产、经营所得的具体规定如下：

个体工商户的生产、经营所得，以每一纳税年度的收入总额，减除成本、费用、税金、损失、其他支出以及允许弥补的以前年度亏损后的余额，为应纳税所得额。

1. 允许扣除项目

（1）对于生产经营与个人、家庭生活混用难以分清的费用，其 40% 视为与生产经营有关费用，准予扣除。

（2）实际支付给从业人员的合理工资薪金支出，准予扣除。但个体工商户业主的工资薪金支出，不得税前扣除。

（3）个体工商户按照国务院有关部门或省级人民政府规定的范围和标准为业主和从业人员缴纳的基本养老保险、基本医疗保险、失业保险、工伤保险费和住房公积金，准予扣除。

个体工商户为从业人员缴纳的补充养老保险费和补充医疗保险费，分别在不超过从业人员工资总额 5% 标准内的部分据实扣除；超过部分，不得扣除。

个体工商户业主本人缴纳的补充养老保险费和补充医疗保险费，以当地（地级市）上年度社会平均工资的 3 倍为计算基数，分别在不超过该计算基数 5% 标准内的部分据实扣除；超过部分，不得扣除。

（4）个体工商户向当地工会组织拨缴的工会经费、实际发生的职工福利费支出、职工教育经费支出分别在工资薪金总额的 2%、14% 和 2.5% 的标准内据实扣除。

（5）个体工商户通过公益性社会团体或者县级以上人民政府及其部门，用于《公益事业捐赠法》规定的公益事业的捐赠，捐赠额不超过其应纳税所得额 30% 的部分可以据实扣除。

（6）研发费用，以及研发而购置单台价值在 10 万元以下的测试仪器、实验性装置的购置费可直接扣除。

（7）个体工商户代其从业人员或者他人负担的税款，不得税前扣除。

（8）个体工商户纳税年度发生的亏损，准予向以后年度结转，用以后年度的生产经营所得弥补，但结转年限最长不得超过 5 年。

2. 不得扣除项目

（1）个人所得税税款；

（2）税收滞纳金；

（3）罚金、罚款和被没收财物的损失；

（4）不符合扣除规定的捐赠支出；

（5）赞助支出；

（6）用于个人和家庭的支出；

（7）与取得生产经营收入无关的其他支出；

（8）国家税务总局规定不准扣除的支出。

四、其他所得

(一)财产租赁所得

个人出租不动产、机器设备、车船以及其他财产取得的所得。一般以 1 个月内取得的收入为一次。

1. 个人出租房产

在计算缴纳所得税时从收入(不含增值税)中依次扣除以下费用:

(1)财产租赁过程中缴纳的税金费。

(2)由纳税人负担的该出租财产实际开支的修缮费用。允许扣除的修缮费用,以每次 800 元为限。一次扣除不完的,准予在下一次继续扣除,直到扣完为止。

(3)税法规定的费用扣除标准(800 元或 20%)。

①每次月收入不超过 4000 的:

应纳税所得额 = 每次(月)收入额 - 准予扣除项目 - 修缮费用(800 元为限)-800 元

②每次月收入超过 4000 的:

应纳税所得额 =[每次(月)收入额 - 准予扣除项目 - 修缮费用(800 元为限)]×(1-20%)

2. 个人房屋转租

也按"财产租赁所得"项目计算缴纳个人所得税。税前扣除税费的扣除次序为:

(1)财产租赁过程中缴纳的税费。

(2)向出租方支付的租金:凭房屋租赁合同和合法支付凭据允许在计算个人所得税时,从该项转租收入中扣除。

(3)由纳税人负担的租赁财产实际开支的修缮费用。

(4)税法规定的费用扣除标准。

(二)利息、股息、红利所得

这是指个人拥有债权、股权而取得的利息、股息、红利所得,是以每次收入额为应纳税所得额。

(三)财产转让所得

这是指个人转让有价证券、股权、合伙企业中的财产份额、不动产、机器设备、车船以及其他财产取得的所得。以转让财产的收入额减除财产原值和合理费用后的余额为应纳税所得额。

(四)偶然所得和其他所得

以每次收入额为应纳税所得额。

偶然所得,是指个人得奖、中奖、中彩以及其他偶然性质的所得。此外还包括:

(1)企业向个人支付不竞争款项;

(2)企业对累积消费达到一定额度的顾客给予的额外抽奖;

（3）个人为单位或其他个人担保取得的收入。

（4）个人房产所有人将房屋产权无偿赠予他人的，受赠人因无偿受赠房屋取得的受赠所得。

五、公益慈善事业捐赠的个人所得税政策

个人通过中华人民共和国境内公益性社会组织、县级以上人民政府及其部门等国家机关，向教育、扶贫、济困等公益慈善事业发生的公益捐赠支出，可以按照个人所得税法有关规定在计算应纳税所得额时扣除，即捐赠额未超过纳税人申报的应纳税所得额 30% 的部分，可从其应纳税所得额中扣除。

公益性捐赠的
个人所得税政策

以下情况的公益性捐赠可以全额扣除：

（1）个人通过非营利性的社会团体和国家机关向红十字事业的捐赠，在计算缴纳个人所得税时，准予在税前的所得额中全额扣除。

（2）个人通过境内非营利的社会团体、国家机关向教育事业的捐赠，准予在个人所得税前全部扣除。

（3）个人通过非营利的社会团体和国家机关向农村义务教育的捐赠，在计算缴纳个人所得税时，准予在税前的所得额中全额扣除。

农村义务教育的范围是指政府和社会力量举办的农村乡镇（不含县和县级市政府所在地的镇）、村的小学和初中以及属于这一阶段的特殊教育学校。纳税人对农村义务教育与高中在一起的学校的捐赠，也享受规定的所得税前扣除政策。

接受捐赠或办理转赠的非营利的社会团体和国家机关，应按照财务隶属关系分别使用由中央或省级财政部门统一印（监）制的捐赠票据，并加盖接受捐赠或转赠单位的财务专用印章。税务机关据此对捐赠个人进行税前扣除。

（4）个人通过非营利性社会团体和国家机关对公益性青少年活动场所（其中包括新建）的捐赠，在计算缴纳个人所得税时，准予在税前的所得额中全额扣除。

公益性青少年活动场所，是指专门为青少年学生提供科技、文化、德育、爱国主义教育、体育活动的青少年宫、青少年活动中心等校外活动的公益性场所。

（5）根据财政部、国家税务总局有关规定，个人通过宋庆龄基金会等 6 家单位，中国医药卫生事业发展基金会、中国教育发展基金会、中国老龄事业发展基金会等 8 家单位，中华健康快车基金会等 5 家单位用于公益救济性的捐赠，符合条件的，准予在缴纳个人所得税前全额扣除。

（6）根据财政部、国家税务总局有关规定，个人通过非营利性的社会团体和政府部门向福利性、非营利性老年服务机构捐赠，符合条件的，准予在缴纳个人所得税前全额扣除。

（7）对个人购买符合规定的商业健康保险产品的支出，允许在当年（月）计算应纳税所得额时予以税前扣除，扣除限额为 2 400 元 / 年（200 元 / 月）。单位统一为员工购买符合规定的商业健康保险产品的支出，应分别计入员工个人工资薪金，视同个人购买，按上述限额予以扣除。2 400 元 / 年（200 元 / 月）的限额扣除为个人所得税法规定减除费用标准之外的扣除。

第三节 个人所得税应纳税额的计算及会计处理

问题提出

年终了，陈江开始估计他能得到 2 万元的年终奖金，他想用年终奖去购买新家电。但是，同事小马提醒他说："陈江，别高兴太早啊！你要是拿到 2 万元的年终奖，那要交多少税啊？"

一、应纳税额的计算

由于个人所得税采取分项计税的办法，每项个人收入的扣除范围和扣除标准不尽相同，应纳所得税额的计算方法存在差异，下面分别介绍应纳所得税额的计算方法。

（一）综合所得

1. 全年综合所得应纳税额的计算

居民个人办理年度综合所得汇算清缴时，应当依法计算劳务报酬所得、稿酬所得、特许权使用费所得的收入额，并入年度综合所得计算应纳税款，税款多退少补。综合所得汇算清缴税额的计算公式为

$$应纳税额 = 全年应纳税所得额 \times 适用税率 - 速算扣除数$$
$$= （全年收入额 - 60\,000\,元 - 全年专项扣除 - 全年专项附加扣除$$
$$- 全年其他扣除）\times 适用税率 - 速算扣除数$$

例 5–3

张经理为中国公民，2020 年全年取得工资薪金收入 200\,000 元。当地规定的社会保险和住房公积金个人缴存比例为：基本养老保险 8%，基本医疗保险 2%，失业保险 0.5%，住房公积金 12%。社保部门核定的张某 2020 年社会保险费的缴费工资基数为 10\,000 元。张某正在偿还首套住房贷款及利息，张某为独生子，其孩子正在读大学二年级；张某父母均已年过 60 岁。张某夫妻约定由张某扣除贷款利息和子女教育费。计算张某 2020 年应缴纳的个人所得税税额。

例题分析 5–3

（1）全年减除费用 60\,000 元。

（2）专项扣除 =10\,000×（8%+2%+0.5%+12%）×12=27\,000（元）。

（3）专项附加扣除：

张某子女教育支出实行定额扣除，每年扣除 12\,000 元；

张某首套住房贷款利息支出实行定额扣除，每年扣除 12\,000 元；

张某赡养老人支出实行定额扣除，每年扣除 24\,000 元。

专项附加扣除合计 =12 000+12 000+24 000=48 000（元）。

（4）扣除项合计 =60 000+27 000+48 000=135 000（元）

（5）应纳税所得额 =200 000−135 000=65 000（元）

（6）应纳个人所得税额 =65 000×10%−2 520=3 980（元）

2. 综合所得按月、按次预扣预缴应纳税额的计算

（1）工资薪金所得

扣缴义务人向居民个人支付工资、薪金所得时，应当按照累计预扣法计算预扣税款，并按月办理扣缴申报。

累计预扣法

累计预扣法，是指扣缴义务人在一个纳税年度内预扣预缴税款时，以纳税人在本单位截至当前月份工资、薪金所得累计收入减除累计免税收入、累计减除费用、累计专项扣除、累计专项附加扣除和累计依法确定的其他扣除后的余额为累计预扣预缴应纳税所得额，适用个人所得税预扣率表（见表 5−3），计算累计应预扣预缴税额，再减除累计减免税额和累计已预扣预缴税额，其余额为本期应预扣预缴税额。余额为负值时，暂不退税。纳税年度终了后余额仍为负值时，由纳税人通过办理综合所得年度汇算清缴，税款多退少补。具体计算公式如下：

本期应预扣预缴税额 =（累计预扣预缴应纳税所得额 × 预扣率 − 速算扣除数）
− 累计减免税额 − 累计已预扣预缴税额

累计预扣预缴应纳税所得额 = 累计收入 − 累计免税收入 − 累计减除费用 − 累计专项扣除
− 累计专项附加扣除 − 累计依法确定的其他扣除

其中：累计减除费用，按照 5 000 元 / 月乘以纳税人当年截至本月在本单位的任职受雇月份数计算。

根据《国家税务总局关于进一步简便优化部分纳税人个人所得税预扣预缴方法的公告》（国家税务总局公告 2020 年第 19 号），对上一完整纳税年度内每月均在同一单位预扣预缴工资、薪金所得个人所得税且全年工资、薪金收入不超过 6 万元的居民个人，扣缴义务人在预扣预缴本年度工资、薪金所得个人所得税时，累计减除费用自 1 月份起直接按照全年 6 万元计算扣除。即，在纳税人累计收入不超过 6 万元的月份，暂不预扣预缴个人所得税；在其累计收入超过 6 万元的当月及年内后续月份，再预扣预缴个人所得税。

表 5−3 个人所得税预扣率表（居民个人劳务报酬所得按次预缴适用）

级数	预扣预缴应纳税所得额	预扣率	速算扣除数
1	不超过 20 000 元	20%	0
2	超过 20 000 元至 50 000 元的部分	30%	2 000
3	超过 50 000 元的部分	40%	7 000

例 5−4

陈某为中国公民，2021 年每月的工资收入为 10 000 元，按国家标准缴付"三险一金"2 000 元。在不考虑其他扣除情况下，陈某 2021 年个人所得税的预缴情况如何？

例题分析 5-4

（1）1—6月份，陈某因其累计收入（10 000×6=60 000）未超过6万元而无须缴税。

（2）从7月起，陈某的累计收入超过6万元，每月需要预扣预缴的税款。

（3）计算如下：

7月预扣预缴税款=（10 000×7-2 000×7-60 000）×3%-0=0（元）

8月预扣预缴税款=（10 000×8-2 000×8-60 000）×3%-0=120（元）

9月预扣预缴税款=（10 000×9-2 000×9-60 000）×3%-0-120=240（元）

10月预扣预缴税款=（10 000×10-2 000×10-60 000）×3%-0-（120+240）=240（元）

11月预扣预缴税款=（10 000×11-2 000×11-60 000）×3%-0-（120+240+240）=240（元）

12月预扣预缴税款=（10 000×12-2 000×12-60 000）×3%-0-840=240（元）

（2）劳务报酬

劳务报酬所得以个人每次取得的收入，定额或定率减除规定费用后的余额为应纳税所得额。每次收入不超过4 000元的，定额减除费用800元；每次收入在4 000元以上的，定率减除20%的费用。其计算公式如下：

①每次收入不超过4 000元的：

$$应纳税所得额=每次收入额-800元$$

②每次收入在4 000元以上的：应纳税所得额=每次收入额×（1-20%）

劳务报酬所得因其一般具有不固定、不经常性，不便于按月计算，所以，规定凡属于一次性收入的，以取得该项收入为一次，按次确定应纳税所得额；凡属于同一项目连续性收入的，以一个月内取得的收入为一次，据以确定应纳税所得额。

例 5-5

我国居民周某2020年内共取得4次劳务报酬，分别为3 000元；22 000元；40 000元；100 000元；要求计算各次应缴纳的所得税税额。

例题分析 5-5

第一次劳务报酬：3 000<4 000，费用扣除：800，应纳税所得额：2 200。

$$应纳税额=2 200×20%=440（元）$$

第二次劳务报酬：22 000>4 000，费用扣除：20%，应纳税所得额：17 600。

$$应纳税额=17 600×20%=3 520（元）$$

第三次劳务报酬：40 000>4 000，费用扣除：20%，应纳税所得额：32 000。

$$应纳税额=32 000×30%-2 000=7 600（元）$$

第四次劳务报酬：100 000>4 000，费用扣除：20%，应纳税所得额：80 000。

$$应纳税额=80 000×40%-7 000=25 000（元）$$

（3）稿酬所得

稿酬所得以个人每次取得的收入，定额或定率减除规定费用后的余额为应纳税所得额。每次收入不超过4 000元的，定额减除费用800元；每次收入在4 000元以上的，定率减除20%的费用，再减按 70% 征收。费用扣除计算方法与劳务报酬所得相同，预扣率为 20%。

例 5-6

我国居民李某出版一部著作，取得稿酬 10 000 元。计算李某当月稿酬所得应缴纳个人所得税税额。

例题分析 5-6

$$应纳税所得额 =10\,000×（1-20\%）×70\%=5\,600（元）$$
$$应纳税额 =5\,600×20\%=1\,120（元）$$

（4）特许权使用费所得

特许权使用费所得以个人每次取得的收入，定额或定率减除规定费用后的余额为应纳税所得额。每次收入不超过 4 000 元的，定额减除费用 800 元；每次收入在 4 000 元以上的，定率减除 20% 的费用。费用扣除计算方法与劳务报酬所得相同。其中，每次收入是指一项特许权的一次许可使用所取得的收入。

特许权使用费所得适用 20% 的比例税率，其应纳税额的计算公式为

$$应纳税额 = 应纳税所得额 × 适用税率$$

例 5-7

2021 年 6 月我国居民张某转让一项专利权，取得转让收入 150 000 元，专利开发支出 10 000 元。计算张某当月特许权使用费所得应缴纳个人所得税税额。

例题分析 5-7

$$应纳税所得额 =150\,000×（1-20\%）=120\,000（元）$$
$$应纳税额 =120\,000×20\%=24\,000（元）$$

（5）对个人取得全年一次性奖金等计算征收个人所得税的方法

全年一次性奖金是指行政机关、企事业单位等扣缴义务人根据其全年经济效益和对雇员全年工作业绩的综合考核情况，向雇员发放的一次性奖金。一次性奖金也包括年终加薪、实行年薪制和绩效工资办法的单位根据考核情况兑现的年薪和绩效工资。

年终奖应纳税额的计算

纳税人取得全年一次性奖金，单独作为一个月工资、薪金所得计算纳税，自 2005 年 1 月 1 日起按以下计税办法，由扣缴义务人发放时代扣代缴：

1）先将雇员当月内取得的全年一次性奖金，除以 12 个月，按其商数确定适用税率和速算扣除数。

如果在发放年终一次性奖金的当月，雇员当月工资薪金所得低于税法规定的费用扣除额，应将全年一次性奖金减除"雇员当月工资薪金所得与费用扣除额的差额"后的余额，按上述办法确定全年一次性奖金的适用税率和速算扣除数。

2）将雇员个人当月内取得的全年一次性奖金，按上述第 1）项确定的适用税率和速算扣除数计算征税，计算公式如下：

①如果雇员当月工资、薪金所得高于（或等于）税法规定的费用扣除额的，适用公式为

应纳税额＝雇员当月取得全年一次性奖金×适用税率－速算扣除数

②如果雇员当月工资、薪金所得低于税法规定的费用扣除额的，适用公式为

应纳税额＝（雇员当月取得全年一次性奖金－雇员当月工资薪金所得与费用扣除额的差额）

×适用税率－速算扣除数

3）在一个纳税年度内，对每一个纳税人，该计税办法只允许采用一次。

居民个人取得全年一次性奖金，符合相关规定的，在2021年12月31日前，可以选择"不并入"当年综合所得，"单独"计算纳税，或者选择并入当年综合所得计算纳税；自2022年1月1日起，一律并入当年综合所得计算缴纳个人所得税。

例 5-8

假设张某2020年年终奖为60 000元，计算张某应纳个人所得税。

例题分析 5-8

步骤一：确定适用税率

60 000/12=5 000，故适用税率为3%，速算扣除数为0。

步骤二：核算应纳税额

年终奖金的应纳税额 =60 000×3%=1 800（元）

（6）个人因与用人单位解除劳动关系而取得的一次性补偿收入的应纳个人所得税计算

1）个人取得的一次性补偿收入在当地上年职工平均工资3倍数额以内的部分，免征个人所得税；超过3倍数额部分，不并入当年的综合所得，单独适用综合所得税率表，计算纳税。

2）个人领取一次性补偿收入时，按照国家和地方政府规定的比例实际缴纳的住房公积金、医疗保险费、基本养老保险费、失业保险费可以在计征其一次性补偿收入的个人所得税时予以扣除。

3）企业按照国家有关法律规定宣告破产，企业职工从该破产企业取得的一次性安置收入，免征个人所得税。

4）计算公式如下：

第一，个人取得的一次性补偿收入，先减去当地上年职工平均工资3倍数额以内的部分；

第二，减去按国家和地方政府规定比例实际缴纳的住房公积金、医疗保险金、基本养老保险金、失业保险费；

第三，根据余额（A）确定税率及速算扣除数，再算应纳税额，适用公式为

应纳个人所得税额 =A×适用税率－速算扣除数

例 5-9

中国公民王某于2021年3月与某公司签订了解除劳动关系协议，一次性支付已在本公司任职8年的王某经济补偿金115 000元（公司所在地上年职工平均工资25 000元）。计算王某应缴纳的个人所得税。

例题分析 5-9

步骤一：确定免纳个人所得税的部分 =25 000×3=75 000（元）

步骤二：计算出应纳个人所得税的部分 =115 000-75 000=40 000（元）

步骤三：将王某的应纳税所得额确定适用第二级 10% 税率、速算扣除数 2 520；

应纳税额 =40 000×10%-2 520=1 480（元）

个人在解除劳动合同后又再次任职、受雇的，已纳税的一次性补偿收入不再与再次任职、受雇的工资薪金所得合并计算补缴个人所得税。

（二）经营所得

对于实行查账征收的个体工商户、个人独资企业和合伙企业，其生产、经营所得或应纳税所得额是每一纳税年度的收入总额，减除成本、费用以及损失后的余额。这是采用会计核算办法归集或计算得出的应纳税所得额。计算公式为

应纳税所得额 = 收入总额 -（成本 + 费用 + 损失 + 准予扣除的税金）

1. 收入总额

个体工商户、个人独资企业和合伙企业的收入总额，是指从事生产、经营以及与生产、经营有关的活动所取得的各项收入，包括商品（产品）销售收入、营运收入、劳务服务收入、工程价款收入、财产出租或转让收入、利息收入、其他收入和营业外收入。

以上各项收入应当按照权责发生制原则确定。

2. 准予扣除的项目

在计算应纳税所得额时，准予从收入总额中扣除的项目包括成本、费用、损失和准予扣除的税金。

经营所得适用五级超额累进税率，以其应纳税所得额按适用税率计算应纳税额。其计算公式为

应纳税额 = 应纳税所得额 × 适用税率 - 速算扣除数

需要注意的是，税法不允许投资者的"工资"在税前直接扣除，但是可以扣除一定标准的"生计费"。个体工商户、个人独资和合伙企业投资者的费用扣除标准统一确定为 60 000 元 / 年，即 5 000 元 / 月。若投资者开办了两个或两个以上个人独资（或合伙）企业的，其费用扣除标准由投资者选择在其中一个企业的生产经营所得中扣除。

由于经营所得的应纳税额实行按年计算、分月或分季预缴、年终汇算清缴、多退少补的方法，因此，在实际工作中，需要分别计算按月预缴税额和年终汇算清缴税额。其计算公式为

本月应预缴税额 = 本月累计应纳税所得额 × 适用税率 - 速算扣除数 - 上月累计已预缴税额

公式中的适用税率，是指与计算应纳税额的月份累计应纳税所得对应的税率，该税率从《五级超额累进所得税税率表》中查找确定。

全年应纳税额 = 全年应纳税所得额 × 适用税率 - 速算扣除数

汇算清缴税额 = 全年应纳税额 - 全年累计已预缴税额

例 5-10

张茜投资开办了一家餐馆（个人独资企业），其自行核算的 2021 年度销售收入为 1 000 000 元，各项支出合计为 800 000 元，应纳税所得额为 200 000 元。2022 年 4 月，经会计师事务所审计，发现有以下几项支出未按税法规定处理：

（1）张茜的工资费用 78 000 元全部在税前扣除；

（2）广告费 140 000 元、业务宣传费 80 000 元全部计入销售费用在税前扣除；

（3）业务招待费 50 000 元全部计入管理费用在税前扣除；

（4）计提了 10 000 元的坏账准备金在税前扣除。

要求：根据上述资料，计算张茜 2021 年应缴纳的个人所得税。

例题分析 5-10

（1）计算张茜的工资费用应调整的应纳税所得额 =78 000−60 000=18 000（元）

（2）

1）计算税法允许广告费和业务宣传费的扣除限额 =1 000 000×15%=150 000（元）<220 000 元（140 000+80 000=220 000）。所以，广告费和业务宣传费应调整的应纳税所得额 =220 000−150 000=70 000（元）

2）个人独资企业每一纳税年度发生的与其生产经营业务直接相关的业务招待费支出，按照发生额的 60% 扣除（即 48 000 元 =80 000×60%），但最高不得超过当年销售（营业）收入的 5‰（即 5 000 元 =1 000 000×5‰）。因此，税法允许业务招待费的扣除限额 =5 000 元，业务招待费应调整的应纳税所得额 =50 000−5 000=45 000（元）

（3）计算坏账准备金应调整的应纳税所得额 =10 000（元）

（4）计算张茜 2021 年应缴纳个人所得税

= （200 000+18 000+70 000+45 000+10 000）×30%−40 500=62 400（元）

（三）财产租赁所得

财产租赁所得一般以个人每次取得的收入，定额或定率减除规定费用后的余额为应纳税所得额。每次收入不超过 4 000 元，定额减除费用 800 元；每次收入在 4 000 元以上，定率减除 20% 的费用。财产租赁所得以一个月内取得的收入为一次。

财产租赁所得
应纳税额的计算

在确定财产租赁的应纳税所得额时，纳税人在出租财产过程中缴纳的税金和教育费附加，可持完税（缴款）凭证，从其财产租赁收入中扣除，准予扣除的项目除了规定费用和有关税费外，还准予扣除能够提供有效、准确凭证，证明由纳税人负担的该出租财产实际开支的修缮费用。允许扣除的修缮费用，以每次 800 元为限。一次扣除不完的，准予在下一次继续扣除，直到扣完为止。

个人出租财产取得的财产租赁收入，在计算缴纳个人所得税时，应依次扣除以下费用：

（1）财产租赁过程中缴纳的税费；

（2）由纳税人负担的该出租财产实际开支的修缮费用；

（3）税法规定的费用扣除标准。

应纳税所得额的计算公式如下：

每次（月）收入不超过4000元的：

应纳税所得额＝每次（月）收入额－准予扣除项目－修缮费用（800元为限）－800元

每次（月）收入超过4000元的：

应纳税所得额＝[每次（月）收入额－准予扣除项目－修缮费用（800元为限）]×（1-20%）

财产租赁所得适用20%的比例税率。但对个人按市场价格出租的居民住房取得的所得，自2001年1月1日起暂减按10%的税率征收个人所得税。其应纳税额的计算公式为

应纳税额＝应纳税所得额×适用税率

例5-11

郑某于2021年1月将其自有的四间面积为150平方米的房屋出租给张某居住，租期1年。郑某每月取得租金收入3500元。计算：郑某全年租金收入应缴纳的个人所得税。

例题分析5-11

（1）财产租赁收入以每月内取得的收入为一次，计算每月应纳税额

每月应纳税额＝（3500-800）×10%=270（元）

（2）计算全年应纳税额

全年应纳税额＝270×12=3240（元）

本例在计算个人所得税时未考虑其他税、费。如果对租金收入计征增值税、城市维护建设税、房产税和教育费附加等，还应将其从税前的收入中先扣除后再计算应缴纳的个人所得税。

例5-12

假定上例中，当年2月份因下水道堵塞找人修理，发生修理费用500元，有维修部门的正式收据，则2月份的应纳税额应为多少？

例题分析5-12

2月应纳税额＝（3500-500-800）×10%=220（元）

全年应纳税额＝270×11+220=3190（元）

（四）财产转让所得

财产转让所得以个人每次转让财产取得的收入额减除财产原值和相关税、费后的余额为应纳税所得额。其中，"每次"是指以一件财产的所有权一次转让取得的收入为一次。

财产转让所得中允许减除的合理费用，是指卖出财产时按照规定支付的有关费用。

财产转让所得应纳税所得额的计算公式为

应纳税所得额＝每次收入额－财产原值－合理税费

知识链接

转让住房过程中缴纳的税金，具体包括：

① 增值税：

个人将购买不足2年的住房对外销售的，按照5%的征收率全额缴纳增值税；

个人将购买2年以上（含2年）的住房对外销售，除北上广深4城市外，免征增值税；北上广深4城市的非普通住宅对外销售，按照5%的征收率差额缴纳增值税；

② 附加税费；

③ 个人所得税：个人转让自用达5年以上并且是唯一的家庭居住用房取得的所得，免税。

财产转让所得适用20%的比例税率。其应纳税额的计算公式为

$$应纳税额=应纳税所得额×适用税率$$

例 5-13

2月刘某转让私有住房一套取得转让收入220 000元。该套住房购进时的原价为180 000元，转让时支付有关税费15 000元。计算：刘某转让私房应缴纳的个人所得税。

例题分析 5-13

步骤一：计算应纳税所得额

$$应纳税所得额=220\,000-180\,000-15\,000=25\,000（元）$$

步骤二：计算应纳税额

$$应纳税额=25\,000×20\%=5\,000（元）$$

（五）利息、股息、红利所得

（1）利息、股息、红利所得以个人每次取得的收入额为应纳税所得额，不得从收入额中扣除任何费用。其中，每次收入是指支付单位或个人每次支付利息、股息、红利时，个人所取得的收入。对于股份制企业在分配股息、红利时，以股票形式向股东个人支付应得的股息、红利（即派发红股），应以派发红股的股票票面金额为收入额，计算征收个人所得税。

股息所得应纳税额的计算

（2）对个人投资者从上市公司取得的股息红利所得，根据持股期限分别：对持股期限在1个月以内（含1个月）的，按全额计税；对持股期限在1个月以上至1年（含1年）的暂减按50%计税；对持股期限超过1年的暂免征收

（3）对证券投资基金从上市公司分配取得的股息红利所得，扣缴义务人在代扣代缴个人所得税时，减按50%计算应纳税所得额。

利息、股息、红利所得适用20%的比例税率。其应纳税额的计算公式为

$$应纳税额=应纳税所得额（每次收入额）×适用税率$$

例 5-14

2021年2月中国公民汪某在境内公开发行和转让市场购入某上市公司股票，当年8月取得该上市公司分配的股息4 500元。计算汪某应承担的个人所得税。

例题分析 5-14

（1）利息股息、红利所得不得减除费用，以收入全额计税；

（2）对于个人持有的上市公司股票，持股期限大于1个月小于1年的，其股息红利所得暂减按50%计入应纳税所得额；

（3）上市公司股息红利所得应纳个人所得税 =4 500×50%×20%=450（元）

（六）偶然所得和其他所得

财政部和国家税务总局联合发布的《关于个人取得有奖发票奖金征免个人所得税问题的通知》，规定个人取得单张有奖发票奖金所得超过800元的，应缴纳个人所得税，即个人取得单张有奖发票奖金超过800元的，应全额按"偶然所得"税目征收个人所得税。若个人取得单张有奖发票奖金所得不超过800元（含800元）的，暂免征收个人所得税。

此外，根据财税字【1998】12号、国税发【1994】127号等的规定，对个人购买福利彩票、赈灾彩票、体育彩票，一次中奖收入不超过1万元的（含1万元）暂免征收个人所得税；超过1万元的，全额征收个人所得税。

偶然所得适用20%的比例税率，其应纳税额的计算公式为

$$应纳税额 = 应纳税所得额（每次收入额）× 适用税率$$

例 5-15

高某1月在某公司举行的有奖销售活动中获得奖金15 000元，领奖时发生交通费800元、食宿费600元（均由高某承担）。计算高某应缴纳的个人所得税。

例题分析 5-15

在计算应纳个人所得税时，领奖时发生交通费600元、食宿费400元不得扣除。因此。高某就该项奖金应纳个人所得税 =15 000×20%=3 000（元）。

此外，企业在业务宣传、广告等活动中，随机向本单位以外的个人赠送礼品（包括网络红包），以及企业在年会、座谈会、庆典以及其他活动中向本单位以外的个人赠送礼品，个人取得的礼品收入，按照"偶然所得"项目计算缴税，但企业赠送的具有价格折扣或折让性质的消费券、代金券、抵用券、优惠券等礼品除外。

二、个人所得税的会计核算

我国个人所得税的纳税方式主要有纳税人自行申报纳税和企事业单位代扣代缴两种，而且，除少数情况下，由纳税人按规定自行申报缴纳之外，大多是由企事业单位按照法律的规定实行代扣代缴。当企事业单位按照法律的规定对纳税人的个人所得税税款实行代扣代缴的，就必须

在账簿上反映个人所得税税款扣缴情况。这种核算既是财务会计制度的要求，也是税收法律法规的要求。

（一）代扣代缴个人所得税的会计核算

支付工资、薪金（包括资金、年终加薪、劳动分红、津贴、补贴等）的单位，代扣代缴个人所得税时，借记"应付职工薪酬"或"应付工资"等账户，贷记"应交税费——代扣个人所得税"账户；实际缴纳个人所得税税款时，应借记"应交税费——代扣个人所得税"账户，贷记"银行存款"账户。

例 5-16

某企业按月发放职工工资时，代扣代缴职工陈某个人所得税 490 元。该企业应做如何进行会计处理？

例题分析 5-16

该企业应做如下会计分录：

借：应付职工薪酬 490
  贷：应交税费——代扣个人所得税 490

按规定期限上缴税款时：

借：应交税费——代扣个人所得税 490
  贷：银行存款 490

（二）经营所得缴纳个人所得税的会计核算

对采用自行申报缴纳个人所得税的纳税人，除实行查账征收的个体工商户外，一般不需要进行会计核算。实行查账核实征收的个体工商户，其应缴纳的个人所得税，通过"留存利润"和"应交税费——应交个人所得税"等账户核算。在计算应纳个人所得税时，借记"留存利润"科目，贷记"应交税费——应交个人所得税"科目；实际上缴入库时，借记"应交税费——应交个人所得税"科目，贷记"银行存款"科目。

例 5-17

某个体工商户全年经营收入 500 000 元，其中生产经营成本、费用总额为 400 000 元，计算其全年应纳的个人所得税。

例题分析 5-17

（1）应纳税所得额 =500 000-400 000=100 000（元）

（2）应纳税额 =100 000×20%-10 500=9 500（元）

（3）会计分录如下：

1）计算应缴个人所得税时：

借：留存利润 9 500
  贷：应交税费——应交个人所得税 9 500

2）实际缴纳税款时：

借：应交税费——应交个人所得税 9 500

　　贷：银行存款 9 500

（三）向个人股东（个人投资者）支付股利代扣代缴所得税

对于私营有限责任公司以及其他存在个人投资者的企事业单位，在向个人支付现金股利时，应代扣代缴个人所得税。公司按应支付给个人的现金股利金额，借记"利润分配"，贷记"应付股利"；当实际支付现金时，借记"应付股利"，贷记"库存现金"（或"银行存款"）、"应交税费——应交个人所得税"。企事业单位以盈余公积对股东个人转增资本或派发股票股利时，应代扣代缴个人所得税，但为了不因征收个人所得税而改变股本权益结构，可由企事业单位按增股金额计算的个人所得税，向个人收取现金以备代缴。

有关会计处理如下：

（1）以盈余公积转增资本或派发股票股利时：

借：盈余公积、应付利润、未分配利润

　　贷：实收资本、股本

（2）扣缴所得税时：

借：其他应收款

　　贷：应交税费——应交个人所得税

（3）收到个人股本交来税款时：

借：银行存款

　　贷：其他应收款

（4）解缴税款时：

借：应交税费——应交个人所得税

　　贷：银行存款

第四节　个人所得税的纳税申报

问题提出

王艳刚参加工作，在拿到第一个月工资单时，发现工资单上的"代扣代缴个人所得税"是50元。王艳很困惑："为什么我的个人所得税是单位代扣代缴的？为什么作为个体经营者的男友吴峰要自行申报呢？"

一、源泉扣缴

（一）扣缴义务人

税法规定，个人所得税以取得应税所得的个人为纳税义务人，以支付所得的单位或者个人为扣缴义务人，包括企业（公司）、事业单位、财政部门、机关事务管理部门、人事管理部门、社会团体、军队、驻华机构（不包括外国驻华使领馆和联合国及其他依法享有外交特权和豁免权的国际组织驻华机构）、个体工商户等单位或个人。按照税法规定代扣代缴个人所得税，是扣缴义务人的法定义务，必须依法履行。

（二）应扣缴税款的所得项目

扣缴义务人在向个人支付下列所得时，应代扣代缴个人所得税：工资、薪金所得；对企事业单位的承包经营、承租经营所得；劳务报酬所得；稿酬所得；特许权使用费所得；利息、股息、红利所得；财产租赁所得；财产转让所得；偶然所得，以及经国务院财政部门确定征税的其他所得。

（三）扣缴义务人的法定义务

扣缴义务人在向个人支付应纳税所得（包括现金支付、汇拨支付、转账支付和以有价证券、实物以及其他形式支付）时，不论纳税人是否属于本单位人员，均应代扣代缴其应纳的个人所得税税款。扣缴义务人依法履行代扣代缴税款义务，纳税人不得拒绝。

扣缴义务人在扣缴税款时，必须向纳税人开具税务机关统一印制的代扣代收税款凭证，并详细注明纳税人姓名、工作单位、家庭住址和身份证或护照号码（无上述证件的，可用其他能有效证明身份的证件）等个人情况。对工资、薪金所得和股息、利息、红利所得等，因纳税人众多、不便一一开具代扣代收税款凭证的，经主管税务机关同意，可不开具，但应通过一定的形式告知纳税人已扣缴税款。纳税人为持有完税依据而向扣缴义务人索取代扣代收税款凭证的，扣缴义务人不得拒绝。扣缴义务人向纳税人提供非正式扣税凭证的，纳税人可以拒收。扣缴义务人应设立代扣代缴税款账簿，正确反映个人所得税的扣缴情况，并如实填写扣缴个人所得税报告表及其他有关资料。扣缴义务人每月扣缴的税款，应当在次月 7 日内缴入国库，并向主管税务机关报送扣缴个人所得税报告表、代扣代收税款凭证和包括每一纳税人姓名、单位、职务、收入、税款等内容的支付个人收入明细表，以及税务机关要求报送的其他有关资料。对于扣缴义务人违反以上规定不报送或者报送虚假纳税资料的，一经查实，其未在支付个人收入明细表中反映的向个人支付的款项，在计算扣缴义务人应纳税所得额时，不得作为成本费用扣除。

（四）法律责任

（1）扣缴义务人应扣未扣、应收而不收税款的由税务机关向纳税人追缴税款，对扣缴义务人处应扣未扣、应收未收税款 50% 以上 3 倍以下的罚款；纳税人、扣缴义务人逃避、拒绝或者以其他方式阻挠税务机关检查的，由税务机关责令改正，可以处 1 万元以下的罚款；情节严重的，处 1 万元以上 5 万元以下的罚款。

（2）扣缴义务人的法人代表（或单位主要负责人）、财会部门的负责人及具体办理代扣代缴税款的有关人员，共同对依法履行代扣代缴义务负法律责任。根据税法规定，扣缴义务人有偷税或者抗税行为的，除依法追缴税款，处以罚款（罚金）外，对情节严重的，还应追究直接责任人的刑事责任。

（3）扣缴义务人的法人代表（或单位主要负责人）、财会部门的负责人及具体办理代扣代缴税款的有关人员，共同对依法履行代扣代缴义务负法律责任。根据税法规定，扣缴义务人有偷税或者抗税行为的，除依法追缴税款，处以罚款（罚金）外，对情节严重的，还应追究直接责任人的刑事责任。

二、自行申报纳税

（一）申报纳税的所得项目

自行申报纳税，是由纳税人自行在税法规定的纳税期限内，向税务机关申报取得的应税所得项目和数额，如实填写个人所得税纳税申报表，并按照税法规定计算应纳税额，据此缴纳个人所得税的一种方法。有下列情形之一的，纳税人应当依法办理纳税申报：

综合所得
汇算清缴

（1）取得综合所得需要办理汇算清缴。

（2）取得应税所得没有扣缴义务人。

（3）取得应税所得，扣缴义务人未扣缴税款。

（4）取得境外所得。

（5）因移居境外注销中国户籍。

（6）非居民个人在中国境内从两处以上取得工资、薪金所得。

（7）国务院规定的其他情形。

（二）申报纳税地点

申报纳税地点一般应为收入来源地的税务机关。但是，纳税人在两处或两处以上取得工资、薪金所得的，可选择并固定在一地税务机关申报纳税；从境外取得所得的，应向境内户籍所在地或经常居住地税务机关申报纳税。

对在中国境内几地工作或提供劳务的临时来华人员，应以税法所规定的申报纳税日期为准，在某一地区达到申报纳税的日期，即应在该地申报纳税。但为了方便纳税，也可准予个人提出申请，经批准后固定在一地申报纳税。对由在华企业或办事机构发放工资、薪金的外籍纳税人，由在华企业或办事机构集中向当地税务机关申报纳税。

纳税人要求变更申报纳税地点的，须经原主管税务机关备案。

（三）申报纳税期限

除特殊情况外，纳税人应在取得应纳税所得的次月 15 日内向主管税务机关申报所得并缴纳税款。具体规定如下：

（1）居民个人的综合所得，按年计算个人所得税；有扣缴义务人的，由扣缴义务人按月或按次预扣预缴税款。需要办理汇算清缴的，应当在取得所得的次年 3 月 1 日至 6 月 30 日内办理汇算清缴。

（2）非居民个人取得工资、薪金所得，劳务报酬所得，稿酬所得和特许权使用费所得，有扣缴义务人的，由扣缴义务人按月或按次代扣代缴税款，不办理汇算清缴。

（3）对于纳税人取得的经营所得，按年计算个人所得税；由纳税人在月度或季度终了后15日内向税务机关报送纳税申报表，并预缴税款；在取得所得的次年3月31日前办理汇算清缴。

（4）纳税人取得利息、股息、红利所得，财产租赁所得，财产转让所得和偶然所得，按月或按次计算个人所得税，有扣缴义务人的，由扣缴义务人按月或按次代扣代缴税款。

（5）个人从中国境外取得所得的，应当在取得所得的次年3月1日至6月30日内，向中国主管税务机关申报纳税。

（四）申报纳税方式

个人所得税的申报纳税方式主要有3种：由本人直接申报纳税、委托他人代为申报纳税以及采用邮寄方式在规定的申报期内申报纳税。其中，采取邮寄申报纳税的，以寄出地的邮戳日期为实际申报日期。

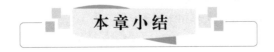

本章小结

对于在我国境内有住所或一个纳税年度内在境内居住时间满一年的个人，以及在我国境内无住所又不居住或者无住所而在境内居住不满一年的个人，只要达到我国规定的纳税标准，都是个人所得税的纳税人。对于居民，就其来自于境内、境外的所得征税；对于非居民，只就其来自于境内的所得征税。

个人所得税的应税项目有：①工资、薪金所得；②个体工商户的生产、经营所得；③对企事业单位的承包经营、承租经营所得；④劳务报酬所得；⑤稿酬所得；⑥特许权使用费所得；⑦利息、股息、红利所得；⑧财产租赁所得；⑨财产转让所得；⑩偶然所得；⑪经国务院财政部门确定征税的其他所得。

所得税根据不同的应税项目，分别采用超额累进税率和比例税率。具体是：①综合所得，适用3%至45%的七级超额累进税率；②经营所得适用5%到35%的五级超额累进税率；③利息、股息、红利所得，财产租赁所得，财产转让所得，偶然所得和其他所得，适用20%的比例税率。

所得税应纳税所得额的计算，具体规定为：①综合所得，以全年收入额减除费用60 000元、社会保险和附加费用后的余额，为应纳税所得额。②经营所得，以每一纳税年度的收入总额，减除成本、费用以及损失后的余额，为应纳税所得额。③财产转让所得，以转让财产的收入额减除财产原值和合理费用后的余额，为应纳税所得额。④利息、股息、红利所得、偶然所得和其他所得，以每次收入额为应纳税所得额。

所得税应纳税额按应纳税所得额和相应的税率计算。纳税人从中国境外取得的所得，准予其在应纳税额中扣除已在境外缴纳的个人所得税税额。但扣除额不得超过该纳税人境外所得依照我国税法规定计算的应纳税额。

单项练习题及实训

一、单项选择题

1. 下列各项中，属于个人所得税居民纳税人的是（　　）。

    A. 在中国境内无住所

    B. 在中国境内无住所且不居住的个人

    C. 在中国境内无住所，而在境内居住超过 6 个月不满 1 年的个人

    D. 在中国境内有住所的个人

2. 下列各项中，适用超额累进税率计征个人所得税的有（　　）。

    A. 经营所得　　　　　B. 财产租赁所得　　　C. 偶然所得　　　　　D. 股息所得

3. 对于县级政府颁发的科学、教育、技术、文化、卫生、体育、环境保护等方面的奖金，应当（　　）。

    A. 征收个人所得税　　　　　　　　　　B. 免征个人所得税

    C. 减半征收个人所得税　　　　　　　　D. 适当减征个人所得税

4. 根据个人所得税法律制度的规定，居民个人从中国境外取得所得的，应当在取得所得的一定期限内向税务机关申报纳税，该期限是（　　）。

    A. 次年 6 月 1 日至 6 月 30 日　　　　　B. 次年 1 月 1 日至 3 月 1 日

    C. 次年 3 月 1 日至 6 月 30 日　　　　　D. 次年 1 月 1 日至 1 月 31 日

5. 根据个人所得税法律制度的规定，个体工商户发生的下列支出中，在计算个人所得税应纳税所得额时不得扣除的是（　　）。

    A. 非广告性的赞助支出

    B. 合理的劳动保护支出

    C. 实际支付给从业人员的合理的工资薪金支出

    D. 按规定缴纳的财产保险费

6. 郑某购买福利彩票获得奖金 9 000 元，领奖时发生交通费 50 元、食宿费 20 元（均由郑某承担）。已知偶然所得适用的个人所得税税率为 20%。郑某中奖收入应缴纳的个人所得税税额是（　　）。

    A. 0

    B. 9 000×20%=1 800（元）

    C. （9 000−50）×20%=1 790（元）

    D. （9 000−50−20）×20%=1 786（元）

7. 下列关于财产租赁所得应纳税额计算的相关说法中，不正确的是（　　　）。

A．个人出租房屋的个人所得税应税收入不含增值税

B．计算房屋出租所得可扣除的税费中不包括本次出租缴纳的增值税

C．个人转租房屋的，其向房屋出租方支付的租金，在计算转租所得时予以扣除

D．个人转租房屋的，其向房屋出租方支付的增值税额，在计算转租所得时不得扣除

8. 2020 年 12 月，钱某获得 A 上市公司派发的现金股利 10 000 元。该股票为 2020 年 9 月份购入。适用税率 20%。钱某获得的股利应缴纳个人所得税的下列计算中正确的是（　　　）。

A．10 000×50%×20%=1 000（元）　　　B．10 000×20%=2 000（元）

C．0　　　D．10 000×50%×20%÷2=500（元）

二、多项选择题

1. 我国个人所得税采用了（　　　）。

A．比例税率　　　B．超额累进税率

C．定额税率　　　D．全额累进税率

2. 下列利息收入中不需缴纳个人所得税的有（　　　）。

A．国债利息　　　B．国家发行的金融债券利息

C．参加企业集资取得的利息　　　D．储蓄存款利息

3. 下列各项所得应征个人所得税的是（　　　）。

A．保险赔款

B．国家民政部门支付给个人的生活困难补助

C．劳务报酬所得

D．稿酬所得

4. 在确定应纳税所得额时，不得扣除任何费用的项目有（　　　）。

A．股息、利息所得　　　B．财产转让所得　　　C．偶然所得　　　D．综合所得

5. 王先生出租房屋取得财产租赁收入在计算个人所得税时，可扣除的费用包括（　　　）。

A．租赁过程中王先生缴纳的营业税和房产税

B．根据收入高低使用 800 或收入 20% 的费用扣除标准

C．王先生付出的该出租财产的修缮费用

D．租赁过程中王先生缴纳的教育费附加和印花税

6. 下列应计算不征收个人所得税的收入有（　　　）。

A．有奖发票中奖 700 元　　　B．学生勤工俭学收入 1 000 元

C．邮政储蓄存款利息 200 元　　　D．保险赔款 2 000 元

7. 下列各项公益性捐赠支出中，可以全额在个人所得税前扣除的有（　　　）。

A．向农村义务教育的捐赠　　　B．向红十字事业的捐赠

C．向公益性青少年活动场所的捐赠　　　D．向贫困地区的捐赠

8. 下列有关个体工商户费用扣除的标准中，说法正确的有（　　　）。

A．工会经费按照工资薪金总额的 2%

B. 广告费和业务宣传费按照利润总额的 15%

C. 合理的工资薪金允许全额扣除

D. 业务招待费按照营业收入总额的 0.5%

三、判断题

1. 个人直接向灾区的捐赠，未超过纳税人申报的应纳税所得 30% 以内的部分，可从其应纳税所得额中扣除。　　　　　　　　　　　　　　　　　　　　　　　（　　）

2. 某日本公民于 2010 年 1 月 2 日至 2011 年 12 月 31 日在中国境内工作，该日本公民不是我国个人所得税的居民纳税人。　　　　　　　　　　　　　　　　　　　（　　）

3. 对个人转让自用达 5 年以上的家庭居住用房取得的所得，可以免纳个人所得税。（　　）

4. 个人取得单张有奖发票奖金所得的，应全额按照个人所得税法规定的"偶然所得"征收个人所得税。　　　　　　　　　　　　　　　　　　　　　　　　　　　（　　）

5. 个人拍卖文字作品原稿及复印件等财产，应以其转让收入额减除财产原值和合理费用后的余额为应纳税所得额，按照"财产转让所得"项目适用 20% 税率缴纳个人所得税。（　　）

6. 扣缴义务人未履行扣缴个人所得税义务的，由扣缴义务人承担应纳的税款、滞纳金和罚款。　　　　　　　　　　　　　　　　　　　　　　　　　　　　　　　　（　　）

7. 利息、股息、红利所得，以每次收入额减除 20% 的费用后的余额为应纳税所得额。
　　　　　　　　　　　　　　　　　　　　　　　　　　　　　　　　　　（　　）

8. 居民纳税人从中国境内、境外取得所得，应当分别计算应纳个人所得税税额。（　　）

四、计算题

1. 某退休干部 2××× 年 7 月领取退休工资 6000 元，取得三年期定期银行存款利息 3000 元，国库券利息 4200 元，在一次有奖销售活动中中奖，取得彩电一台价值 4800 元。

要求：计算该干部 7 月应纳个人所得税。

2. 某个体工商业户 2××× 年全年收入 500 000 元，税法允许扣除的费用 120 000 元（不包括工资费用）；雇工 5 人，雇工每人每月 4000 元。

要求：计算该个体工商业户全年应纳个人所得税税额。

3. 税务机关对大湖公司技术总监张某 2022 年度个人收入进行调查，经核实张某 2021 年 1-12 月份个人所得情况如下：

（1）每月取得工资收入 15 000 元，全年一次性奖金 240 000 元；

（2）3 月份向某公司提供一项专有技术，一次取得特许权使用费 50 000 元；

（3）6 月份出版一本专著，取得稿酬 20 000 元；

（4）9 月份取得国务院颁发的科技发明奖 20 000 元；

（5）到期国债利息收入 2000 元；

（6）个人出租经营性商铺，每月取得租金收入 20 000 元；

（7）每月缴纳社会保险 2000 元，独自赡养 70 周岁母亲。

要求：确认该总监应纳的 2021 年个人所得税额。

个人所得税的核算与扣缴实训

【能力目标】

1．能判断居民纳税人、非居民纳税人，适用何种税率。

2．能根据业务资料计算应纳个人所得税额。

3．会根据个人所得资料填制个人所得税纳税申报表。

4．会办理个人所得税代扣代缴业务。

5．能根据业务资料进行代扣代缴个人所得税的会计处理。

【实训准备】

1．知识准备：全面复习个人得税应纳税额计算方法及其涉税业务的账务处理方法及纳税申报的法规要求。

2．物品准备：个人所得税纳税申报表。

3．场地准备：教室或实训室。

4．分组安排：每2名学生为一组，以便完成模拟实训任务。

【实训操作流程】

涉税经济业务发生→计算个所得税扣缴税款→填制个人所得税扣缴税款申报表。

任务　个人所得税涉税业务的核算和申报

【导入案例基本资料】

企业名称：杭州大华食品有限公司

注册类型：有限责任公司

法定代表：徐东

注册资本：50万元

税务登记号：330192320218751

开户银行及账号：广发银行杭州支行 661032320046780

企业地址及电话：杭州市留和路158号 0571-85701605

经营范围：食品的生产和销售

【任务描述】

1．根据提供的工资发放表计算本月应交个人所得税并编制相应的会计凭证。

2．设置和登记"应交税费——个人所得税"明细账。

3．填制个人所得税扣缴申报表（表5-5）。

【任务资料】

2×××年10月该公司工资发放情况见表5-4：

表 5-4　薪资表

（单位：元）

姓名	应发工资							代扣代缴明细						计税工资	应交个人所得税	实发工资
	工资明细			扣款明细				公积金	养老金	失业金	医保	门诊	扣款合计			
	基本工资	效益工资	通讯费	病假	事假	迟到	小计									
徐东	7000	1700	300					700	560	70	4	140				
李立	5500	1400	300					550	440	55	4	110				
赵丹	4500	1300	200					450	360	45	4	90				
蔡卫兵	4500	1300	200					450	360	45	4	90				
孙军	4000	1300	200		100			400	320	40	4	80				
王芳	2500	1000	100					250	200	25	4	50				
王刚	4500	2100	200		200			450	360	45	4	90				
张云飞	3600	1300	100					360	288	36	4	72				
马杰	2600	1300	100					260	208	26	4	52				
方伯乐	4300	2100	200					430	344	43	4	86				
陈彬彬	2600	1300	100					260	208	26	4	52				
张强	2600	1300	100					260	208	26	4	52				
林江辉	2600	1300	100			200		260	208	26	4	52				
张强	3000	800						300	240	30	4	60				
徐威	2000	800						200	160	20	4	40				
黄斌	2300	1200						230	184	23	4	46				
程呈	2300	1200						230	184	23	4	46				
朱茨	3500	1300	200					350	280	35	4	70				
何露晓	2300	1200				100		230	184	23	4	46				
王晓慧	2300	1200						230	184	23	4	46				
张梦瑶	2300	1200						230	184	23	4	46				
丁露茜	2300	1200						230	184	23	4	46				

表5-5 个人所得税扣缴申报表

税款所属期: 年 月 日至 年 月 日

扣缴义务人名称:

扣缴义务人纳税人识别号(统一社会信用代码): □□□□□□□□□□□□□□□□□□

金额单位: 人民币元(列至角分)

序号	姓名	身份证件类型	身份证件号码	纳税人识别号	是否为非居民个人	所得项目	本月(次)情况														累计情况												税款计算						备注
							收入额计算				专项扣除				其他扣除						累计收入额	累计减除费用	累计专项扣除	累计专项附加扣除					累计其他扣除	减按计税比例	准予扣除的捐赠额	应纳税所得额	税率/预扣率	速算扣除数	应纳税额	减免税额	已缴税额	应补/退税额	
							收入	费用	免税收入	减除费用	基本养老保险费	基本医疗保险费	失业保险费	住房公积金	年金	商业健康保险	税延养老保险	财产原值	允许扣除的税费	其他				子女教育	赡养老人	住房贷款利息	住房租金	继续教育											
1	2	3	4	5	6	7	8	9	10	11	12	13	14	15	16	17	18	19	20	21	22	23	24	25	26	27	28	29	30	31	32	33	34	35	36	37	38	39	40
1																																							
合计																																							

谨声明: 本表是根据国家税收收法律法规及相关规定填报的,是真实的、可靠的、完整的。

经办人签字:

经办人身份证件号码:

代理机构签章:

代理机构统一社会信用代码:

扣缴义务人(签章):

受理人:

受理税务机关(章):

受理日期: 年 月 日

年 月 日

国家税务总局监制

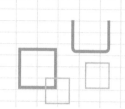

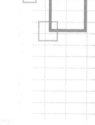

第六章

其他税种会计

知识目标

1. 掌握城市维护建设税、教育费附加、关税、印花税、房产税、车船税、城镇土地使用税、契税、资源税和土地增值税、车辆购置税税额的计算方法。

2. 熟悉城市维护建设税、教育费附加、关税、印花税、房产税、车船税、城镇土地使用税、契税、资源税和土地增值税、车辆购置税的会计处理。

3. 了解城市维护建设税、教育费附加、关税、印花税、房产税、车船税、城镇土地使用税、契税、资源税和土地增值税、车辆购置税的基本知识。

能力目标

1. 能根据相关规定计算城市维护建设税、教育费附加、关税、印花税、房产税、车船税、城镇土地使用税、契税、资源税和土地增值税、车辆购置税应纳税额

2. 能熟练填制城市维护建设税、教育费附加、关税、印花税、房产税、车船税、城镇土地使用税、契税、资源税和土地增值税、车辆购置税的纳税申报表，正确进行纳税申报

3. 能根据业务资料进行城市维护建设税、教育费附加、关税、印花税、房产税、车船税、城镇土地使用税、契税、资源税和土地增值税、车辆购置税的会计业务处理。

第一节　城市维护建设税和教育费附加会计

问题提出

老李在看税务机关的宣传资料时，对城市维护建设税和教育费附加产生了兴趣。他好奇地问："城市建设不是国家政府的事吗？老百姓还要为这个缴税吗？"针对老李的疑问，通过本节的学习，我们将找出答案。

一、城市维护建设税

（一）城市维护建设税概念

城建税

城市维护建设税（Urban Maintenance and Construction Tax），简称城建税，是国家对缴纳增值税和消费税（简称"两税"）的单位和个人就其实际缴纳的"两税"税额为计税依据而征收的一种税。1985 年 2 月 8 日国务院发布了《中华人民共和国城市维护建设税暂行条例》，2020 年 8 月 11 日第十三届全国人民代表大会常务委员会第二十一次会议通过了《中华人民共和国城市维护建设税法》。

开征城建税，有利于扩大和稳定城乡建设资金的来源，调动地方政府加强城市维护的积极性，有利于改变城乡面貌，改善城镇企业和居民的生产、生活环境、促进城市的发展。

城建税有以下显著特点：

（1）具有附加税性质。它以纳税人实际缴纳的"两税"税额为计税依据，附加于"两税"税额，本身并没有特定的、独立的征税对象。

（2）具有特定目的（专款专用）。税款专项用于城市、县城、乡镇的公用事业和公共设施的维护建设。

（二）城市维护建设税纳税人

城市维护建设税的纳税人，是指在中华人民共和国境内缴纳增值税、消费税的单位和个人，包括各类企业（含外商投资企业、外国企业）、行政单位、事业单位、军事单位、社会团体及其他单位，以及个体工商户和其他个人（含外籍个人）。

城市维护建设税扣缴义务人为负有增值税、消费税扣缴义务的单位和个人，在扣缴增值税、消费税的同时扣缴城市维护建设税。

（三）城市维护建设税的征税范围

城建税的征税范围包括城市、县城、建制镇，以及税法规定征税的其他地区，即只要是缴纳增值税、消费税的地方，除税法另有规定者之外，都属于城建税的征收范围。

（四）城市维护建设税税率

城市维护建设税实行差别比例税率。按照纳税人所在地区的不同，设置了 3 档比例税率：

（1）纳税人所在地为市区的，税率为 7%；

（2）纳税人所在地为县城、镇的，税率为 5%；

（3）纳税人所在地不在市区、县城或者镇的，税率为 1%。

城建税的适用税率，应当按纳税人所在地的规定税率执行。但是，对下列两种情况，可按缴纳"两税"所在地的规定税率就地缴纳城建税：

第一种情况：由受托方代扣代缴、代收代缴"两税"的单位和个人，其代扣代缴、代收代缴的城建税按受托方所在地适用税率执行。

第二种情况：流动经营等无固定纳税地点的单位和个人，在经营地缴纳"两税"的，其城建税的缴纳按经营地适用税率执行。

（五）城市维护建设税优惠政策

城建税原则上不单独减免，但因城建税又具附加税性质，当主税发生减免时，必然会影响城建税，具体政策如下：

（1）城建税按减免后实际缴纳的"两税"税额计征，即随"两税"的减免而减免。

（2）对于因减免税而需进行"两税"退库的，城建税也可同时退库。

（3）对进口货物或者境外单位和个人向境内销售劳务、服务、无形资产缴纳的增值税、消费税税额，不征收城市维护建设税。

（4）对出口货物、劳务和跨境销售服务、无形资产以及因优惠政策退还增值税、消费税的，不退还已缴纳的城市维护建设税。

（5）对"两税"实行先征后返、先征后退、即征即退办法的，除另有规定外，对随"两税"附征的城市维护建设税，一律不予退（返）还。

（六）城市维护建设税的计算

1. 计税依据

城建税计税依据，为纳税人实际缴纳的增值税和消费税额。另外，需注意：

（1）城建税的计税依据是实际缴纳的"两税"税额，不包括纳税人违反"两税"有关税法规定而征收的滞纳金、罚款等。但纳税人在被查补"两税"和被处以罚款时，应同时对其偷漏的城建税进行补税、征收滞纳金和罚款。

（2）城建税随"两税"同时征收，如果要免征或者减征"两税"，也同时免征或者减征城建税。

（3）经国家税务总局审核批准的当期免抵的增值税额，应纳入城市维护建设税和教育费附加的计税范围。

（4）在计算计税依据时，应当按照规定扣除期末留抵退税退还的增值税税额。

2. 应纳税额的计算

城市维护建设税的应纳税额是按纳税人实际缴纳的"两税"税额计算的，其计算公式为

应纳税额 =（纳税人实际缴纳的增值税 + 实际缴纳的消费税）× 适用税率

例 6-1

某市一家生产型企业（为增值税一般纳税人），3 月份销售应税货物应纳增值税 5 万元、消费税 25 万元，因欠税被加收滞纳金 2 100 元；另出售房产缴纳土地增值税 4 万元。

计算：该企业应交的城建税。

例题分析 6-1

应交城建税 =（50 000+250 000）×7%=21 000（元）

例 6-2

某市区一企业（一般纳税人）2×××年7月缴纳进口关税100万元，进口环节增值税50万元，进口环节消费税35万元；本月境内经营业务实际缴纳增值税60万元，消费税50万元。在税务检查过程中，税务机关发现该企业上月隐瞒销售收入100万元，本月被查补相关税金，收到上月出口自产货物应退增值税30万元。增值税税率为13%。

计算：该企业7月应纳城市维护建设税税额。

例题分析 6-2

（1）海关代征增值税、消费税，但不代征城建税。

（2）城市维护建设税的计税依据为实际缴纳的"两税"税额。

（3）应交城建税的计税依据 =60+50+100×13%=123（万元）。

（4）应交的城建税 =123×7%=8.61（万元）。

（七）城市维护建设税会计处理

1. 会计科目设置

城市维护建设税的会计核算应设置"应交税费——应交城市维护建设税"科目。计提城市维护建设税时，应借记"税金及附加"科目，贷记"应交税费——应交城市维护建设税"；缴纳城市维护建设税时，应借记"应交税费——应交城市维护建设税"，贷记"银行存款"科目。本科目期末贷方余额反映企业应交而未交的城市维护建设税。

2. 会计处理

例 6-3

阳光汽车厂所在地为省会城市，2×××年6月实际已纳的增值税200 000元，消费税400 000万元。

例题分析 6-3

该企业 2×××年6月应纳城市维护建设税

应纳城市维护建设税 =（200 000+400 000）×7%=42 000（元）

计提时：

借：税金及附加　　　　　　　　　　　　　　　　　42 000

　　贷：应交税费——应交城市维护建设税　　　　　　　　42 000

缴纳税款时：

借：应交税费——应交城市维护建设税　　　　　　　42 000

　　贷：银行存款　　　　　　　　　　　　　　　　　　　42 000

（八）城市维护建设税的征收管理

1. 纳税环节

城建税的纳税环节，确定在纳税人缴纳增值税和消费税的环节。纳税人只要发生"两税"

的纳税义务，就要在同样的环节，分别计算缴纳城建税。

2. 纳税期限

城市维护建设税按月或者按季计征。不能按固定期限计征的，可以按次计征。

实行按月或者按季计征的，纳税人应当于月度或者季度终了之日起 15 日内申报并缴纳税款。实行按次计征的，纳税人应当于纳税义务发生之日起 15 日内申报并缴纳税款。

扣缴义务人解缴税款的期限，依照上述规定执行。

3. 纳税地点

城建税以纳税人实际缴纳的增值税、消费税额为计税依据，分别与"两税"同时缴纳。所以，纳税人缴纳"两税"的地点，就是该纳税人缴纳城建税的地点。但是，属于下列情况的，纳税地点规定如下：

（1）代扣代缴、代收代缴"两税"的单位和个人，同时也是城市维护建设税的代扣代缴、代收代缴义务人，其城建税的纳税地点在代扣代收地。

（2）对流动经营等无固定纳税地点的单位和个人，应随同"两税"在经营地按适用税率缴纳。

二、教育费附加

（一）教育费附加概念

教育费附加（Education Surcharge）是对缴纳增值税和消费税的单位和个人，就其实际缴纳的"两税"税额为计算依据征收的一种附加费。

教育费附加是为加快地方教育事业，扩大地方教育经费的资金而征收的一项专用基金。

（二）教育费附加征收范围

教育费附加的征收范围为税法规定征收增值税、消费税的单位和个人。包括外商投资企业、外国企业及外籍个人。

（三）教育费附加的计征依据

教育费附加以纳税人实际缴纳的增值税、消费税税额之和为计征依据。

（四）教育费附加征收比率

现行教育费附加征收比率为 3%。

（五）教育费附加的减免规定

（1）对海关进口的产品征收的增值税、消费税，不征收教育费附加。

（2）对由于减免增值税、消费税而发生退税的，可同时退还已征收的教育费附加。但对出口产品退还增值税、消费税的，不退还已征的教育费附加。

（六）教育费附加的计算

一般单位和个人教育费附加的计算公式为

应纳税额 =（纳税人实际缴纳的增值税 + 实际缴纳的消费税）× 征收比率

例 6-4

某县城一个加工企业，2×××年8月份因进口半成品缴纳增值税110万元，境内销售缴纳增值税180万元，消费税20万元。计算：该企业应缴纳的教育费附加。

例题分析 6-4

对海关进口的产品征收的增值税、消费税，不征收教育费附加；

应纳教育费附加 =（180+20）×3%=6（万元）

例 6-5

某市一企业，2×××年5月被查补增值税30 000元，消费税20 000元，被加收滞纳金3 000元，被处罚款6 000元。计算：该企业应补缴的教育费附加。

例题分析 6-5

补缴教育费附加 =（30 000+20 000）×3%=1 500（元）

（七）教育费附加的会计处理

1. 会计科目设置

教育费附加的会计核算应设置"应交税费——应交教育费附加"科目。计提教育费附加时，应借记"税金及附加"科目，贷记"应交税费——应交教育费附加"；缴纳教育费附加时，应借记"应交税费——应交教育费附加"，贷记"银行存款"科目。本科目期末贷方余额反映企业应交而未交的教育费附加。

2. 会计处理

例 6-6

承例6-5，2×××年9月9日银行已代扣税款，编制计提和缴纳教育费附加会计分录。

例题分析 6-6

（1）计提教育费附加时：

借：税金及附加   60 000

    贷：应交税费——应交教育费附加   60 000

（2）依据代扣单：

借：应交税费——应交教育费附加   60 000

    贷：银行存款   60 000

（八）教育费附加的征收管理

1. 纳税环节

教育费附加的纳税环节，确定在纳税人缴纳增值税、消费税的环节。纳税人只要发生"两税"

的纳税义务，就要在同样的环节，分别计算缴纳教育费附加。

2. 纳税期限

由于教育费附加是由纳税人在缴纳"两税"时同时缴纳的，所以其纳税期限分别与"两税"的纳税期限一致。

3. 纳税地点

教育费附加以纳税人实际缴纳的增值税、消费税额为计税依据，分别与"两税"同时缴纳。所以，纳税人缴纳"两税"的地点，就是该纳税人缴纳教育费附加的地点。但是，属于下列情况的，纳税地点规定如下：

（1）代扣代缴、代收代缴"两税"的单位和个人，同时也是教育费附加的代扣代缴、代收代缴义务人，其教育费附加的纳税地点在代扣代收地。

（2）对流动经营等无固定纳税地点的单位和个人，应随同"两税"在经营地按适用税率缴纳。

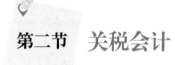

第二节　关税会计

问题提出

小王为了公司业务的拓展，去国外考察了一个星期，回国时顺便给朋友买了一块 200 美元的瑞士金表，在通过海关时，小王是否要进行申报并缴纳关税？

任何一个国家（或地区）出于政治、经济或财政的，都对进出本国（或地区）的货物和物品征收关税。那么什么是关税？关税的种类有哪些？货物和物品有什么不同？我国的关税的征收对象、税率、计税依据是怎样规定的？关税如何计算？

一、关税的概念及特点

（一）关税的概念

关税（Custom Duty）是海关代表国家，按照国家制定的关税政策和公布实施的税法及进出口税则，对进出国境或关境的货物、物品征收的一种税。

关税一般分为进口关税、出口关税和过境关税。我国目前对进出境货物征收的关税分为进口关税和出口关税两类。

知识链接

关税与前面所讲的增值税、消费税均属于对商品征税，区别在于，增值税和消费税是对国内生产或消费的商品征税，关税是对进出国境和或关境的商品征税。

（二）关税的特点

（1）纳税上的统一性和一次性：按照全国统一的进出口关税条例和税则征收关税，在征收一次性关税后，货物就可在整个境内流通，不再另行征收。

（2）征收上的过"关"性：是否征收关税，是以货物是否通过关境为标准。凡是进出关境的货物才征收关税，未进出关境的货物不需征收关税

（3）税率上的复式性：对同一种进口货物，设置最惠国税率、协定税率、特惠税率、普通税率等，不同情况适用不同税率。

（4）对进出口贸易的调节性：通过制定、调节关税税率的高低、减免、退税等手段来鼓励、调节进出口贸易，满足国家的经济需要。在出口方面，通过免税、低税和退税来鼓励商品出口；在进口方面，通过税率的高低、减免来调节商品的进口。

知识链接

关境和国境，国境是指一个国家行使主权的领土范围，包括国家全部的领土、领海、领空；关境又称税境或海关境域，是指海关征收关税的领域。在通常情况下，一国关境与国境是一致的，当某一国家在国境内设立了自由港、自由贸易区，这些区域就进出口关税而言处在关境之外，这时该国家的关境小于国境，如香港、澳门为我国单独的关税地区，这样我国的关境就小于国境。若几个国家结成关税同盟，其成员国的货物在进出彼此之间的国境时不征收关税，此时关境就大于成员国的各自国境，如欧盟、东盟地区存在关境大于国境的情况。

二、关税的纳税人和征收对象

（一）关税的纳税人

贸易性商品的纳税人是经营进出口货物的收、发货人，具体包括：①外贸进出口公司；②工贸或农贸结合的进出口公司；③其他经批准经营进出口商品的企业。

物品的纳税人包括：①入境旅客随身携带的行李、物品的持有人；②各种运输工具上服务人员入境时携带自用物品的持有人；③馈赠物品以及其他方式入境个人物品的所有人；④个人邮递物品的收件人。

接受纳税人委托办理货物报关等有关手续的代理人，可以代办纳税手续。

知识链接

"海关监管货物人"，也可能成为纳税人。若在海关监管货物的保管期间非因不可抗力造成海关监管货物损毁或者灭失，负责保管该海关监管货物的人就成为关税纳税人。这不限于在仓库等存放地点对海关监管货物的看管人，而应当包括所有海关监管货物的有关相对人，例如对于储存在仓库中海关监管货物，仓库的经营人、保管人是纳税人；对于转关运输货物，承运人是纳税人；对于保税货物，保税仓库经营人、加工企业是纳税人。

（二）关税课税对象和税目

关税的征税对象是准许进出境的货物和物品。货物是指贸易性商品；物品指入境旅客随身

携带的行李物品、个人邮递物品、各种运输工具上的服务人员携带进口的自用物品、馈赠物品以及其他方式进境的个人物品。

凡准许进出口的货物，除国家另有规定的以外，均应由海关征收进口关税或出口关税。对从境外采购进口的原产于中国境内的货物，也应按规定征收进口关税。

关税的税目、税率都由《中华人民共和国海关进出口税则》（以下简称《海关进出口税则》）规定。它包括三个主要部分：归类总规则、进口税率表、出口税率表，其中归类总规则是进出口货物分类的具有法律效力的原则和方法。

进出口税则中的商品分类目录为关税税目。按照税则归类总规则及其归类方法，每一种商品都能找到一个最适合的对应税目。

三、关税的税率

关税的税率分为进口税率和出口税率两种。

（一）进口关税的税率

进口税率又分为普通税率、最惠国税率、协定税率、特惠税率、关税配额税率和暂定税率。进口货物适用何种关税税率是以进口货物的原产地为标准的。

（1）普通税率。对原产于未与我国共同适用最惠国条款的世界贸易组织成员，未与我国订有相互给予最惠国待遇、关税优惠条款贸易协定和特殊关税优惠条款贸易协定的国家或者地区的进口货物，以及原产地不明的货物，按照普通税率征税。

（2）最惠国税率。对原产于与我国共同适用最惠国条款的世界贸易组织成员的进口货物，原产于与我国签订含有相互给予最惠国待遇的双边贸易协定的国家或者地区的进口货物，以及原产于我国的进口货物，按照最惠国税率征税。

（3）协定税率。对原产于与我国签订含有关税优惠条款的区域性贸易协定的国家或地区的进口货物，按协定税率征税。

（4）特惠税率。对原产于与我国签订含有特殊关税优惠条款的贸易协定的国家或地区的进口货物，按特惠税率征收。

（5）关税配额税率，是指关税配额限度内的税率。关税配额是进口国限制进口货物数量的措施，把征收关税和进口配额相结合以限制进口。对于在配额内进口的货物可以适用较低的关税配额税率，对于配额之外的则适用较高税率。

（6）暂定税率，是在最惠国税率的基础上，对于一些国内需要降低进口关税的货物，以及出于国际双边关系的考虑需要个别安排的进口货物，可以实行暂定税率。

（二）出口关税的税率

我国对出口关税征税货物主要为少数资源性产品及易于竞相杀价、盲目进口、需要规范出口秩序的半制成品征收出口关税，其税率较低。

（三）税率的运用

进出口货物，应当依照《海关进出口税则》规定的归类原则归入合适的税号，并按照适用的税率征税。其中：

（1）进出口货物，应当按照纳税义务人申报进口或者出口之日实施的税率征税。

（2）进出口货物到达前，经海关核准先行申报的，应按照装载此货物的运输工具申报进境之日实施的税率征税。

（3）进出口货物的补税和退税，适用该进出口货物原申报进口或者出口之日所实施的税率，但下列情况除外：

1）按照特定减免税办法批准予以减免税的进口货物，后因情况改变经海关批准转让或出售需予补税的，应按其原进口之日实施的税率征税。

2）加工贸易进口料、件等属于保税性质的进口货物，如经批准转为内销，应按向海关申报转为内销当日实施的税率征税；如未经批准擅自转为内销的，则按海关查获日期所施行的税率征税。

3）对经批准缓税进口的货物以后缴税时，不论是分期或一次缴清税款，都应按货物原进口之日实施的税率计征税款。

4）分期支付租金的租赁进口货物，分期付税时，都应按该项货物原进口之日实施的税率征税。

5）溢卸、误卸货物事后确定需予征税时，应按其原运输工具申报进口日期所实施的税率征税。如原进口日期无法查明的，可按确定补税当天实施的税率征税。

6）对由于《海关进出口税则》归类的改变、完税价格的审定或其他工作差错而需补征税款的，应按原征税日期实施的税率征税。

7）查获的走私进口货物需予补税时，应按查获日期实施的税率征税。

8）暂时进口货物转为正式进口需予补税时，应按其转为正式进口之日实施的税率征税。

四、关税的减免

我国的关税减免共有三种类型，分别是法定减免、特定减免和临时减免。

1. 法定减免

法定减免是指依照《中华人民共和国海关法》《进出口关税条例》和其他法律法规规定给予的减免税，具体包括：

（1）一票货物关税税额、进口环节增值税或者消费税税额在人民币50元以下的；

（2）无商业价值的广告品及货样；

（3）国际组织、外国政府无偿赠送的物资；

（4）进出境运输工具装载的途中必需的燃料、物料和饮食用品；

（5）因故退还的中国出口货物，可以免征进口关税，但已征收的出口关税，不予退还；

（6）因故退还的境外进口货物，可以免征出口关税，但已征收的进口关税，不予退还。对有上述情况的货物，经海关审查无误后可以免税。

有下列情形之一的进口货物，海关可以酌情减免税：

（1）在境外运输途中或者在起卸时，遭受到损坏或者损失的；

（2）起卸后海关放行前，因不可抗力遭受损坏或者损失的；

（3）海关查验时已经破漏、损坏或者腐烂，经证明不是保管不慎造成的。

为境外厂商加工、装配成品和为制造外销产品而进口的原材料、辅料、零件、部件、配套件和包装物料，海关按照实际加工出口的成品数量免征进口关税；或者对进口料、件先征进口关税，再按照实际加工出口的成品数量予以退税。

中国缔结或参加的国际条约规定减征、免征关税的货物、物品，海关应当按照规定减免关税。

2. 特定减免

特定减免，也称政策性减免税，是在法定减免税之外，国家按照国际通行规则和我国实际情况，制定发布的有关进出口货物减免关税的政策。特定减免税货物一般有地区、企业和用途的限制，海关需要进行后续管理，也需要减免税统计。例如：对于经济特区进出口的货物，中外合资经营企业、中外合作经营企业、外商独资企业等特定企业进出口的货物，给予减免关税的优惠。特定减免主要包括：科教用品、残疾人专用品、扶贫、慈善性捐赠物资、加工贸易产品、边境贸易进口物资、保税区进出口货物、出口加工区进口货物、进口设备等。

3. 临时减免

临时减免是指以上法定和特定减免税以外的其他减免税，即由国务院根据《海关法》对某个单位、某类商品、某个项目或某批进出口货物的特殊情况，给予特别照顾，一案一批，专文下达的减免税。临时减免一般有单位、品种、期限、金额或数量等限制，不能比照执行。

五、关税的计税依据

我国对进出口货物征收关税，主要采取从价计征的办法，以商品价格为标准征收关税。因此，关税主要以进出口货物的完税价格为计税依据。

（一）进口货物的完税价格

（1）一般贸易项下进口的货物以海关审定的成交价格为基础的到岸价格作为完税价格。

所谓成交价格是一般贸易项下进口货物的买方为购买该项货物向卖方实际支付或应当支付的价格。在货物成交过程中，进口人在成交价格外另支付给卖方的佣金，应计入成交价格，而向境外采购代理人支付的买方佣金则不能列入，如已包括在成交价格中应予以扣除；卖方付给进口人的正常回扣，应从成交价格中扣除。卖方违反合同规定延期交货的罚款，卖方在货价中冲减时，罚款则不能从成交价格中扣除。

到岸价格是指包括货价以及货物运抵我国关境内输入地点起卸前的包装费、运费、保险费和其他劳务费等费用构成的一种价格，其中还应包括为了在境内生产、制造、使用或出版、发行的目的而向境外支付的与该进口货物有关的专利、商标、著作权，以及专有技术、计算机软件和资料等费用。

为避免低报、瞒报价格偷逃关税，进口货物的到岸价格不能确定时，本着公正、合理原则，海关应当按照规定估定完税价格。

例 6-7

某企业进口一批货物，核定货价为 90 万元（已扣除境外卖方付给该企业的正常回扣 1 万元）。另外支付了货物运抵我国关境内输入地点起卸前的包装费 2 万元、运费 2 万元、保险费 0.3 万元、成交价格外另支付给卖方的佣金 3 万元、向境外采购代理人支付的买方佣金 5 000 元。已知该货物关税税率为 10%，增值税税率为 13%，消费税税率为 15%。

企业应缴纳进口环节关税是多少？海关代征的消费税、增值税是多少？

例题分析 6-7

（1）确定关税完税价格：

1）到岸价格包括货价以及货物运抵我国关境输入地点起卸前的包装费、运费、保险费和其他劳务费用。

2）支付给"卖方"的佣金计入完税价格。

3）支付给境外采购代理人的"买方"佣金不计入完税价格。

关税完税价格 =90（货价）+2（包装费）+2（运费）

+0.3（保险费）+3（卖方佣金）=97.3（万元）

（2）计算进口关税：

应纳税额 =97.3×10%=9.73（万元）

（3）确定增值税与消费税计税依据：

计税依据 = 关税完税价格 + 关税 + 消费税 =（97.3+9.73）÷（1-15%）=125.92（万元）

增值税 =125.92×13%=16.37（万元）

消费税 =125.92×15%=18.89（万元）

（2）特殊贸易项下进口货物的完税价格。对于某些特殊、灵活的贸易方式（如寄售等）下进口的货物，在进口时没有"成交价格"可作依据，为此，《海关法》《进出口关税条例》《中华人民共和国海关审定进出口货物完税价格办法》等对这些进口货物制定了确定其完税价格的方法，主要有：

1）运往境外加工的货物，出境时已向海关报明，并在海关规定期限内复运进境的，以境外加工费和料件费以及复运进境的运输及其相关费用和保险费审查确定完税价格。

2）运往境外修理的机械器具、运输工具或者其他货物，出境时已向海关报明并在海关规定期限内复运进境的，以经海关审定的修理费和料件费作为完税价格。

3）租赁方式进境的货物，以海关审查确定的货物租金作为完税价格。

4）对于国内单位留购的进口货样、展览品和广告陈列品，以留购价格作为完税价格。但对于留购货样、展览品和广告陈列品的买方，除按留购价格付款外，又直接或间接给卖方一定利益的，海关可以另行确定上述货物的完税价格。

5）逾期未出境的暂进口货物：对于经海关批准暂时进口的施工机械、工程车辆、供安装使用的仪器和工具、电视或电影摄制机械，以及盛装货物的容器等，如入境超过半年仍留在国内使用的，应自第 7 个月起，按月征收进口关税，其完税价格按原货进口时的到岸价格确定，每月的税额计算公式为

每月关税 = 货物原到岸价格 × 关税税率 ×1÷48

6）转让出售进口减免税货物的完税价格。按照特定减免税办法批准予以减免税进口的货物，在转让或出售而需补税时，可按这些货物原进口时的到岸价格来确定其完税价格。其计算公式为

完税价格 = 原入境到岸价格 ×[1- 实际使用月份 ÷（管理年限 ×12）]

管理年限是指海关对减免税进口的货物监督管理的年限。

例 6-8

2×××年9月1日，某公司由于承担国家重要工程项目，经批准免税进口了一套电子设备。使用三年后，公司将该设备出售给国内另一家企业。该电子设备的到岸价格为300万元，关税税率为10%，海关规定的监管年限5年。

计算：按规定公司应补缴的关税。

例题分析 6-8

以该项货物原进口时的成交价格为基础，扣除按使用年限折算的折旧额确定完税价格。

应补缴关税 =300×（1-3/5）×10%=12（万元）

（二）出口货物的完税价格

出口货物应当以海关审定的货物售予境外的离岸价格，扣除出口关税后作为完税价格。计算公式为

出口货物完税价格 = 离岸价格 ÷（1+ 出口税率）

离岸价格应以该项货物运离关境前的最后一个口岸的离岸价格为实际离岸价格。若该项货物从内地起运，则从内地口岸至最后出境口岸所支付的国内段运输费用应予扣除。离岸价格不包括装船以后发生的费用。出口货物在成交价格以外支付给国外的佣金应予扣除，未单独列明的则不予扣除。出口货物在成交价格以外，买方还另行支付的货物包装费，应计入成交价格。当离岸价格不能确定时，完税价格由海关估定。

六、关税应纳税额的计算

进口关税一般采用比例税率，实行从价计征的办法，但对啤酒、原油等少数货物则实行从量计征。对广播用录像机、放像机、摄像机等实行从价加从量的复合税率。

（一）从价税计算方法

从价税是最普遍的关税计征方法，它以进（出）口货物的完税价格作为计税依据。进（出）口货物应纳关税税额的计算公式为

应纳关税税额 = 应税进（出）口货物数量 × 单位完税价格 × 适用税率

（二）从量税计算方法

从量税是以进口商品的数量为计税依据的一种关税计征方法。其应纳关税税额的计算公式为

应纳税额 = 应税进口货物数量 × 关税单位税额

（三）复合税计算方法

复合税是对某种进口货物同时使用从价和从量计征的一种关税计征方法。其应纳关税税额的计算公式为

应纳税额 = 应税进口货物数量 × 关税单位税额 + 应税进口货物数量 × 单位完税价格 × 适用税率

（四）滑准税计算方法

滑准税是指关税的税率随着进口商品价格的变动而反方向变动的一种税率形式，即价格越高，税率越低，税率为比例税率。因此，对实行滑准税率的进口商品应纳关税税额的计算方法与从价税的计算方法相同。

七、关税的会计处理

（一）会计科目设置

企业缴纳进出口关税，应设置"应交税费——应交关税"科目进行核算。企业按规定计算应纳税额时，借记有关科目，贷记"应交税费——应交关税"；实际缴纳时，借记"应交税费——应交关税"，贷记"银行存款"。实际工作中，由于不同企业经营进出口业务的形式和内容不同，具体会计核算方式也有所区别，以下主要介绍工业企业进出口关税的会计处理。

（二）工业企业进出口关税的会计处理

工业企业通过外贸企业代理或直接从国外进口原材料，应支付的进口关税在入境时征收，一般可以不通过"应交税费"账户核算，而是将其与进口原材料的价款、国外运费、和保费、国内费用一并直接计入进口原材料的采购成本，借记"材料采购""在途物资"等账户，贷记"银行存款""应付账款"等账户。

例 6-9

某企业自营进口一批零件，关税完税价格 16 万美元，双方约定货到付款。已知，货到当日汇率为 1 美元 =6.48 元人民币，关税税率为 10%，代征增值税税率 13%。

例题分析 6-9

企业会计处理如下：

（1）应纳关税税额 =160 000×6.48×10%=103 680（元）

（2）零件成本 =160 000×6.48+103 680=1 140 480（元）

（3）代征增值税 =1 140 480×13%=148 262.40

（4）会计分录

借：材料采购——零件	1 140 480
应交税费——应交增值税	148 262.40
贷：银行存款	1 288 742.40

（三）工业企业出口关税的会计处理

工业企业出口产品应缴纳的出口关税，支付时可直接借记"税金及附加"，贷记"银行存款""应付账款"。

借：税金及附加

贷：银行存款

八、关税的税收征管

关税是在货物实际进出境时，即在纳税人按进出口货物通关规定向海关申报后、海关放行前一次性缴纳。进出口货物的收发货人或其代理人应当在海关填发税款缴款书之日起 15 日内（星期日和法定节假日除外），向指定银行缴纳税款。逾期不缴的，除依法追缴外，由海关自到期次日起至缴清税款之日止，按日征收欠缴税额 0.05% 的滞纳金。

自 2016 年 6 月 1 日起，旅客携运进出境的行李物品有下列情形之一的，海关暂不予放行：①旅客不能当场缴纳进境物品税款的；②进出境的物品属于许可证件管理的范围，但旅客不能当场提交的；③进出境的物品超出自用合理数量，按规定应当办理货物报关手续或其他海关手续，其尚未办理的；④对进出境物品的属性、内容存疑，需要由有关主管部门进行认定、鉴定、验核的；⑤按规定暂不予以放行的其他行李物品。

对由于海关误征、多缴纳税款的；海关核准免验的进口货物在完税后，发现有短卸情况，经海关审查认可的；已征出口关税的货物，因故未装运出口申报退关，经海关查验属实的，纳税人可以从缴纳税款之日起的 1 年内，书面声明理由，连同纳税收据向海关申请退税，逾期不予受理。海关应当自受理退税申请之日起 30 日内做出书面答复，并通知退税申请人。进出口货物完税后，如发现少征或漏征税款，海关有权在 1 年内予以补征；如因收发货人或其代理人违反规定而造成少征或漏征税款的，海关在 3 年内可以追缴。

例 6-10

某公司进口货物应缴纳关税 100 000 元，海关于 2×××年 8 月 3 日（周五）填发税款缴款书，该公司于 2×××年 9 月 7 日（周五）缴纳税款。请计算海关应征的滞纳金。

例题分析 6-10

确定滞纳的关税税款总额 =100 000 元，确定滞纳天数，海关填发税款缴款书之日为 2×××年 8 月 3 日，纳税人应当最迟于 8 月 20 日（周一）缴纳税款，8 月 21 日起为滞纳天数，至 9 月 7 日，共滞纳 18 天。

计算滞纳金额 = 滞纳的关税税额 ×0.05%× 滞纳天数 =100 000×0.05%×18=900（元）

第三节 印花税会计

问题提出

崔健想在杭州购买一套住房，于是，他向中介询问房价。当中介告知其，买房的价款中包含印花税时，他觉得不可思议。他认为印花税应该是企业缴纳的，个人买房不应该缴纳印花税。崔健的观点对吗？为什么？通过本节的学习，我们将找出答案。

一、印花税概述

（一）印花税的概念

印花税（Stamp Duty）是对经济活动和经济交往中书立、使用、领受具有法律效力的凭证的单位和个人征收的一种税。印花税是一种具有行为税性质的凭证税，凡发生书立、领受或者使用应税凭证的行为，就必须依照印花税法的有关规定履行纳税义务。因其采用在凭证上粘贴印花税票的方法征税，称为印花税。

1988 年 8 月 6 日，国务院公布了《中华人民共和国印花税暂行条例》。2021 年 6 月 10 日，第十三届全国人民代表大会常务委员会第二十九次会议通过《中华人民共和国印花税法》，自 2022 年 7 月 1 日起施行。1988 年 8 月 6 日国务院发布的《中华人民共和国印花税暂行条例》同时废止。

知识链接

公元 1624 年，荷兰政府发生经济危机，当时统治者为了解决财政上的需要，提出要用增加税收的办法来解决支出的困难，但又怕人民反对，于是统治阶级就采用公开招标的办法，以重赏来寻求新税设计方案，印花税就是从成千上万个应征者设计的方案中精选出来的"杰作"。印花税的税负轻微、税源畅旺、手续简便、成本低廉，属"良税"。英国的 Kolebe 说过："税收这种技术，就是拔最多的鹅毛，听最少的鹅叫。"印花税就是具有"听最少鹅叫"的税种。

印花税有以下特点：

（1）征收面广。

凡税法列举的合同或具有合同性质的凭证、产权转移书据、营业账簿以及权利、许可证照等，都必须依法缴纳印花税，印花税的应税凭证共有五大类 15 个税目。

（2）实行轻税重罚政策。

与其他税种相比，印花税的税率较低，税负较轻，印花税最高税率为千分之一，最低税率为万分之零点五，按定额税率征税的，每件 5 元；但对于违反税法有关规定使用印花税票或少纳、不纳印花税税款的，给予较重的处罚。

（3）由纳税人自行完税。

印花税实行"三自"的纳税办法，即纳税人在书立、领受或者使用印花税法列举的应税凭证的同时，纳税义务即已产生，应当先根据应纳税凭证所载金额和适用的税目税率，自行计算应纳税额；再自行购买印花税票，并一次足额粘贴在应税凭证上；最后由纳税人按规定对已粘贴的印花税票自行注销或者划销，这样才算完整地履行了纳税义务。

（二）印花税纳税人

印花税的纳税人，是在中国境内书立、使用、领受应税凭证，或者在中华人民共和国境内进行证券交易的单位和个人，为印花税的纳税人，应当依法缴纳印花税。

所称单位和个人，是指国内各类企业、事业单位、机关、团体、部队以及中外合资企业、合作企业、外资企业、外国公司和其他经济组织及其在华机构等单位和个人。

如果同一凭证，由两方或两方以上当事人共同书立并各执一份的，各方均为印花税纳税人，应分别就所持凭证的金额计税贴花，但担保人、证人、鉴定人不作为纳税人。如果应税凭证是由当事人的代理人代为书立的，则代理人承担纳税义务。

上述单位和个人，按照书立、使用、领受应税凭证的不同，可以分别确定为立合同人、立据人、立账簿人、领受人和使用人等。

（1）立合同人，是指合同的当事人，即对凭证有直接权利义务关系的单位和个人，但不包括合同的担保人、证人、鉴定人。

（2）立账簿人，是指开立并使用营业账簿的单位和个人。如某企业因生产需要，设立了若干营业账簿，该企业即为印花税的纳税人。

（3）立据人，是指书立产权转移书据的单位和个人。

（4）领受人，是指领取并持有权利、许可证照的单位和个人。如领取房屋产权证的单位和个人，即为印花税的纳税人。

（5）使用人，是指在国外书立、领受，但在国内使用应税凭证的单位和个人。

（三）印花税征税范围

印花税只对条例中和经财政部确定的征税的凭证征税，没有列举的不征税。具体分为五大类：

（1）合同。印花税税目中的合同按照有关法律法规的规定进行分类，在税目税率表中列举了11大类合同，包括买卖合同、借款合同、融资租赁合同、租赁合同、承揽合同、建设工程合同、运输合同、技术合同、保管合同、仓储合同、财产保险合同。

（2）产权转移书据。产权转移即财产权利关系的变更行为，表现为产权主体发生变更。产权转移书据是在产权的买卖、交换、继承、赠予、分割等产权主体变更过程中，由产权出让人与受让人之间所订立的民事法律文书。

我国印花税税目中的产权转移书据包括土地使用权出让和转让书据；房屋等建筑物、构筑物所有权、股权（不包括上市和挂牌公司股票）、商标专用权、著作权、专利权、专有技术使用权转让书据。

（3）营业账簿。印花税税目中的营业账簿归属于财务会计账簿，按照营业账簿反映的内容不同，在税目中分为记载资金的账簿（以下简称资金账簿）和其他营业账簿两类，对记载资金的营业账簿征收印花税，对其他营业账簿不征收印花税。

资金账簿，是反映生产经营单位"实收资本"和"资本公积"金额增减变化的账簿。

其他营业账簿，是反映除资金资产以外的其他生产经营活动内容的账簿，即除资金账簿以外的，归属于财务会计体系的其他生产经营用账册。

（4）权利、许可证照。权利、许可证照是政府授予单位、个人某种法定权利和准予从事特定经济活动的各种证照的统称。我国印花税税目中的权利、许可证照包括政府部门发放的不动产权证书、营业执照、商标注册证、专利证书。

（5）证券交易。证券交易是指在依法设立的证券交易所上市交易或者在国务院批准的其他证券交易场所转让公司股票和以股票为基础发行的存托凭证。

（四）印花税的税目、税率

（1）税目：共有15个列举税目。印花税税目、税率如表6-1所示。

（2）税率：采用比例税率和定额税率两种税率。

1）比例税率。印花税的比例税率共有五个档次，即1‰、2.5‰、3‰、5‰、0.5‰，按比例税率征税的有：各类合同以及具有合同性质的凭证（含以电子形式签订的各类应税凭证）、产权转移书据、营业账簿中记载资金的账簿。

2）定额税率。印花税的定额税率是按件定额贴花，每件5元。它主要适用于权利、许可证照，这些凭证不属资金账或没有金额记载，规定按件定额纳税，可以方便纳税和简化征管。

表6-1　印花税税目、税率表

税目	征税范围	税率	纳税人	说明
1. 买卖合同	供应、预购、采购、购销结合及协作、调剂、补偿、易货等合同	支付价款的3‰	立合同人	指动产买卖合同
2. 承揽合同	加工、定作、修缮、修理、印刷、广告、测绘、测试等合同	支付报酬的3‰	立合同人	
3. 建设工程合同	勘察、设计、建筑、安装工程合同的总包合同、分包合同和转包合同	支付价款的3‰	立合同人	
4. 融资租赁合同	—	租金的0.5‰	立合同人	
5. 租赁合同	租赁房屋、船舶、飞机、机动车辆、机械、器具、设备等	租金的1‰贴花	立合同人	
6. 运输合同	民用航空、铁路运输、海上运输、内河运输、公路运输和联运合同	运输费用3‰	立合同人	指货运合同和多式联运合同（不包括管道运输合同）
7. 保管合同	保管合同	保管费的1‰	立合同人	仓单或栈单（入库单）作为合同使用的，按合同贴花
8. 仓储合同	仓储合同	仓储费的1‰	立合同人	
9. 财产保险合同	财产、责任、保证、信用等保险合同	保险费的1‰	立合同人	不包括再保险合同
10. 借款合同	银行及其他金融组织和借款人（不包括银行同业拆借所签订的借款合同）	借款金额0.5‰	立合同人	
11. 技术合同	技术开发、转让、咨询、服务等合同	支付价款、报酬或者使用费的3‰	立合同人	
12. 产权转移书据	土地使用权出让和转让书据；房屋等建筑物、构筑物所有权、股权（不包括上市和挂牌公司股票）、商标专用权、著作权、专利权、专有技术使用权转让书	支付价款的5‰	立据人	
13. 权利许可证照	不动产权证书、营业执照、商标注册证、专利证书	每件5元	领受人	
14. 营业账簿	生产经营用账册	实收资本（股本）、资本公积合计金额的2.5‰	立账簿人	
15. 证券交易		成交金额的1‰		对证券交易的出让方征收，不对证券交易的受让方征收

（五）印花税的优惠政策

（1）法定凭证免税。下列凭证，免征印花税：

1）应税凭证的副本或者抄本，免征印花税。

2）农民、农民专业合作社、农村集体经济组织、村民委员会购买农业生产资料或者销售自产农产品订立的买卖合同和农业保险合同，免征印花税。

3）无息或者贴息借款合同、国际金融组织向我国提供优惠贷款订立的借款合同、金融机构与小型微型企业订立的借款合同，免征印花税。

4）财产所有权人将财产赠予政府、学校、社会福利机构订立的产权转移书据，免征印花税。

5）军队、武警部队订立、领受的应税凭证，免征印花税。

6）转让、租赁住房订立的应税凭证，免征个人（不包括个体工商户）应当缴纳的印花税。

7）国务院规定免征或者减征印花税的其他情形。

（2）免税额。应纳税额不足1角的，免征印花税。

（3）特定情形免税。有下列情形之一的，免征印花税：

1）对商店、门市部的零星加工修理业务开具的修理单，不贴印花。

2）对铁路、公路、航运、水路承运快件行李、包裹开具的托运单据，暂免贴花。

3）对企业车间、门市部、仓库设置的不属于会计核算范围的账簿，不贴印花。

（4）单据免税。对运输、仓储、保管、财产保险、银行借款等，办理一项业务，既书立合同，又开立单据的，只就合同贴花。所开立的各类单据，不再贴花。

（5）企业兼并并入资金免税。对企业兼并的并入资金，凡已按资金总额贴花的，接收单位对并入的资金，不再补贴印花。

（6）租赁承包经营合同免税。企业与主管部门等签订的租赁承包经营合同，不属于租赁合同，不征收印花税。

（7）特殊情形免税。纳税人已履行并贴花的合同，发现实际结算金额与合同所载金额不一致的，一般不再补贴印花。

（8）书、报、刊合同免税。书、报、刊发行单位之间，发行单位与订阅单位或个人之间书立的凭证，免征印花税。

（9）外国运输企业免税。由外国运输企业运输进口货物的，外国运输企业所持有的一份结算凭证，免征印花税。

（10）特殊货运凭证免税。下列特殊货运凭证，免征印花税：

1）抢险救灾物资运输结算凭证。

2）为新建铁路运输施工所属物料，使用工程临管线专用运费结算凭证。

（11）物资调拨单免税。对工业、商业、物资、外贸等部门调拨商品物资，作为内部执行计划使用的调拨单，不作为结算凭证，不属于合同性质的凭证，不征收印花税。

（12）同业拆借合同免税。银行、非银行金融机构之间相互融通短期资金，按照规定的同业拆借期限和利率签订的同业拆借合同，不征收印花税。

（13）借款展期合同免税。对办理借款展期业务使用借款展期合同或其他凭证，按规定仅载明延期还款事项的，可暂不贴花。

（14）合同、书据免税。出版合同，不属于印花税列举征税的凭证，免征印花税。

（15）国库业务账簿免税。中国人民银行各级机构经理国库业务及委托各专业银行各级机构代理国库业务设置的账簿，免征印花税。

（16）委托代理合同免税。代理单位与委托单位之间签订的委托代理合同，不征收印花税。

（17）日拆性贷款合同免税。对中国人民银行向各商业银行提供的日拆性贷款（20日以内的贷款）所签订的合同或借据，暂免征印花税。

（18）铁道企业特定凭证免税。铁路总公司所属单位的下列凭证，不征收印花税：

1）铁路总公司层层下达的基建计划，不贴花。

2）企业内部签订的有关铁路生产经营设施基建、更新改造、大修、维修的协议或责任书，不贴花。

3）在铁路内部无偿调拨固定资产的调拨单据，不贴花。

4）由铁路总公司全额拨付事业费的单位，其营业账簿不贴花。

（19）电话和联网购货免税。对在供需经济活动中使用电话、计算机联网订货，没有开具书面凭证的，暂不贴花。

（20）股权转让免税。对国务院和省级人民政府批准进行政企脱钩、对企业进行改组和改变管理体制、变更企业隶属关系，以及国有企业改制、盘活国有资产，而发生的国有股权无偿转让划转行为，暂不征收证券交易印花税；对上市公司国有股权无偿转让，需要免征证券交易印花税的，须由企业提出申请，报证券交易所所在地税务局审批，并报国家税务总局备案。

二、印花税的计算

印花税——承揽合同

（一）印花税的计税依据

（1）应税合同的计税依据，为合同列明的价款或者报酬，不包括增值税税款；合同中价款或者报酬与增值税税款未分开列明的，按照合计金额确定。具体包括买卖合同和建设工程合同中的支付价款、承揽合同中的支付报酬、租赁合同和融资租赁合同中的租金、运输合同中的运输费用、保管合同中的保管费、仓储合同中的仓储费、借款合同中的借款金额、财产保险合同中的保险费以及技术合同中的支付价款、报酬或者使用费等。

（2）应税产权转移书据的计税依据，为产权转移书据列明的价款，不包括增值税税款；产权转移书据中价款与增值税税款未分开列明的，按照合计金额确定。

应税合同、产权转移书据未列明价款或者报酬的，按照下列方法确定计税依据：

1）按照订立合同、产权转移书据时市场价格确定；依法应当执行政府定价的，按照其规定确定。

2）不能按照上述规定的方法确定的，按照实际结算的价款或者报酬确定。

（3）应税营业账簿的计税依据，为营业账簿记载的实收资本（股本）、资本公积合计金额。

（4）应税权利、许可证照的计税依据，按件确定。

（5）证券交易的计税依据，为成交金额。以非集中交易方式转让证券时无转让价格的，按照办理过户登记手续前一个交易日收盘价计算确定计税依据；办理过户登记手续前一个交易日无收盘价的，按照证券面值计算确定计税依据。

同一应税凭证载有两个或者两个以上经济事项并分别列明价款或者报酬的，按照各自适用税目税率计算应纳税额；未分别列明价款或者报酬的，按税率高的计算应纳税额。

同一应税凭证由两方或者两方以上当事人订立的，应当按照各自涉及的价款或者报酬分别计算应纳税额。

纳税人有以下情形的，税务机关可以核定纳税人印花税计税依据：

（1）未按规定建立印花税应税凭证登记簿，或未如实登记和完整保存应税凭证的。

（2）拒不提供应税凭证或不如实提供应税凭证致使计税依据明显偏低的。

（3）采用按期汇总缴纳办法的，未按税务机关规定的期限报送汇总缴纳印花税情况报告，经税务机关责令限期报告，逾期仍不报告的或者税务机关在检查中发现纳税人有未按规定汇总缴纳印花税情况的。

（二）印花税的应纳税额的计算

纳税人的应纳税额，根据应纳税凭证的性质。分别按比例税率或者定额税率计算，其计算公式如下：

（1）应税合同的应纳税额

$$应纳税额 = 价款或者报酬 \times 适用税率$$

（2）应税产权转移书据的应纳税额

$$应纳税额 = 价款 \times 适用税率$$

（3）应税营业账簿的应纳税额

$$应纳税额 = 实收资本（股本）、资本公积合计金额 \times 适用税率$$

（4）证券交易的应纳税额

$$应纳税额 = 成交金额或者依法确定的计税依据 \times 适用税率$$

（5）应税权利、许可证照的应纳税额

$$应纳税额 = 应税凭证件数 \times 定额税率$$

例 6-11

某电厂与某运输公司签订了两份运输保管合同：第一份合同载明的金额合计 50 万元（运费和保管费并未分别记载）；第二份合同中注明运费 30 万元、保管费 10 万元。分别计算该电厂第一份、第二份合同应缴纳的印花税税额。

例题分析 6-11

同一应税凭证载有两个或者两个以上经济事项并分别列明价款或者报酬的，按照各自适用税目税率计算应纳税额；未分别列明价款或者报酬的，按税率高的计算应纳税额。

（1）第一份合同应缴纳印花税税额 =500 000×1‰=500（元）。

（2）第二份合同应缴纳印花税税额 =300 000×3‰+100 000×1‰=190（元）。

例 6-12

某企业 2×××年度有关资料如下：

（1）实收资本比上一年增加 200 万元；

（2）与银行签订一年期借款合同，借款金额 200 万元，年利率 5%；

（3）与甲公司签订以货换货合同，本企业的货物价值 300 万元，甲公司的货物价值 400 万元；

（4）与乙公司签订受托加工合同，乙公司提供价值 80 万元的原材料，本企业提供价值 15 万元的辅助材料并收加工费 20 万元；

（5）与丙公司签订转让技术合同，转让收入由丙公司按未来 3 年实现利润的 20% 支付；

（6）与运输公司签订货物运输合同 1 份，合同金额 8 万元（含装卸费用 0.5 万元）；

（7）与丁公司签订租赁合同 1 份，将公司闲置的价值 30 万元的设备出租，租期 1 年，租金合计 5 万元；

（8）向某小学捐赠教学设备 1 台，所立书据金额为 10 万元；

计算：该企业 2×××年应缴纳的印花税。

例题分析 6-12

（1）就实收资本增加部分：应纳印花税 $=2\,000\,000×0.25‰=500$（元）

（2）借款合同：应纳印花税 $=2\,000\,000×0.05‰=100$（元）

（3）相当于一个是购货合同，一个是销售合同：

$$应纳印花税 =（3\,000\,000+4\,000\,000）×0.3‰=2\,100（元）$$

（4）受托加工合同，即承揽合同：

$$应纳印花税 =（150\,000+200\,000）×0.5‰=175（元）$$

（5）技术合同，转让收入由丙公司按未来 3 年实现利润的 20% 支付，这种情况下，先按照 5 元贴花。

（6）运输合同：应纳印花税 $=（80\,000-5\,000）×0.3‰=22.5$（元）

（7）租赁合同：应纳税额 $50\,000×0.1\%=50$（元）

（8）向某小学捐赠设备免税。

三、印花税的会计处理

由于印花税实行"三自"的方式缴税，因此不会形成税款债务，为了简化会计处理，可以不通过"应交税费"账户核算。企业在实际缴纳时，借记"税金及附加"，贷记"银行存款"或"库存现金"。

例 6-13

承接【例 6-12】，进行相关的账务处理。

例题分析 6-13

$$应纳印花税额 =500+100+2\,100+175+5+22.5+50=2\,955.5（元）$$

缴纳印花税时：

借：税金及附加		2 955.5
贷：银行存款		2 955.5

四、印花税的征收管理

1. 申报方法

印花税的纳税办法，根据税额大小、贴花次数以及税收征收管理的需要，分别采用以下三种纳税办法。

（1）自行贴花办法

这种办法，一般适用于应税凭证较少或者贴花次数较少的纳税人。纳税人发生纳税义务时，应当根据应税凭证的性质和适用的税目税率，自行计算应纳税额，自行购买印花税票，自行一次贴足印花税票并加以注销或划销（在骑缝处划双横线），纳税义务才算全部履行完毕。

（2）汇贴或汇缴办法

这种办法。一般适用于应纳税额较大或者贴花次数频繁的纳税人。一份凭证应纳税额超过

500 元的，应向当地税务机关申请填写缴款书或者完税证。将其中一联粘贴在凭证上或者由税务机关在凭证上加注完税标记代替贴花，这就是通常所说的"汇贴"办法。

同一种类应纳税凭证，需频繁贴花的。纳税人可以根据实际情况自行决定是否采用按期汇总缴纳印花税的方式，汇总缴纳的期限为 1 个月。采用按期汇总缴纳方式的纳税人应事先告知主管税务机关，缴纳方式一经选定，1 年内不得改变，这种方法，称为"汇缴"。凡汇总缴纳印花税的凭证，应加注税务机关指定的汇缴戳记、编号并装订成册后，将已贴印花或者缴款书的一联粘附册后，盖章注销，保存备查。

（3）委托代征办法

这一办法主要是通过税务机关的委托，经由发放或者办理应纳税凭证的单位代为征收印花税税款。税务机关应与代征单位签订代征委托书。所谓发放或者办理应纳税凭证的单位，是指发放权利、许可证照的单位和办理凭证的鉴证、公证及其他有关事项的单位。这类单位负有监督纳税人依法纳税的义务。

2. 纳税环节

印花税应当在书立或领受时贴花。具体是指在合同签订时、账簿启用时和证照领受时贴花。如果合同是在国外签订，并且不便在国外贴花的，应在将合同带入境时办理贴花纳税手续。

3. 纳税地点

印花税一般实行就地纳税。对于全国性商品物资订货会（包括展销会、交易会等）上所签订合同应纳的印花税，由纳税人回其所在地后及时办理贴花完税手续；对地方主办、不涉及省际关系的订货会、展销会上所签合同的印花税，其纳税地点由各省、自治区、直辖市人民政府自行确定。

第四节 房产税会计

问题提出

崔健购买一套住房后，想将该套住房出租。于是，他到税务机关咨询，"个人出租房屋是否要交税？要交哪些税？怎么交？"。针对崔健的问题，通过本节的学习，我们将找出答案。

一、房产税概述

（一）房产税概念

房产税（Building Tax）是以房屋为征税对象，依据房屋的计税余值或租金收入为计税依据，向房屋产权所有人征收的一种财产税。1986 年 9 月 15 日国务院颁布《中华人民共和国房产税暂行条例》（以下简称《房产税暂行条例》），同年 9 月 25 日财政部、国家税务总局印发《关于房产税若干具体问题的解释和暂行规定》。之后，国务院以及财政部、国家税务总局又陆续发布了一些有关房产税的规定、办法。这些构成了我国房产税法律制度。

对房产征税的目的是运用税收杠杆，加强对房产的管理，提高房产使用效率，控制固定资产投资规模和配合国家房产政策的调整，合理调节房产所有人和经营人的收入。此外，房产税税源稳定，易于控制管理，是地方财政收入的重要来源之一。

（二）房产税纳税人

房产税的纳税人，是指在我国城市、县城、建制镇和工矿区内拥有房屋产权的单位和个人。具体包括产权所有人、承典人、房产代管人或者使用人。

房产税的征税对象是房屋。所谓房屋是指有屋面和围护结构（有墙或两边有柱），能够遮风避雨，可供人们在其中生产、工作、学习、娱乐、居住或储藏物资的场所。其中：

（1）产权属国家所有的、由经营管理单位纳税；产权属集体和个人所有的，由集体单位和个人纳税。

（2）产权出典的，由承典人纳税。所谓产权出典，是指产权所有人将房屋、生产资料等的产权，在一定期限内典当给他人使用，而取得资金的一种融资业务。这种业务大多发生于出典人急需要用款，但又想保留产权回赎权的情况。承典人向出典人交付一定的典价之后，在质典期内即获抵押物品的支配权，并可转典。产权的典价一般要低于卖价。出典人在规定期间内须归还典价的本金和利息，方可赎回出典房屋等的产权。由于在房屋出典期间，产权所有人已无权支配房屋，因此，税法规定由对房屋具有支配权的承典人为纳税人。

（3）产权所有人、承典人不在房屋所在地的，由房产代管人或者使用人纳税。

（4）产权未确定及租典纠纷未解决的，亦由房产代管人或者使用人纳税。所谓租典纠纷，是指产权所有人在房产出典和租赁关系上。与承典人、租赁人发生各种争议，特别是权利和义务的争议悬而未决的。此外还有一些产权归属不清的问题，也都属于租典纠纷。对租典纠纷尚未解决的房产，规定由代管或使用人为纳税人，主要目的在于加强征收管理，保证房产税及时入库。

（5）无租使用其他房产的问题。纳税单位和个人无租使用房产管理部门、免税单位及纳税单位的房产，应由使用人代为缴纳房产税。

（三）房产税的征税范围

房产税的征税范围是城市、县城、建制镇和工矿区内的房产。城市内的房产是指坐落在经国务院批准设立的市区内房产，包括市区内、郊区内和市辖县县城内的房产，不包括农村；县城的房产是指未设立建制镇的县人民政府所在地内的房产；建制镇内房产是指经省、自治区、直辖市人民政府批准设立的建制镇内的房产；工矿区内的房产，是指工商业较发达，人口较集中，符合国务院规定的建制镇标准，但尚未设立建制镇的大中型工矿企业所在地内的房产。开征房地产税的工矿区，须经过省、自治区、直辖市人民政府批准。

（四）税率

我国现行房产税采用比例税率。从价计征和从租计征实行不同标准的比例税率。

（1）从价计征的，税率为 1.2%。

（2）从租计征的，税率为12%。

（五）优惠政策

房产税的税收优惠是根据国家政策需要和纳税人的负担能力制定的。根据《中华人民共和国房产税暂行条例》规定，免征房产税的房产主要包括：

（1）国家机关、人民团体、军队自用的房产免征房产税。但上述免税单位的出租房产以及非自身业务使用的生产、营业用房，不属于免税范围。自2004年8月1日起，对军队空余房产租赁收入暂免征收房产税。

（2）由国家财政部门拨付事业经费（全额或差额）的单位（学校、医疗卫生单位、托儿所、幼儿园、敬老院以及文化、体育、艺术类单位）所有的、本身业务范围内使用的房产免征房产税。

上述单位所属的附属工厂、商店、招待所等不属于单位公务、业务的用房，应照章纳税。

（3）宗教寺庙、公园、名胜古迹自用的房产免征房产税。宗教寺庙自用的房产，是指举行宗教仪式等的房屋和宗教人员使用的生活用房屋。公园、名胜古迹自用的房产，是指供公共参观游览的房屋及其管理单位的办公用房屋。

宗教寺庙、公园、名胜古迹中附设的营业单位，如影剧院、饮食部、茶社、照相馆等所使用的房产及出租的房产，不属于免税范围，应照章征税。

（4）个人所有非营业用的房产免征房产税。个人所有的非营业用房，主要是指居民住房，不分面积多少，一律免征房产税。对个人拥有的营业用房或者出租的房产，不属于免税房产，应照章征税。

（5）经财政部批准免税的其他房产：

1）毁损不堪居住的房屋和危险房屋，经有关部门鉴定，在停止使用后，可免征房产税。

2）纳税人因房屋大修导致连续停用半年以上的，在房屋大修期间免征房产税，免征税额由纳税人在申报缴纳房产税时自行计算扣除，并在申报表附表或备注栏中作相应说明。

纳税人房屋大修停用半年以上需要免征房产税的，应在房屋大修前向主管税务机关报送相关的证明材料，包括大修房屋的名称、坐落地点、产权证编号、房产原值、用途、房屋大修的原因、大修合同及大修的起止时间等信息和资料，以备税务机关查验。具体报送材料由各省、自治区、直辖市和计划单列市税务局确定。

3）在基建工地为基建工地服务的各种工棚、材料棚、休息棚和办公室、食堂、茶炉房、汽车房等临时性房屋，施工期间一律免征房产税。但工程结束后，施工企业将这种临时性房屋交还或估价转让给基建单位的，应从基建单位接收的次月起，照章纳税。

4）对房管部门经租的居民住房，在房租调整改革之前收取租金偏低的，可暂缓征收房产税。对房管部门经租的其他非营业用房，是否给予照顾，由各省、自治区、直辖市根据当地具体情况按税收管理体制的规定办理。

5）对高校学生公寓免征房产税。

6）对非营利性医疗机构、疾病控制机构和妇幼保健机构等卫生机构自用的房产，免征房产税。

7）老年服务机构自用的房产免征房产税。老年服务机构是指专门为老年人提供生活照料、文化、护理、健身等多方面服务的福利性、非营利性的机构，主要包括老年社会福利院、敬老院（养老院）、老年服务中心、老年公寓（含老年护理院、康复中心、托老所）等。

8）对公共租赁住房免征房产税。公共租赁住房经营单位应单独核算公共租赁住房租金收入，未单独核算的，不得享受免征房产税优惠政策。

对廉租住房经营管理单位按照政府规定价格、向规定保障对象出租廉租住房的租金收入，免征房产税。

对个人出租住房，不区分用途，按4%的税率征收房产税；对企事业单位、社会团体以及其他组织按市场价格向个人出租用于居住的住房，减按4%的税率征收房产税。

9）国家机关、军队、人民团体、财政补助事业单位、居民委员会、村民委员会拥有的体育场馆，用于体育活动的房产，免征房产税。

经费自理事业单位、体育社会团体、体育基金会、体育类民办非企业单位拥有并运营管理的体育场馆，符合相关条件的，其用于体育活动的房产，免征房产税。

企业拥有并运营管理的大型体育场馆，其用于体育活动的房产，减半征收房产税。

享受上述税收优惠体育场馆的运动场地，用于体育活动的天数不得低于全年自然天数的70%。

10）自2019年1月1日至2021年12月31日，对农产品批发市场、农贸市场（包括自有和承租）专门用于经营农产品的房产、土地，暂免征收房产税。对同时经营其他产品的，按其他产品与农产品交易场地面积的比例确定征免房产税。

农产品批发市场、农贸市场的行政办公区、生活区，以及商业餐饮娱乐等非直接为农产品交易提供服务的房产、土地，应按规定征收房产税。

11）自2019年1月1日至2021年12月31日，对国家级、省级科技企业孵化器、大学科技园和国家备案众创空间自用以及无偿或通过出租等方式提供给在孵对象使用的房产、土地，免征房产税。

二、房产税的计算

1. 计税依据

房产税的计税依据是房产的计税余值或房产的租金收入。

（1）从价计征的房产税的计税依据——计税余值

纳税人经营自用的房产，以房产的计税余值为计税依据。所谓计税余值按照房产原值一次减除10%～30%后的余额计算，各地的具体扣除比例由当地省、自治区、直辖市人民政府确定。关于房产原值，税法做了以下规定：

①不论房产是否记载在会计账簿固定资产科目中，均应按照房屋原价计算缴纳房产税。房屋原价应根据国家有关会计制度规定进行核算。对纳税人未按照国家会计制度规定核算并记载的，应按规定予以调整或重新评估。

②房产原值是指纳税人按照国家统一的会计制度规定，在账簿"固定资产"科目中记载的房屋原值（或原价），包括与房屋不可分割的各种附属设备或一般不单独计算价值的配套设施

（主要有：暖气、卫生、通风、照明、煤气等设备及各种管线）。

③纳税人对原有房屋进行改建、扩建的，要相应增加房屋的原值。

④自用的地下建筑应区分下列不同情形确定房产余值：工业用途房产，以房屋原价的50%～60%作为应税房产原值；商业和其他用途房产，以房屋原价的70%～80%作为应税房产原值；对于与地上房屋相连的地下建筑，如房屋的地下室、地下停车场、商场的地下部分等，应将地下部分与地上房屋视为一个整体按照地上房屋建筑的有关规定计算征收房产税。

（2）从租计征的房产税的计税依据——租金收入

对出租的房屋，以房产的租金收入为房产税的计税依据。

所谓房产的租金收入，是房屋产权所有人出租房产使用权所得的报酬，包括货币收入和实物收入。

如果是以劳务或者其他形式为报酬抵付房租收入的，应根据当地同类房产的租金水平，确定一个标准租金额从租征。

纳税人对个人出租房屋的租金收入申报不实或申报数与同一地段同类房屋的租金收入相比明显不合理的，税务部门可以按照《中华人民共和国税收征收管理法》的有关规定，采取科学合理的方法核定其应纳税款。具体办法由各省、自治区、直辖市地方税务机关结合当地实际情况制定。

（3）其他规定

①对投资联营的房产，在计征房产税时应予以区别对待。对于以房产投资联营，投资者参与投资利润分红，共担风险的，按房产余值作为计税依据计征房产税；对以房产投资，收取固定收入，不承担联营风险的，实际是以联营名义取得房产租金，应由出租方按租金收入计缴房产税。

投资联营房产
的房产税问题

②对融资租赁房屋的情况，由于租赁费包括购进房屋的价款、手续费、借款利息等，与一般房屋出租的"租金"内涵不同，且租赁期满后。当承租方偿还最后一笔租赁费时，房屋产权要转移到承租方。这实际是一种变相的分期付款购买固定资产的形式，所以在计征房产税时应以房产余值计算征收。

③对居民住宅区内业主共有的经营性房产，由实际经营（包括自营和出租）的代管人或使用人缴纳房产税。其中自营的，依照房产原值减除10%～30%后的余值计征，没有房产原值或不能将业主共有房产与其他房产的原值准确划分开的，由房产所在地方税务机关参照同类房产核定房产原值；出租的，依照租金收入计征。

2. 房产税应纳税额的计算

$$应纳税额 = 房产计税余值（或租金收入）× 适用税率$$

其中：房产计税余值 = 房产原值 ×（1 - 原值减除比例）

适用税率为12%（从租计征）或1.2%（从价计征）。

例 6-14

某企业2×××年拥有经营性房产4 000平方米，"固定资产——房屋"账户原值4 000万元，税务机关核定的计税余值扣除比例为20%，计算该企业的全年应纳房产税税额。

例题分析 6-14

$$年应纳房产税 = 4\,000 \times (1-20\%) \times 1.2\% = 38.4（万元）$$

例 6-15

2×××年某企业发生以下业务：

（1）当年继续将临街房产 100 万元出租，月租金 5 万元；

（2）3 月 1 日以原值 200 万元的房产投资某企业，每年按协议固定取得 20 万元利润，不承担风险；

（3）1 月 1 日起，出租闲置的办公室供县委新区指挥部办公使用，本年收取租金 3 万元；

（4）4 月 9 日将新建的房屋 200 万元（含中央空调 70 万元）验收投入使用；

（5）原有 200 万元房产于当年 5 月 31 日出租，月租金 10 万元；

除此外再无别的房产（当地房产税的扣除比例为 30%）。

计算：该企业当年应缴纳的房产税。

例题分析 6-15

（1）对以房产投资，收取固定收入，不承担联营风险的，实际是以联营名义取得房产租金，应根据暂行条例的有关规定由出租方按租金收入计算缴纳房产税。

（2）从租计征的房屋房产税全年应纳税额 = 租金收入 ×12%。

（3）纳税人出租房产的，计算房产税时按出租当月收到租金就开始计算，而不是次月，这是计算题目适用的原则，而不能按次月计算。

（4）委托施工企业新建房屋用于生产经营的，从建成办理验收之次月缴纳房产税。

$$当年应纳房产税 = 5 \times 12 \times 12\% + 200 \times (1-30\%) \times 1.2\% \times 2/12 + 20/12 \times 10 \times 12\% + 3 \times 12\% + 200 \times (1-30\%) \times 1.2\% \times 8/12 + 200 \times (1-30\%) \times 1.2\% \times 5/12 + 10 \times 7 \times 12\%$$

$$= 7.2 + 0.28 + 2 + 0.36 + 1.12 + 0.7 + 8.4 = 20.06（万元）$$

三、房产税会计处理

（一）会计科目设置

为了正确核算企业的生产经营成果，准确反映房产税的计提和解缴情况，企业应在"应交税费"账户下设置"应交房产税"明细账户进行核算。即在计算应缴纳的房产税时，借记"税金及附加"账户，贷记"应交税费——应交房产税"账户。企业缴纳房产税时，借记"应交税费——应交房产税"账户，贷记"银行存款"。

（二）会计处理

例 6-16

恒达生产企业有闲置门面房 4 间，出租给金龙连锁超市作营业用房，月租金收入 30 000 元。该企业当月应纳房产税的计算及会计处理如下：

例题分析6-16

该企业的应纳房产税额 =30 000×12%=3 600（元）

借：税金及附加——房产税　　　　　　　　　　　　　　　　3 600

　　贷：应交税费——应交房产税　　　　　　　　　　　　　　3 600

四、房产税的征收管理

1. 纳税义务发生时间

（1）纳税人将原有房产用于生产经营，从生产经营之月起，缴纳房产税。

（2）纳税人自行新建房屋用于生产经营，从建成之日的次月起，缴纳房产税。

（3）纳税人委托施工企业建设的房屋，从办理验收手续之日的次月起，缴纳房产税。纳税人在办理手续前，已使用或出租、出借的新建房屋，应从使用或出租、出借的当月起，缴纳房产税。

（4）购置新建商品房，自房屋交付使用之日次月起计征房产税。

（5）购置存量房，自房屋权属办理转移、变更登记手续，房地产权属登记机关签署房屋权属证书之日次月起计征房产税

（6）出租、出借房产，自交付出租、出借房产之日次月起计征房产税。

（7）房地产开发企业自用、出租、出借本企业建造的商品房，自房屋使用或交付之次月起计征房产税。

2. 纳税期限

房产税实行按年计算，分期缴纳的征收方法，具体纳税期限由省、自治区、直辖市人民政府确定。

3. 纳税地点

房产税在房产所在地缴纳。房产不在同一地方的纳税人，应按房产的坐落地点分别向房产所在地的税务机关纳税。

第五节　车船税会计

问题提出

王女士想为女儿买一辆汽车，在买车前，她和女儿2人在计算，汽车的有关费用。在计算

过程中，对车船税产生疑问，"是不是每辆车都要交税的？每年都要交吗？怎么交？"针对她的问题，通过本节的学习，我们将找出答案。

一、车船税概述

（一）车船税概念

车船税（Vehicle and Vessel Tax），是对在中华人民共和国境内的车辆、船舶的所有人或者管理人所征收一种税。经第十一届全国人民代表大会常务委员会第十九次会议通过，2012 年 1 月 1 日起，《中华人民共和国车船税法》以及《中华人民共和国车船税法实施条例》正式实施；2019 年 4 月 23 日第十三届全国人民代表大会常务委员会第十次会议修正《中华人民共和国车船税法》（以下简称《车船税法》）。

开征车船税，可以增加地方财政收入，缓解运力紧张，合理利用车船，提高车船的使用效率，从而调节和促进经济的发展。

（二）车船税纳税人

车船税的纳税义务人，是指在中华人民共和国境内，车辆、船舶（以下简称车船）的所有人或者管理人。管理人是指对车船具有管理使用权，不具有所有权的单位和个人。

（三）车船税征税范围

车船税的征税范围是指在中华人民共和国境内属于车船税法所规定的应税车辆和船舶。具体包括：

（1）依法应当在车船登记管理部门登记的机动车辆和船舶。

（2）依法不需要在车船登记管理部门登记的在单位内部场所行驶或者作业的机动车辆和船舶。

（四）车船税的税目

车船税的税目分为六大类，包括乘用车、商用车、挂车、其他车辆、摩托车和船舶。

（五）车船税的税率

车船税实行定额税率，依照下附的《车船税税目税额表》执行。

国务院财政部门、税务主管部门可以根据实际情况，在《车船税税目税额表》规定的税目范围和税额幅度内，划分子税目，并明确车辆的子税目税额幅度和船舶的具体适用税额。车辆的具体适用税额由省、自治区、直辖市人民政府在规定的子税目税额幅度内确定。

车船税确定税额总的原则是：非机动车船的税负轻于机动车船；人力车的税负轻于畜力车；小吨位船舶的税负轻于大船舶。由于车辆与船舶的行使情况不同，车船税的税额也有所不同（见表6-2）。

表 6-2 车船税税目税额表

税目		计税单位	年基准税额	备注
乘用车〔按发动机汽缸容量分档〕	1.0升（含）以下的	每辆	60～360元	核定载客人数9人（含）以下
	1.0升以上至1.6升（含）的		300～540元	
	1.6升以上至2.0升（含）的		360～660元	
	2.0升以上至2.5升（含）的		660～1200元	
	2.5升以上至3.0升（含）的		1200～2400元	
	3.0升以上至4.0升（含）的		2400～3600元	
	4.0升以上的		3600～5400元	
商用车	客车	每辆	480～1440元	核定载客人数9人以上，包括电车
	货车	整备质量每吨	16～120元	包括半挂牵引车、三轮汽车和低速载货汽车等
挂车		整备质量每吨	按照货车税额的50%计算	
其他车辆	专用作业车	整备质量每吨	16～120元	不包括拖拉机
	轮式专用机械车		16～120元	
摩托车		每辆	36～180元	
船舶	机动船舶	净吨位每吨	3～6元	拖船、非机动驳船分别按照机动船舶税额的50%计算
	游艇	艇身长度每米	600～2000元	

依法不需要办理登记的车船和依法应当登记而未办理登记或者不能提供车船登记证书、行驶证的车船，以车船出厂合格证明或者进口凭证标注的技术参数、数据为准；不能提供车船出厂合格证明或者进口凭证的，由主管税务机关参照国家相关标准核定，没有国家相关标准的参照同类车船核定。

（六）车船税税收优惠

1. 法定减免

（1）捕捞、养殖渔船，但不包括在渔业船舶管理部门登记为捕捞船或者养殖船以外类型的渔业船舶；

（2）军队、武警专用的车船；

（3）警用车船；

（4）依照法律规定应当予以免税的外国驻华使领馆、国际组织驻华代表机构及其有关人员的车船；

2. 特定减免

省、自治区、直辖市人民政府根据当地实际情况，可以对公共交通车船，农村居民拥有并主要在农村地区使用的摩托车、三轮汽车和低速载货汽车定期减征或者免征车船税。

二、车船税的计算

1. 计税依据

车船税的计算

车船税以车船的计税单位数量为计税依据。《车船税法》按车船的种类和性能，分别确定每辆、整备质量每吨、净吨位每吨和艇身长度每米为计税单位。具体如下：

（1）乘用车、商用客车和摩托车，以辆数为计税依据。

（2）商用货车、挂车、专用作业车和轮式专用机械车，以整备质量吨位数为计税依据。

（3）机动船舶，以净吨位数为计税依据。

（4）游艇以艇身长度为计税依据。

2. 应纳税额的计算方法

（1）车船税各税目应纳税额的计算公式如下：

乘用车、客车和摩托车的应纳税额 = 辆数 × 适用年基准税额

货车、挂车、专用作业车和轮式专用机械车的应纳税额 = 整备质量吨位数 × 适用年基准税额

机动船舶的应纳税额 = 净吨位数 × 适用年基准税额

拖船和非机动驳船的应纳税额 = 净吨位数 × 适用年基准税额 ×50%

游艇的应纳税额 = 艇身长度 × 适用年基准税额

（2）购置的新车船，购置当年的应纳税额自纳税义务发生的当月起按月计算。计算公式为

应纳税额 = 适用年基准税额 ÷12× 应纳税月份数

例 6-17

张某 4 月 12 日购买 1 辆发动机汽缸容量为 1.6 升的乘用车，已知适用年基准税额 480 元。

要求：计算张某当年应缴纳的车船税税额。

例题分析 6-17

购置的新车船，购置当年的应纳税额自纳税义务发生的当月起按月计算。

张某当年应缴纳车船税税额 =480×9÷12=360（元）

三、车船税的会计处理

（一）会计科目设置

为了正确核算企业的生产经营成果，准确反映车船税的计提和解缴情况，企业应在"应交税费"账户下设置"应交车船税"明细账户进行核算。即在计算应缴纳的车船税时，借记"税金及附加"账户，贷记"应交税费——应交车船税"账户。缴纳车船税时，借记"应交税费——应交车船税"，贷记"银行存款"。

（二）会计处理

例 6-18

某运输公司 2×××年度拥有并使用以下车辆：

（1）从事运输用的整备质量吨位为 2 吨的拖拉机挂车 5 辆；

（2）整备质量吨位为 5 吨的载货卡车 10 辆；

（3）整备质量吨位为 3.6 吨的汽车挂车 5 辆；

当地政府规定，载货汽车的车船税税额为 60 元 / 吨。

计算：2×××年该公司应缴纳的车船税并进行账务处理。

例题分析 6-18

（1）拖拉机挂车的应纳车船税 =2×5×60×50%=300（元）

（2）载货卡车的车船税 =5×10×60=3 000（元）

（3）汽车挂车的车船税 =4×5×60×50%=600（元）

（4）合计应纳车船税 =300+3 000+600=3 900（元）。

会计核算如下：

企业按规定计提税款时：

借：税金及附加　　　　　　　　　　　　　　　　　　3 900

　　贷：应交税费——应交车船税　　　　　　　　　　　　　3 900

上缴税款时：

借：应交税费——应交车船税　　　　　　　　　　　　3 900

　　贷：银行存款　　　　　　　　　　　　　　　　　　　3 900

四、车船税的征收管理

1. 纳税义务发生时间

车船税纳税义务发生时间为取得车船所有权或者管理权的当月。以购买车船的发票或其他证明文件所载日期的当月为准。

2. 纳税地点

车船税的纳税地点为车船的登记地或者车船税扣缴义务人所在地。

扣缴义务人代收代缴车船税的，纳税地点为扣缴义务人所在地。

纳税人自行申报缴纳车船税的，纳税地点为车船登记地的主管税务机关所在地。

依法不需要办理登记的车船，其车船税的纳税地点为车船的所有人或者管理人所在地。

3. 纳税申报

车船税按年申报，分月计算，一次性缴纳。纳税年度为公历 1 月 1 日至 12 月 31 日。具体申报纳税期限由省、自治区、直辖市人民政府规定。

（1）从事机动车第三者责任强制保险业务的保险机构为机动车车船税的扣缴义务人，应当在收取保险费时依法代收车船税，并出具代收税款凭证。

机动车车船税扣缴义务人在代收车船税时，应当在机动车交通事故责任强制保险的保险单以及保费发票上注明已收税款的信息，作为代收税款凭证。

（2）已完税或者依法减免税的车辆，纳税人应当向扣缴义务人提供登记地的主管税务机关出具的完税凭证或者减免税证明。

（3）纳税人没有按照规定期限缴纳车船税的，扣缴义务人在代收代缴税款时，可以一并代收代缴欠缴税款的滞纳金。

（4）扣缴义务人已代收代缴车船税的，纳税人不再向车辆登记地的主管税务机关申报缴纳车船税。没有扣缴义务人的，纳税人应当向主管税务机关自行申报缴纳车船税。

（5）纳税人缴纳车船税时，应当提供反映排气量、整备质量、核定载客人数、净吨位、千瓦、艇身长度等与纳税相关信息的相应凭证以及税务机关根据实际需要要求提供的其他资料。

纳税人以前年度已经提供前款所列资料信息的，可以不再提供。

（6）已缴纳车船税的车船在同一纳税年度内办理转让过户的，不另纳税，也不退税。

（7）车船税的纳税人应按照条例的有关规定及时办理纳税申报，并如实填写车船税纳税申报表。

4. 其他管理规定

（1）公安、交通运输、农业、渔业等车船登记管理部门、船舶检验机构和车船税扣缴义务人的行业主管部门应当在提供车船有关信息等方面，协助税务机关加强车船税的征收管理。

车辆所有人或者管理人在申请办理车辆相关登记、定期检验手续时，应当向公安机关交通管理部门提交依法纳税或者免税证明。公安机关交通管理部门核查后办理相关手续。

公安机关交通管理部门在办理车辆相关登记和定期检验手续时，经核查，对没有提供依法纳税或者免税证明的，不予办理相关手续。

（2）扣缴义务人应当及时解缴代收代缴的税款和滞纳金，并向主管税务机关申报。扣缴义务人向税务机关解缴税款和滞纳金时，应当同时报送明细的税款和滞纳金扣缴报告。扣缴义务人解缴税款和滞纳金的具体期限，由省、自治区、直辖市税务机关依照法律、行政法规的规定确定。

（3）购置的新车船，购置当年的应纳税额自纳税义务发生的当月起按月计算。应纳税额为年应纳税额除以 12 再乘以应纳税月份数。

（4）在一个纳税年度内，已完税的车船被盗抢、报废、灭失的，纳税人可以凭有关管理机关出具的证明和完税凭证，向纳税所在地的主管税务机关申请退还自被盗抢、报废、灭失月份起至该纳税年度终了期间的税款。

已办理退税的被盗抢车船失而复得的，纳税人应当从公安机关出具相关证明的当月起计算缴纳车船税。

第六节　城镇土地使用税会计

问题提出

2007 年起上海市对使用土地的单位和个人开征城镇土地使用税，最初，人们因为不了解该税种，非常反感，认为老百姓住自己的房子还要交税，是市政府给老百姓又增加了一项苛捐杂税。人们的观点对吗？通过本节的学习，我们将找出答案。

一、城镇土地使用税的概述

（一）城镇土地使用税的概念

城镇土地使用税（City and Town Land Use Tax）是以开征范围的土地为征税对象，以实际占用的土地面积为计税依据，按规定税额对拥有土地使用权的单位和个人征收的一种税。1988 年 9 月 27 日国务院颁布《中华人民共和国城镇土地使用税暂行条例》（以下简称《城镇土地使用税暂行条例》），自 1988 年 11 月 1 日起施行。2006 年 12 月 31 日、2011 年 1 月 8 日、2013 年 12 月 7 日国务院对《城镇土地使用税暂行条例》进行了修订。之后，财政部、国家税务总局也陆续发布了一些有关城镇土地使用税的规定、办法。这些构成了我国城镇土地使用税法律制度。

（二）城镇土地使用税纳税人

在城市、县城、建制镇、工矿区范围内使用土地的单位和个人，为城镇土地使用税（以下简称土地使用税）的纳税人，应当依照规定缴纳土地使用税。单位包括国有企业、集体企业、私营企业、股份制企业、外商投资企业、外国企业以及其他企业和事业单位、社会团体、国家机关、军队以及其他单位；个人，包括个体工商户以及其他个人。

城镇土地使用税的纳税人通常包括以下几类：

（1）城镇土地使用税由拥有土地使用权的单位或个人缴纳。

（2）拥有土地使用权的纳税人不在土地所在地的，由代管人或实际使用人缴纳。

（3）土地使用权未确定或权属纠纷未解决的，由实际使用人纳税。

（4）土地使用权共有的，共有各方均为纳税人，由共有各方分别纳税。

土地使用权共有的，由共有各方按其实际使用的土地面积占总面积的比例，分别计算缴纳土地使用税。

（三）征税范围

城镇土地使用税的征税范围为城市、县城、建制镇、工矿区内的国家所有和集体所有的土地。

城市、县城、建制镇和工矿区分别按以下标准确认：

（1）城市是指经国务院批准设立的市，城市的土地包括市区和郊区的土地。

（2）县城是指县人民政府所在地，县城的土地是指县人民政府所在地的城镇的土地。

（3）建制镇建制镇，是经省级人民政府批准设立的建制镇，建制镇的征税范围为镇人民政府所在地的地区，但不包括镇政府所在地所辖行政村。

（4）工矿区是指工商业比较发达，人口比较集中，符合国务院规定的建制镇标准，但尚未设立建制镇的大中型工矿企业所在地，工矿区须经省、自治区、直辖市人民政府批准。

城市、县城、建制镇、工矿区的具体征税范围，由市、县人民政府根据依法批准的城市规划和建制镇规划确定。

（四）税率

城镇土地使用税采用定额税率，即采用有幅度的差别税额，按大、中、小城市和县城、建制镇、工矿区分别规定每平方米土地使用税的年应纳税额。土地使用税每平方米年税额如下：

（1）大城市 1.5 ～ 30 元；

（2）中等城市 1.2 ～ 24 元；

（3）小城市 0.9 ～ 18 元；

（4）县城、建制镇、工矿区 0.6 ～ 12 元。

大、中、小城市以公安部门登记在册的非农业正式户口人数为依据，按照国务院颁布的《城市规划条例》中规定的标准划分。人口在 50 万以上者为大城市；人口在 20 万至 50 万之间者为中等城市；人口在 20 万以下者为小城市。

省、自治区、直辖市人民政府，应当在上述规定的税额幅度内，根据市政建设状况、经济繁荣程度等条件，确定所辖地区的适用税额幅度。市、县人民政府应当根据实际情况，将本地区土地划分为若干等级，在省、自治区、直辖市人民政府确定的税额幅度内，制定相应的适用税额标准，报省、自治区、直辖市人民政府批准执行。

二、城镇土地使用税的计算

（一）计税依据

城镇土地使用
税如何计算

土地使用税以纳税人实际占用的土地面积为计税依据。土地占用面积的组织测量工作，由省、自治区、直辖市人民政府根据实际情况确定。具体按以下办法确定：

（1）凡由省级人民政府确定的单位组织测定土地面积的，以测定的土地面积为准。

（2）尚未组织测定，但纳税人持有政府部门核发的土地使用证书的，以证书确定的土地面积为准。

（3）尚未核发土地使用证书的，应由纳税人据实申报土地面积，并据以纳税，待核发土地使用证书后再做调整。

（二）应纳税额的计算

城镇土地使用税的应纳税额根据纳税人实际占用的土地面积乘以该土地所在地段的适用税额计算。其计算公式为

$$全年应纳税额 = 应税土地面积（平方米）\times 适用税额$$

例 6-19

宁波大榭货物运输公司位于浙江省宁波市北仑新区，企业土地使用证书记载占用土地的使用土地面积为 6 000 平方米，经确定属一等地段。宁波市一等地段每平方米年税额为 15 元。请计算其全年应纳的土地使用税额。

例题分析 6-19

该企业年应纳土地使用税税额 =6 000×15=90 000（元）

（三）税收优惠

1. 城镇土地使用税的免税项目

（1）国家机关、人民团体、军队自用的土地。

（2）由国家财政部门拨付事业经费的单位自用的土地。

由国家财政部门拨付事业经费的单位，是指由国家财政部门拨付经费、实行全额预算管理或差额预算管理的事业单位，不包括实行自收自支、自负盈亏的事业单位。自用土地是指这些单位本身的业务用地，如学校的教学楼、操场、食堂等占用的土地。

（3）宗教寺庙、公园、名胜古迹自用的土地。

宗教寺庙自用的土地，是指举行宗教仪式等的用地和寺庙内的宗教人员生活用地。

公园、名胜古迹自用的土地，是指供公共参观游览的用地及其管理单位的办公用地。

以上单位的生产、经营用地和其他用地，不属于免税范围，应按规定缴纳土地使用税，如公园、名胜古迹中附设的营业单位如影剧院、饮食部、茶社、照相馆、索道公司等经营用地，应按规定缴纳城镇土地使用税。

（4）市政街道、广场、绿化地带等公共用地。

非社会性的公共用地不能免税，如企业内的广场、道路、绿化等占用的土地。

（5）直接用于农、林、牧、渔业的生产用地。

（6）经批准开山填海整治的土地和改造的废弃土地，从使用的月份起免缴土地使用税 5 年至 10 年。

（7）由财政部另行规定免税的能源、交通、水利设施用地和其他用地。

2. 税收优惠的特殊规定

（1）城镇土地使用税与耕地占用税的征税范围衔接。

为避免对一块土地同时征收耕地占用税和城镇土地使用税，凡是缴纳了耕地占用税的，从批准征用之日起满 1 年后征收城镇土地使用税；征用非耕地因不需要缴纳耕地占用税，应从批准征用之次月起征收城镇土地使用税。

（2）免税单位与纳税单位之间无偿使用的土地。

对免税单位无偿使用纳税单位的土地（如公安、海关等单位使用铁路、民航等单位的土地），免征城镇土地使用税；对纳税单位无偿使用免税单位的土地，纳税单位应照章缴纳城镇土地使用税。

（3）房地产开发公司开发建造商品房的用地。

房地产开发公司开发建造商品房的用地，除经批准开发建设经济适用房的用地外，对各类房地产开发用地一律不得减免城镇土地使用税。

（4）防火、防爆、防毒等安全防范用地。

对于各类危险品仓库、厂房所需的防火、防爆、防毒等安全防范用地，可由各省、自治区、直辖市税务局确定，暂免征收城镇土地使用税；对仓库库区、厂房本身用地，应依法征收城镇土地使用税。

（5）搬迁企业的用地。

企业搬迁后原场地不使用的、企业范围内荒山等尚未利用的土地，免征城镇土地使用税。

免征税额由企业在申报缴纳城镇土地使用税时自行计算扣除，并在申报表附表或备注栏中作相应说明。

对搬迁后原场地不使用的和企业范围内荒山等尚未利用的土地，凡企业申报暂免征收城镇土地使用税的，应事先向土地所在地的主管税务机关报送有关部门的批准文件或认定书等相关证明材料，以备税务机关查验。具体报送材料由各省、自治区、直辖市和计划单列市税务局确定。

企业按上述规定暂免征收城镇土地使用税的土地开始使用时，应从使用的次月起自行计算和申报缴纳城镇土地使用税。

（6）企业的铁路专用线、公路等用地。

对企业的铁路专用线、公路等用地除另有规定者外，在企业厂区（包括生产、办公及生活区）以内的，应照章征收城镇土地使用税；在厂区以外、与社会公用地段未加隔离的，暂免征收城镇土地使用税。

（7）企业范围内的荒山、林地、湖泊等占地。

对2014年以前已按规定免征城镇土地使用税的企业范围内荒山、林地、湖泊等占地，自2016年1月1日起，全额征收城镇土地使用税。

（8）石油天然气（含页岩气、煤层气）生产企业用地。

下列石油天然气生产建设用地暂免征收城镇土地使用税：

①地质勘探、钻井、井下作业、油气田地面工程等施工临时用地；

②企业厂区以外的铁路专用线、公路及输油（气、水）管道用地；

③油气长输管线用地。

在城市、县城、建制镇以外工矿区内的消防、防洪排涝、防风、防沙设施用地，暂免征收城镇土地使用税。

除上述列举免税的土地外，其他油气生产及办公、生活区用地，依照规定征收城镇土地使用税。享受上述税收优惠的用地，用于非税收优惠用途的，不得享受税收优惠。

（9）林业系统用地。

对林区的育林地、运材道、防火道、防火设施用地，免征城镇土地使用税。

林业系统的森林公园、自然保护区可比照公园免征城镇土地使用税。

除上述列举免税的土地外，对林业系统的其他生产用地及办公、生活区用地，均应征收城镇土地使用税。

（10）盐场、盐矿用地。

对盐场、盐矿的生产厂房、办公、生活区用地，应照章征收城镇土地使用税。

盐场的盐滩、盐矿的矿井用地，暂免征收城镇土地使用税。

对盐场、盐矿的其他用地，由各省、自治区、直辖市税务局根据实际情况，确定征收城镇土地使用税或给予定期减征、免征的照顾。

（11）矿山企业用地。

矿山的采矿场、排土场、尾矿库、炸药库的安全区，以及运矿运岩公路、尾矿输送管道及回水系统用地，免征城镇土地使用税。

（12）电力行业用地。

火电厂厂区围墙内的用地均应征收城镇土地使用税。对厂区围墙外的灰场、输灰管、输油

（气）管道、铁路专用线用地，免征城镇土地使用税；厂区围墙外的其他用地，应照章征税。

水电站的发电厂房用地（包括坝内、坝外式厂房），生产、办公、生活用地，应征收城镇土地使用税；对其他用地给予免税照顾。

对供电部门的输电线路用地、变电站用地，免征城镇土地使用税。

（13）水利设施用地。

水利设施及其管护用地（如水库库区、大坝、堤防、灌渠、泵站等用地），免征城镇土地使用税；其他用地，如生产、办公、生活用地，应照章征税。

对兼有发电的水利设施用地城镇土地使用税的征免，具体办法比照电力行业征免城镇土地使用税的有关规定办理。

（14）交通部门港口用地。

对港口的码头（即泊位，包括岸边码头、伸入水中的浮码头、堤岸、堤坝、栈桥等）用地，免征城镇土地使用税。

（15）民航机场用地。

机场飞行区（包括跑道、滑行道、停机坪、安全带、夜航灯光区）用地、场内外通信导航设施用地和飞行区四周排水防洪设施用地，免征城镇土地使用税。

在机场道路中，场外道路用地免征城镇土地使用税；场内道路用地依照规定征收城镇土地使用税。

机场工作区（包括办公、生产和维修用地及候机楼、停车场）用地、生活区用地、绿化用地，均须依照规定征收城镇土地使用税。

（16）老年服务机构自用的土地。

老年服务机构是指专门为老年人提供生活照料、文化、护理、健身等多方面服务的福利性、非营利性的机构，主要包括老年社会福利院、敬老院（养老院）、老年服务中心、老年公寓（含老年护理院、康复中心、托老所）等老年服务机构自用土地免征城镇土地使用税。

（17）国家机关、军队、人民团体、财政补助事业单位、居民委员会、村民委员会拥有的体育场馆，用于体育活动的土地，免征城镇土地使用税。

经费自理事业单位、体育社会团体、体育基金会、体育类民办非企业单位拥有并运营管理的体育场馆，符合相关条件的，其用于体育活动的土地，免征城镇土地使用税。

企业拥有并运营管理的大型体育场馆，其用于体育活动的土地，减半征收城镇土地使用税。

享受上述税收优惠体育场馆的运动场地用于体育活动的天数不得低于全年自然天数的70%。

（18）自2019年1月1日至2021年12月31日，对农产品批发市场、农贸市场（包括自有和承租）专门用于经营农产品的房产、土地，暂免征收城镇土地使用税。对同时经营其他产品的，按其他产品与农产品交易场地面积的比例确定征免城镇土地使用税。

农产品批发市场、农贸市场的行政办公区、生活区，以及商业餐饮娱乐等非直接为农产品交易提供服务的房产、土地，应按规定征收城镇土地使用税。

（19）自2019年1月1日至2021年12月31日，对国家级、省级科技企业孵化器、大学科技园和国家备案众创空间自用以及无偿或通过出租等方式提供给在孵对象使用的房产、土地，免征城镇土地使用税。

三、城镇土地使用税的会计处理

按规定，企业交纳的土地使用税应通过"应交税费——应交土地使用税"科目核算。该科目贷方反映企业应缴的土地使用税；借方反映企业已经缴纳的土地使用税；余额在贷方，表示应缴而未缴的土地使用税。

每月末，企业应按规定计算出应缴纳的土地使用税，编制如下会计分录：

借：税金及附加

　　贷：应交税费——应交土地使用税

企业按照规定的纳税期限缴纳税款时，编制如下会计分录：

借：应交税费——应交土地使用税

　　贷：银行存款

例 6-20

绍兴恒发制药有限公司坐落在绍兴市郊区，经有关部门核定，2×××年占用土地面积共计30 000平方米，其中幼儿园占地3 000平方米，厂内绿化占地3 000平方米，厂区以外的绿化区有2 000平方米，另外，该厂出租土地一块计5 000平方米给其他单位使用。该企业所处地段适用年税额5元/平方米。

计算：该厂2×××年应缴纳的城镇土地使用税。

例题分析 6-20

（1）根据相关规定，该厂幼儿园的3 000平方米用地免征城镇土地使用税。

（2）绿化占地分社会性的公共绿化用地和非社会性的公共绿化用地，前者免税，如公园里的绿化用地；后者不能免税，如企业内的绿化用地。因此，该厂内3 000平方米的绿化用地要征城镇土地税。

（3）土地出租的，出租人为城镇土地使用税的纳税人。该厂出租给其他单位使用的5 000平方米的土地应由该厂缴纳城镇土地使用税。

2×××年应缴纳的城镇土地使用税 =（30 000−3 000−2 000）×5=125 000（元）

四、城镇土地使用税的征收管理

（一）纳税义务发生时间

（1）纳税人购置新建商品房，自房屋交付使用之次月起，缴纳城镇土地使用税。

（2）纳税人购置存量房，自办理房屋权属转移、变更登记手续，房地产权属登记机关签发房屋权属证书之次月起，缴纳城镇土地使用税。

（3）纳税人出租、出借房产，自交付出租、出借房产之次月起，缴纳城镇土地使用税。

（4）以出让或转让方式有偿取得土地使用权的，应由受让方从合同约定交付土地时间之次月起缴纳城镇土地使用税；合同未约定交付土地时间的，由受让方从合同签订之次月起缴纳城镇土地使用税。

（5）纳税人新征用的耕地，自批准征用之日起满1年时开始缴纳城镇土地使用税。

（6）纳税人新征用的非耕地，自批准征用次月起缴纳城镇土地使用税。

（二）纳税期限

土地使用税按年计算、分期缴纳。缴纳期限由省、自治区、直辖市人民政府确定。

（三）纳税地点

城镇土地使用税在土地所在地缴纳。

纳税人使用的土地不属于同一省、自治区、直辖市管辖的，由纳税人分别向土地所在地税务机关缴纳城镇土地使用税；在同一省、自治区、直辖市管辖范围内，纳税人跨地区使用的土地，其纳税地点由各省、自治区、直辖市税务局确定。

（四）城镇土地使用税的申报

城镇土地使用税的纳税人应填制财产和行为税纳税申报表。

第七节　契税会计

问题提出

李先生现将 2012 年购买的住房出售，购买当时的总价为 70 万，现在的售价为 420 万。2021年 3 月李先生与黄先生经协商后签订合同，但是，他们不知道在办理房产证时是否要缴纳契税，如果要缴纳，应该如何交纳契税。通过本节的学习，我们将找出答案。

一、契税的概述

（一）契税的概念

契税（Deed Tax）是以所有权发生转移变动的不动产为征税对象，向产权承受人征收的一种财产税。契税是一个古老的税种，最早起源于东晋的"古税"，至今已有 1 600 多年的历史。新中国成立以后，于 1950 年颁布的第一个税收法规就是《中华人民共和国契税暂行条例》。到了1954 年，财政部对《契税暂行条例》进行修改。1997 年 10 月 1 日起施行的《中华人民共和国契税暂行条例》取代了老的征收办法。2020 年 8 月 11 日第十三届全国人民代表大会常务委员会第二十一次会议通过《中华人民共和国契税法》，《契税暂行条例》同时废除。

知识链接

我国目前房地产类税收主要包括耕地占用税、契税、房产税、城镇土地使用税、土地增值税。

（二）契税的纳税人

契税的纳税人是境内转移土地、房屋权属，承受的单位和个人。

契税由权属的承受人缴纳。这里所说的"承受"，是指以受让、购买、受赠、互换等方式取得土地、房屋权属的行为。土地、房屋权属，是指土地使用权和房屋所有权；单位，是指企业单位、事业单位、国家机关、军事单位和社会团体以及其他组织；个人，是指个体经营者和其他个人。

（三）契税的征税范围

契税的征税范围是中华人民共和国境内转移的土地、房屋权属。具体包括以下五项内容：

（1）土地使用权出让，是指土地使用者向国家交付土地使用权出让费用，国家将国有土地使用权在一定年限内让与土地使用者的行为。

（2）土地使用权的转让，是指土地使用者以出售、赠予、交换或者其他方式将土地使用权转移给其他单位和个人的行为。土地使用权的转让不包括农村的集体土地承包经营权转移和土地经营权转移。

（3）房屋买卖，是指房屋所有者将其房屋出售，由承受者交付货币、实物、无形资产或其他经济利益的行为。

（4）房屋赠予，是指房屋所有者将其房屋无偿转让给受赠者的行为。

（5）房屋互换，是指房屋所有者之间相互交换房屋的行为。

（6）承受国有土地使用权支付的土地出让金。

以作价投资（入股）、偿还债务、划转、奖励等方式转移土地、房屋权属的，应当依照税法规定征收契税。对于这些转移土地、房屋权属的形式，可以分别视同土地使用权转让、房屋买卖或者房屋赠予征收契税。土地使用权受让人通过完成土地使用权转让方约定的投资额度或投资特定项目，以此获取低价转让或无偿赠予的土地使用权的，属于契税征收范围，其计税价格由征收机关参照纳税义务发生时当地的市场价格核定。此外，公司增资扩股中，对以土地、房屋权属作价入股或作为出资投入企业的，征收契税；企业破产清算期间，对非债权人承受破产企业土地、房屋权属的，征收契税。

土地、房屋典当、分拆（分割）、抵押以及出租等行为，不属于契税的征税范围。

（四）税率

契税实行3%～5%的幅度税率。实行幅度税率是考虑到我国经济发展的不平衡，各地经济差别较大的实际情况。因此，各省、自治区、直辖市人民政府可以在3%～5%的幅度税率规定范围内，按照本地区的实际情况决定。

（五）税收优惠

（1）国家机关、事业单位、社会团体、军事单位承受土地、房屋权属用于办公、教学、医疗、科研、军事设施。

（2）非营利性的学校、医疗机构、社会福利机构承受土地、房屋权属用于办公、教学、医疗、科研、养老、救助。

（3）承受荒山、荒地、荒滩土地使用权用于农、林、牧、渔业生产。

（4）婚姻关系存续期间夫妻之间变更土地、房屋权属。

（5）法定继承人通过继承承受土地、房屋权属。

（6）依照法律规定应当予以免税的外国驻华使馆、领事馆和国际组织驻华代表机构承受土地、房屋权属。

根据国民经济和社会发展的需要，国务院对居民住房需求保障、企业改制重组、灾后重建等情形可以规定免征或者减征契税，报全国人民代表大会常务委员会备案。

（7）省、自治区、直辖市可以决定对下列情形免征或者减征契税：

1）因土地、房屋被县级以上人民政府征收、征用，重新承受土地、房屋权属；

2）因不可抗力灭失住房，重新承受住房权属。

上述规定的免征或者减征契税的具体办法，由省、自治区、直辖市人民政府提出，报同级人民代表大会常务委员会决定，并报全国人民代表大会常务委员会和国务院备案。

经批准减征、免征契税的纳税人，改变有关土地、房屋的用途，或者有其他不再属税法规定的减征、免征契税情形的，就不再属于减征、免征契税范围，并且应当补缴已经减征、免征的税款。

二、契税的计算

（一）计税依据

由于土地、房屋权属转移方式不同，定价方法不同，因而具体计税依据视不同情况而决定。

（1）土地使用权出让、出售，房屋买卖，以成交价格作为计税依据。成交价格是指土地、房屋权属转移合同确定的价格，包括承受者应交付的货币、实物、无形资产或其他经济利益对应的价款。计征契税的成交价格不含增值税。

（2）土地使用权赠予、房屋赠予以及其他没有价格的转移土地、房屋权属行为，为税务机关参照土地使用权出售、房屋买卖的市场价格依法核定的价格。

土地使用权交换、房屋互换的契税计算

（3）土地使用权互换、房屋互换，以所互换的土地使用权、房屋价格的差额为计税依据。计税依据只考虑其价格的差额，互换价格不相等的，由多交付货币、实物、无形资产或其他经济利益的一方缴纳契税；互换价格相等的，免征契税。土地使用权与房屋所有权之间相互交换，也应按照上述办法确定计税依据。

（4）以划拨方式取得土地使用权，经批准转让房地产时应补交的契税，以补交的土地使用权出让费用或土地收益作为计税依据。

为了防止纳税人隐瞒、虚报成交价格以偷、逃税款，对纳税人申报的成交价格、互换价格差额明显偏低且无正当理由的，由税务机关依照《中华人民共和国税收征收管理法》的规定核定。

（二）应纳税额的计算方法

契税采用比例税率，当计税依据确定后，应纳税额的计算比较简单。应纳税额的计算公式为：

$$应纳税额 = 计税依据 \times 税率$$

例 6-21

居民张群有两套住房，将一套出售给居民陈曦，成交价格为 200 000 元；将另一套两室住房与居民邓丽交换成两处一室住房，并支付给邓丽换房差价款 60 000 元。

计算：张群、陈曦、邓丽相关行为应缴纳的契税（假定税率为 4%）。

例题分析 6-21

（1）张群应缴纳契税 =60 000×4%=2 400（元）

（2）陈曦应缴纳契税 =200 000×4%=8 000（元）

（3）邓丽不缴纳契税。

例 6-22

王某获得单位奖励房屋一套，一年后，王某将该奖励房屋与李某拥有的一套房屋进行交换。房地产评估机构评估奖励王某的房屋价值 30 万元，李某房屋价值 35 万元，协商后，王某实际向李某支付房屋交换价格差额款 5 万元。税务机关核定奖励王某的房屋价值 28 万元。已知当地规定的契税税率为 4%。计算：王某应缴纳的契税税额。

例题分析 6-22

根据契税法律制度的规定，以获奖方式取得房屋权属的应视同房屋赠予征收契税，计税依据为税务机关参照市场价格核定的价格，即 28 万元。房屋交换且交换价格不相等的，应由多支付货币的一方缴纳契税，计税依据为所交换的房屋价格的差额，即 5 万元。因此，王某应就其获奖承受该房屋权属行为和房屋交换行为分别缴纳契税。

（1）王某获奖承受房屋权属应缴纳的契税税额 =280 000×4%=11 200（元）

（2）王某房屋交换行为应缴纳的契税税额 =50 000×4%=2 000（元）

（3）王某实际应缴纳的契税税额 =11 200+2 000=13 200（元）

三、契税的会计处理

对于企业取得的土地使用权、房屋，若是有偿取得的，一般应借记"固定资产""无形资产"等科目，贷记"银行存款"等科目。

例 6-23

浙江长征有限公司收到其投资者以土地使用权作价 6 000 000 元投入企业作为资本。按规定，以土地使用权作价投资，应视同地使用权转让，按规定缴纳契税。假如当地政府规定契税税率为 5%，则计算该公司应纳契税的税额。

例题分析 6-23

（1）应纳税额 =6 000 000×5%=300 000（元）

（2）则企业应编制如下会计分录：

借：无形资产——土地使用权   300 000

  贷：银行存款   300 000

例 6-24

浙江长征有限公司将其拥有的库房 10 间，与宏大贸易公司拥有的一座厂房相交换，双方协议规定由浙江长征有限公司补付现金 1 000 000 元，契税税率为 4%。

计算：浙江长征有限公司应纳税额并编制会计分录。

例题分析 6-24

（1）应纳税额 =1 000 000×4%=40 000（元）

（2）则企业在实际缴纳契税时编制如下会计分录：

借：固定资产——厂房   40 000

  贷：银行存款   40 000

四、契税的征收管理

（一）纳税义务发生时间

契税的纳税义务发生时间是纳税人签订土地、房屋权属转移合同的当天，或者纳税人取得其他具有土地、房屋权属转移合同性质凭证的当天。纳税人应当在依法办理土地、房屋权属登记手续前申报缴纳契税。

纳税人办理纳税事宜后，税务机关应当开具契税完税凭证。纳税人办理土地、房屋权属登记，不动产登记机构应当查验契税完税、减免税凭证或者有关信息。未按照规定缴纳契税的，不动产登记机构不予办理土地、房屋权属登记。

在依法办理土地、房屋权属登记前，权属转移合同、权属转移合同性质凭证不生效、无效、被撤销或者被解除的，纳税人可以向税务机关申请退还已缴纳的税款，税务机关应当依法办理。

税务机关应当与相关部门建立契税涉税信息共享和工作配合机制。自然资源、住房城乡建设、民政、公安等相关部门应当及时向税务机关提供与转移土地、房屋权属有关的信息，协助税务机关加强契税征收管理。

税务机关及其工作人员对税收征收管理过程中知悉的纳税人的个人信息，应当依法予以保密，不得泄露或者非法向他人提供。

（二）纳税地点

契税实行属地征收管理。纳税人发生契税纳税义务时，应向土地、房屋所在地的税务征收机关申报纳税。

（三）纳税申报

纳税人依法及时到当地契税征收机关填制财产和行为税纳税申报表，进行申报纳税。

第八节 资源税会计

问题提出

我国幅员辽阔，自然资源丰富，但各地资源状况参差不齐，各地的资源开发条件也存在较大的差异。随着经济的发展，越来越多的企业、单位和个人从事资源开发和利用。为了调节资源级差收入并体现国有资源有偿使用，我国开征了资源税。那么，现行资源税对纳税义务人、征税对象、税率、税收优惠等是如何规定的？通过本节的学习，我们将找出答案。

一、资源税概述

（一）资源税的概念

资源税（Resources Tax）是对在我国领域或管辖的其他海域开发应税资源的单位和个人征收的一种税。1984 年 9 月 18 日国务院发布《中华人民共和国资源税条例（草案）》，自同年 10 月 1 日起施行。随后，国家又陆续对资源税进行了修订和调整。2019 年 8 月 26 日，第十三届全国人民代表大会常务委员会第十二次会议通过了《中华人民共和国资源税法》（以下简称《资源税法》），自 2020 年 9 月 1 日起施行。

（二）资源税的纳税人

资源税的纳税人，是指在中华人民共和国领域和中华人民共和国管辖的其他海域开发应税资源的单位和个人。这里所称单位，是指国有企业、集体企业、私营企业、股份制企业、其他企业和行政单位、事业单位、军事单位、社会团体及其他单位；这里所称个人，是指个体经营者和其他个人。

中外合作开采陆上、海上石油资源的企业依法缴纳资源税。

2011 年 11 月 1 日前已依法订立中外合作开采陆上、海上石油资源合同的，在该合同有效期内，继续依照国家有关规定缴纳矿区使用费，不缴纳资源税；合同期满后，依法缴纳资源税。

（三）征税范围和税目

我国资源税的征税范围由《资源税法》所附《资源税税目税率表》（以下简称《税目税率表》）确定，包括能源矿产、金属矿产、非金属矿产、水气矿产、盐类，共计 5 大类，各税目的征税对象包括原矿或选矿。具体包括：

（1）能源矿产，包括原油；天然气、页岩气、天然气水合物；煤；煤成（层）气；铀、钍；油页岩、油砂、天然沥青、石煤；地热。

（2）金属矿产，包括黑色金属和有色金属。

（3）非金属矿产，包括矿物类、岩石类、宝玉石类。

（4）水气矿产，包括二氧化碳气、硫化氢气、氮气、氦气、矿泉水。

（5）盐类，包括钠盐、钾盐、镁盐、锂盐、天然卤水、海盐。

纳税人开采或者生产应税产品自用的，视同销售，应当按规定缴纳资源税；但是，自用于连续生产应税产品的，不缴纳资源税。纳税人自用应税产品应当缴纳资源税的情形，包括纳税人以应税产品用于非货币性资产交换、捐赠、偿债、赞助、集资、投资、广告、样品、职工福利、利润分配或者连续生产非应税产品等。

国务院根据国民经济和社会发展需要，依照《资源税法》原则，对取用地表水或者地下水的单位和个人试点征收水资源税。征收水资源税的，停止征收水资源费。

水资源税试点实施办法由国务院规定，报全国人民代表大会常务委员会备案。

（四）资源税税率

资源税采用比例税率或者定额税率两种形式。税目、税率，依照《税目税率表》执行。其中对地热、石灰岩、其他粘土、砂石、矿泉水和天然卤水6种应税资源采用比例税率或定额税率，其他应税资源均采用比例税率。

《税目税率表》中规定实行幅度税率的，其具体适用税率由省、自治区、直辖市人民政府统筹考虑该应税资源的品位、开采条件以及对生态环境的影响等情况，在《税目税率表》规定的税率幅度内提出，报同级人民代表大会常务委员会决定，并报全国人民代表大会常务委员会和国务院备案。《税目税率表》中规定征税对象为原矿或者选矿的，应当分别确定具体适用税率。

水资源税根据当地水资源状况、取用水类型和经济发展等情况实行差别税率。资源税税目税率表见表6-3。

表6-3 资源税税目税率表

税目			征税对象	税率
能源矿产	原油		原矿	6%
	天然气、页岩气、天然气水合物		原矿	6%
	煤		原矿或者选矿	2%～10%
	煤成（层）气		原矿	1%～2%
	铀、钍		原矿	4%
	油页岩、油砂、天然沥青、石煤		原矿或者选矿	1%～4%
	地热		原矿	1%～20%或者每立方米1～30元
金属矿产	黑色金属	铁、锰、铬、钒、钛	原矿或者选矿	1%～9%
	有色金属	铜、铅、锌、锡、镍、锑、镁、钴、铋、汞	原矿或者选矿	2%～10%
		铝土矿	原矿或者选矿	2%～9%
		钨	选矿	6.5%
		钼	选矿	8%
		金、银	原矿或者选矿	2%～6%
		铂、钯、钌、锇、铱、铑	原矿或者选矿	5%～10%
		轻稀土	选矿	7%～12%
		中重稀土	选矿	20%
		铍、锂、锆、锶、铷、铯、铌、钽、锗、镓、铟、铊、铪、铼、镉、硒、碲	原矿或者选矿	2%～10%

（续）

税目			征税对象	税率
非金属矿产	矿物类	高岭土	原矿或者选矿	1%～6%
		石灰岩	原矿或者选矿	1%～6%或者每吨（或者每立方米）1～10元
		磷	原矿或者选矿	3%～8%
		石墨	原矿或者选矿	3%～12%
		萤石、硫铁矿、自然硫	原矿或者选矿	1%～8%
		天然石英砂、脉石英、粉石英、水晶、工业用金刚石、冰洲石、蓝晶石、硅线石（砂线石）、长石、滑石、刚玉、菱镁矿、颜料矿物、天然碱、芒硝、钠硝石、明矾石、砷、硼、碘、溴、膨润土、硅藻土、陶瓷土、耐火粘土、铁矾土、凹凸棒石粘土、海泡石粘土、伊利石粘土、累托石粘土	原矿或者选矿	1%～12%
		叶蜡石、硅灰石、透辉石、珍珠岩、云母、沸石、重晶石、毒重石、方解石、蛭石、透闪石、工业用电气石、白垩、石棉、蓝石棉、红柱石、石榴子石、石膏	原矿或者选矿	2%～12%
		其他粘土（铸型用粘土、砖瓦用粘土、陶粒用粘土、水泥配料用粘土、水泥配料用红土、水泥配料用黄土、水泥配料用泥岩、保温材料用粘土）	原矿或者选矿	1%～5%或者每吨（或者每立方米）0.1～5元
非金属矿产	岩石类	大理岩、花岗岩、白云岩、石英岩、砂岩、辉绿岩、安山岩、闪长岩、板岩、玄武岩、片麻岩、角闪岩、页岩、浮石、凝灰岩、黑曜岩、霞石正长岩、蛇纹岩、麦饭石、泥灰岩、含钾岩岩、含钾砂岩、天然油石、橄榄岩、松脂岩、粗面岩、辉长岩、辉石岩、正长岩、火山灰、火山渣、泥炭	原矿或者选矿	1%～10%
		砂石	原矿或者选矿	1%～5%或者每吨（或者每立方米）0.1～5元
	宝玉石类	宝石、玉石、宝石级金刚石、玛瑙、黄玉、碧玺	原矿或者选矿	4%～20%
水气矿产		二氧化碳气、硫化氢气、氦气、氡气	原矿	2%～5%
		矿泉水	原矿	1%～20%或者每立方米1～30元
盐		钠盐、钾盐、镁盐、锂盐	选矿	3%～15%
		天然卤水	原矿	3%～15%或者每吨（或者每立方米）1～10元
		海盐		2%～5%

（五）税收优惠

（1）有下列情形之一的，免征资源税：

1）开采原油以及在油田范围内运输原油过程中用于加热的原油、天然气。

2）煤炭开采企业因安全生产需要抽采的煤成（层）气。

（2）有下列情形之一的，减征资源税

1）从低丰度油气田开采的原油、天然气，减征20%资源税。低丰度油气田，包括陆上低丰度油田、陆上低丰度气田、海上低丰度油田、海上低丰度气田。陆上低丰度油田是指每平方公里原油可开采储量丰度低于25万立方米的油田；陆上低丰度气田是指每平方公里天然气可开采储量丰度低于 2.5 亿立方米的气田；海上低丰度油田是指每平方公里原油可开采储量丰度低于 60 万立方米的油田；海上低丰度气田是指每平方公里天然气可开采储量丰度低于 6 亿立方米的气田。

2）高含硫天然气、三次采油和从深水油气田开采的原油、天然气，减征 30% 资源税。高含硫天然气，是指硫化氢含量在每立方米 30 克以上的天然气。三次采油，是指二次采油后继续以聚合物驱、复合驱、泡沫驱、气水交替驱、二氧化碳驱、微生物驱等方式进行采油。深水油气田，是指水深超过 300 米的油气田。

3）稠油、高凝油减征 40% 资源税。稠油，是指地层原油粘度大于或等于每秒 50 毫帕或原油密度大于或等于每立方厘米 0.92 克的原油。高凝油，是指凝固点高于 40℃ 的原油。

4）从衰竭期矿山开采的矿产品，减征 30% 资源税。衰竭期矿山，是指设计开采年限超过 15 年，且剩余可开采储量下降到原设计可开采储量的 20% 以下或者剩余开采年限不超过 5 年的矿山。衰竭期矿山以开采企业下属的单个矿山为单位确定。

5）为促进页岩气开发利用，有效增加天然气供给，经国务院同意，自 2018 年 4 月 1 日至 2021 年 3 月 31 日，对页岩气资源税（按 6% 的规定税率）减征 30%。

6）自 2019 年 1 月 1 日至 2021 年 12 月 31 日，对增值税小规模纳税人可以在 50% 的税额幅度内减征资源税。

7）自 2014 年 12 月 1 日至 2023 年 8 月 31 日，对充填开采置换出来的煤炭，资源税减征 50%。

根据国民经济和社会发展需要，国务院对有利于促进资源节约集约利用、保护环境等情形可以规定免征或者减征资源税，报全国人民代表大会常务委员会备案。

（3）有下列情形之一的，省、自治区、直辖市可以决定免征或者减征资源税

1）纳税人开采或者生产应税产品过程中，因意外事故或者自然灾害等原因遭受重大损失；

2）纳税人开采共伴生矿、低品位矿、尾矿。

上述规定的免征或者减征资源税的具体办法，由省、自治区、直辖市人民政府提出，报同级人民代表大会常务委员会决定，并报全国人民代表大会常务委员会和国务院备案。

纳税人开采或者生产同一应税产品同时符合两项或者两项以上减征资源税优惠政策的，除另有规定外，只能选择其中一项执行。

纳税人的免税、减税项目，应当单独核算销售额或者销售数量；未单独核算或者不能准确提供销售额或者销售数量的，不予免税或者减税。

二、资源税的计算

资源税的应纳税额，按照从价定率或者从量定额的办法，分别以应税产品的销售额乘以纳税人具体适用的比例税率或者以应税产品的销售数量乘以纳税人具体适用的定额税率计算。

（一）从价定率的税额计算

在从价定率计算方法下，应纳税额的大小取决于应税消费品的销售额和适用税率两个因素。其基本计算公式为

$$应纳资源税额 = 应税的销售额 \times 适用税率$$

应税的销售额是指纳税人销售应税产品向购买方收取的全部价款，但不包括收取的增值税税款。计入销售额中的相关运杂费用，凡取得增值税发票或者其他合法有效凭据的，准予从销售额中扣除。相关运杂费用是指应税产品从坑口或者洗选（加工）地到车站、码头或者购买方指定地点的运输费用、建设基金以及随运销产生的装卸、仓储、港杂费用。

纳税人申报的应税产品销售额明显偏低且无正当理由的，或者有自用应税产品行为而无销售额的，主管税务机关可以按下列方法和顺序确定其应税产品销售额：

（1）按纳税人最近时期同类产品的平均销售价格确定。

（2）按其他纳税人最近时期同类产品的平均销售价格确定。

（3）按后续加工非应税产品销售价格，减去后续加工环节的成本利润后确定。

（4）按应税产品组成计税价格确定。

$$组成计税价格 = 成本 \times （1 + 成本利润率）\div （1 - 资源税税率）$$

上述公式中的成本利润率由省、自治区、直辖市税务机关确定。

（5）按其他合理方法确定。

例 6-25

某油田 2×××年 9 月生产原油 100 万吨，当月全部销售，取得（含增值税）收入 5 650 万元；开采天然气的 1 000 万立方米，当月销售 900 万立方米，取得（含增值税）收入 1 130 万元。若原油、天然气的税率均为 6%，假定增值税的税率为 13%。

计算：该油田 2×××年 9 月应缴纳资源税的税额。

例题分析 6-25

（1）原油应税的销售额 =5 650÷（1+13%）=5 000（万元）

天然气应税的销售额 =1 130÷（1+13%）=1 000（万元）

（2）应纳资源税税额 = 应税的销售额 × 适用税率 =（5 000+1 000）×6%=360（万元）

例 6-26

某铜矿 2×××年 10 月销售铜矿石原矿收取价款合计 600 万元，其中从坑口到车站的运输费用 20 万元，随运销产生的装卸、仓储费用 10 万元，均取得增值税发票。已知：该矿山铜矿石原矿适用的资源税税率为 6%。计算该铜矿 10 月份应纳资源税税额。

例题分析 6-26

因为铜矿征税对象为原矿或选矿，本题计税依据应为原矿销售额，减除运输费用和装卸、仓储费用。

（1）该铜矿当月应税产品销售额 =600-（20+10）=570（万元）。

（2）该铜矿 10 月份应纳资源税税额 =570×6%=34.2（万元）。

（二）从量定额的税额计算

实行从量定额计征办法计算的应税消费品，其应纳税额应从量定额计征，其计税依据是销售数量。应税产品的销售数量，包括纳税人开采或者生产应税产品的实际销售数量和自用于应当缴纳资源税情形的应税产品数量。其计算公式为

$$应纳税额 = 销售数量 \times 单位税额$$

例 6-27

某砂石开采企业 2××× 年 10 月份销售砂石 3 000 立方米，资源税税率为 2 元 / 立方米。计算：该企业 2××× 年 10 月应纳资源税税额。

例题分析 6-27

$$应纳资源税税额 = 销售数量 \times 单位税额 = 3\,000 \times 2 = 6\,000（元）$$

（三）应纳税额计算的特殊规定

（1）纳税人外购应税产品与自采应税产品混合销售或者混合加工为应税产品销售的，在计算应税产品销售额或者销售数量时，准予扣减外购应税产品的购进金额或者购进数量；当期不足扣减的，可结转下期扣减。纳税人应当准确核算外购应税产品的购进金额或者购进数量，未准确核算的，一并计算缴纳资源税。

纳税人核算并扣减当期外购应税产品购进金额、购进数量，应当依据外购应税产品的增值税发票、海关进口增值税专用缴款书或者其他合法有效凭据。

（2）纳税人以外购原矿与自采原矿混合为原矿销售，或者以外购选矿产品与自产选矿产品混合为选矿产品销售的，在计算应税产品销售额或者销售数量时，直接扣减外购原矿或者外购选矿产品的购进金额或者购进数量。

纳税人以外购原矿与自采原矿混合洗选加工为选矿产品销售的，在计算应税产品销售额或者销售数量时，按照下列方法进行扣减：

准予扣减的外购应税产品购进金额（数量）= 外购原矿购进金额（数量）×（本地区原矿适用税率 ÷ 本地区选矿产品适用税率）

不能按照上述方法计算扣减的，按照主管税务机关确定的其他合理方法进行扣减。

（3）纳税人开采或者生产同一税目下适用不同税率应税产品的，应当分别核算不同税率应税产品的销售额或者销售数量；未分别核算或者不能准确提供不同税率应税产品的销售额或者销售数量的，从高适用税率。

（4）纳税人以自采原矿（经过采矿过程采出后未进行选矿或者加工的矿石）直接销售，或者自用于应当缴纳资源税情形的，按照原矿计征资源税。

纳税人以自采原矿洗选加工为选矿产品（通过破碎、切割、洗选、筛分、磨矿、分级、提纯、脱水、干燥等过程形成的产品，包括富集的精矿和研磨成粉、粒级成型、切割成型的原矿加工品）销售，或者将选矿产品自用于应当缴纳资源税情形的，按照选矿产品计征资源税，在原矿移送环节不缴纳资源税。对于无法区分原生岩石矿种的粒级成型砂石颗粒，按照砂石税目征收资源税。

（5）纳税人开采或者生产同一应税产品，其中既有享受减免税政策的，又有不享受减免税政策的，按照免税、减税项目的产量占比等方法分别核算确定免税、减税项目的销售额或者销售数量。

例 6-28

某铁矿开采企业 2020 年 10 月外购铁矿石原矿 1 000 吨，向销售方支付不含增值税价款 80 万元，并取得增值税专用发票，当月自行开采铁矿石原矿 2 000 吨。该企业将 500 吨外购铁矿石与自产铁矿石混合，按铁矿石原矿对外销售，取得不含税销售收入 225 万元。已知，当地铁矿石原矿资源税税率为 5.4%。该企业当期应缴纳资源税是多少？

例题分析 6-28

（1）确认准予扣减的外购应税产品购进金额：

外购铁矿石扣减金额 =（80÷1 000）×500=40（万元）

（2）确认计税销售额：

计税销售额 =225-40=185（万元）

（3）计算资源税税额：

应缴纳资源税 =185×5.4%=9.99（万元）

三、资源税的会计处理

按规定，企业交纳的资源税应通过"应交税费——应交资源税"科目核算。

（1）发生销售业务时，企业将计算出销售的应税产品应缴纳的资源税：

借：税金及附加

　　贷：应交税费——应交资源税

（2）发生自用业务时，企业将计算出自产自用的应税产品应缴纳的资源税：

借：生产成本（或制造费用等科目）

　　贷：应交税费——应交资源税

（3）上缴资源税时：

借：应交税费——应交资源税

　　贷：银行存款

例 6-29

某油田 2×××年 10 月生产原油 25 万吨，当月销售 20 万吨，取得（含增值税）收入 5 650 万元。此外，加热、修井用 1.6 万吨，将 0.4 万吨原油赠送给协作单位，若原油的税率均为 6%，假定增值税的税率为 13%。

计算：该油田 2×××年 10 月应缴纳资源税。

例题分析 6-29

（1）依据《资源税法》的规定，开采原油过程中用于加热、修井的原油，免税。但是，将原油赠送给协作单位应视同销售。

（2）原油应税的销售额 =5 650÷（1+13%）÷20×（20+0.4）=5 100（万元）

（3）应纳税额 =5 100×6%=306（万元）

（4）则企业应编制如下会计分录：

借：税金及附加　　　　　　　　　　　　　　　　　　　　3 060 000

　　贷：应交税费——应交资源税　　　　　　　　　　　　　　3 060 000

四、资源税的申报和缴纳

（一）纳税义务发生时间

纳税人销售应税产品，纳税义务发生时间为收讫销售款或者取得索取销售款凭据的当日；自用应税产品的，纳税义务发生时间为移送应税产品的当日。

资源税由税务机关征收管理。海上开采的原油和天然气资源税由海洋石油税务管理机构征收管理。

（二）纳税期限

资源税按月或者按季申报缴纳；不能按固定期限计算缴纳的，可以按次申报缴纳。纳税人申报资源税时，应当填报财产和行为税纳税申报表。纳税人享受资源税优惠政策，实行"自行判别、申报享受、有关资料留存备查"的办理方式，另有规定的除外。纳税人对资源税优惠事项留存材料的真实性和合法性承担法律责任。

纳税人按月或者按季申报缴纳的，应当自月度或者季度终了之日起 15 日内，向税务机关办理纳税申报并缴纳税款；按次申报缴纳的，应当自纳税义务发生之日起 15 日内，向税务机关办理纳税申报并缴纳税款。

（三）纳税地点

纳税人应当在矿产品的开采地或者海盐的生产地缴纳资源税。

（四）纳税申报

纳税人依法及时填制财产和行为税纳税申报表，进行申报纳税。

第九节　土地增值税会计

问题提出

王女士最近为了缓解自己企业资金紧张的情况，出售一套于 2 年前购买的住宅。经当地税务机关的核定，王女士除了要缴纳个人所得税、印花税外，还有要缴纳一笔为数不少的土地增值税。王女士感到很奇怪："只知道有增值税，还不知道有土地增值税。"什么是土地增值税？谁要缴纳土地增值税？如何缴纳土地增值税？通过本节的学习，我们将找出答案。

一、土地增值税概述

（一）土地增值税概念

土地增值税（Land Appreciation Tax）是对有偿转让国有土地使用权及地上建筑物和其他附

着物产权并取得增值性收入的单位和个人所征收的一种税。国务院于1993年12月13日发布了《中华人民共和国土地增值税暂行条例》（以下简称《土地增值税暂行条例》），决定自1994年1月1日起在全国开征土地增值税，这是我国（除台湾省外）开征的第一个对土地增值额或土地收益额征收的税种。

（二）土地增值税的特点

（1）以转让房地并取得的增值额为征税对象。作为征税对象的增值额，是纳税人转让房地产的收入减除税法规定准予扣除项目金额后的余额。

（2）征税面比较广。凡在我国境内转让房地产并取得增值收入的单位和个人，除税法规定免税的外，均应依照税法规定缴纳土地增值税。换言之，凡发生应税行为的单位和个人，不论其经济性质，也不分内、外资企业或中、外籍人员，无论专营或兼营房地产业务，均有缴纳土地增值税的义务。

（3）采用扣除法和评估法计算增值额。土地增值税在计算方法上考虑我国实际情况，以纳税人转让房地产取得的收入，减除法定扣除项目金额后的余额作为计税依据。对旧房及建筑物的转让，以及对纳税人转让房地产申报不实、成交价格偏低的，采用评估价格法确定增值额，计征土地增值税。

（4）实行超率累进税率。土地增值税的税率按照累进原则设计的，实行分级计税，即增值率高的，适用的税率高、多纳税；增值率低的，适用的税率低、少纳税，税收负担较为合理。

（5）土地增值税在房地产发生转让的环节，实行按次征收，每发生一次转让行为，就应根据每次取得的增值额征一次税。其纳税时间和缴纳方法根据房地产转让情况而定。

（三）土地增值税的纳税人

土地增值税的纳税人包括在中国境内以出售和其他方式有偿转让国有土地使用权、地上建筑物（包括地上、地下的各种附属设施）及其附着物（以下简称转让房地产）并取得收入的企业、行政单位、事业单位、军事单位、社会团体、其他单位、个体工商户和其他个人。

（四）土地增值税的征税范围

1. 征税范围的一般规定

（1）土地增值税只对转让国有土地使用权的行为课税，转让非国有土地和出让国有土地使用权的行为均不征税。

（2）土地增值税既对转让土地使用权课税，也对转让地上建筑物和其他附着物的产权征税。

土地增值税的
征税范围

知识链接

　　所谓地上建筑物，是指建于土地上的一切建筑物，包括地上地下的各种附属设施，如厂房、仓库、商店、医院、住宅、地下室、围墙、烟囱、电梯、中央空调、管道等。

　　所谓附着物是指附着于土地上、不能移动，一经移动即遭损坏的种植物、养植物及其他物品。

（3）土地增值税只对有偿转让的房地产征税，对以继承、赠予等方式无偿转让的房地产，不予征税。

2. 若干具体规定

（1）以房地产进行投资、联营

对于以房地产进行投资、联营的，如果投资、联营的一方以土地（房地产）作价入股进行投资或作为联营条件，暂免征收土地增值税；但对以房地产作价入股，凡所投资、联营的企业从事房地产开发的，或者房地产开发企业以其建造的商品房进行投资和联营的，或是投资、联营企业将上述房地产再转让，则属于征收土地增值税的范围。

（2）合作建房

对于一方出地，一方出资金，双方合作建房，建成后分房自用的，暂免征收土地增值税。但是，建成后转让的，属于征收土地增值税的范围。

（3）企业兼并转让房地产

在企业兼并中，对被兼并企业将房地产转让到兼并企业中的，暂免征收土地增值税。

（4）交换房地产

交换房地产行为既发生了房产产权、土地使用权的转移，交换双方又取得了实物形态的收入，按照规定属于征收土地增值税的范围。但对个人之间互换自有居住用房地产的，经当地税务机关核实，可以免征土地增值税。

（5）房地产抵押

在抵押期间不征收土地增值税。待抵押期满后，视该房地产是否转移产权来确定是否征收土地增值税。以房地产抵债而发生房地产产权转让的，属于征收土地增值税的范围。

（6）房地产出租

房地产出租，出租人取得了收入，但没有发生房地产产权的转让，不属于征收土地增值税的范围。

（7）房地产评估增值

房地产评估增值，没有发生房地产权属的转让，不属于征收土地增值税的范围。

（8）国家收回国有土地使用权、征用地上建筑物及附着物

国家收回或征用虽然发生了权属的变更原房地产所有人也取得了收入，但按照《土地增值税暂行条例》的有关规定，可以免征土地增值税。

（9）土地使用者转让、抵押或置换土地，无论其是否取得了该土地的使用权属证书，无论其在转让、抵押或置换土地过程中是否与对方当事人办理了土地使用权属证书变更登记手续，只要土地使用者享有占有、使用、收益或处分该土地的权利，且有合同等证据表明其实质转让、抵押或置换了土地并取得了相应的经济利益，土地使用者及其对方当事人应当依照税法规定缴纳土地增值税等相关税收。

（五）税率

由于土地增值税的主要目的在于抑制房地产的投机活动，以及限制滥占耕地的行为，并适当调节纳税人的收入分配，保障国家权益。因此，在税率设计时，是基于"增值多的多征，增值少的少征，无增值的不征"的原则，实行四级超率累进税率。具体的《土地增值税四级超率

累进税率表》见表 6-4。

表 6-4　土地增值税四级超率累进税率表

级数	增值额与扣除项目金额的比率	税率（%）	速算扣除系数（%）
1	不超过 50% 的部分	30	0
2	超过 50%～100% 的部分	40	5
3	超过 100%～200% 部分	50	15
4	超过 200% 的部分	60	35

（六）土地增值税的减免

（1）纳税人建造普通标准住宅出售，增值额未超过扣除项目金额 20% 的，予以免税；超过 20% 的，应按全部增值额缴纳土地增值税。

对于纳税人既建普通标准住宅又进行其他房地产开发的，应分别核算增值额。不分别核算增值额或不能准确核算增值额的，其建造的普通标准住宅不能适用这一免税规定。

（2）由于城市实施规划、国家建设需要依法征收、收回的房地产。

（3）由于城市实施规划、国家建设需要而搬迁，由纳税人自行转让的房地产。

（4）自 2008 年 11 月 1 日起，对个人转让住房暂免征收土地增值税。

（5）企事业单位、社会团体以及其他组织转让旧房作为公共租赁住房房源且增值额未超过扣除项目金额 20% 的，免征土地增值税。

二、土地增值税的计算

（一）应税收入的确定

根据《土地增值税暂行条例》及其实施细则的规定，纳税人转让房地产取得的应税收入，应包括转让房地产的全部价款及有关的经济收益。从收入的形式来看，主要包括货币收入、实物收入和其他收入。

（1）货币收入，是指纳税人转让房地产而取得的现金、银行存款和国库券、金融债券、企业债券、股票等有价证券。

（2）实物收入，是指纳税人转让房地产而取得的各种实物形态的收入，如钢材、水泥等建材、房屋、土地等不动产，等等。对于这些实物收入一般要按照公允价值确认应税收入。

（3）其他收入，是指纳税人转让房地产而取得的无形资产收入或具有财产价值的权利，如专利权、商标权、著作权、专有技术使用权、土地使用权、商誉权等。对于这些无形资产收入一般要进行专门的评估，按照评估价确认应税收入。

纳税人取得的收入为外国货币的，应当以取得收入当天或当月 1 日国家公布的市场汇价折合成人民币，据以计算土地增值税税额。当月以分期收款方式取得的外币收入，也应按实际收款日或收款当月 1 日国家公布的市场汇价折合成人民币。

（二）扣除项目的确定

计算土地增值税应纳税额，并不是直接对转让房地产所取得的收入征税，而是要对收入额减除国家规定的各项扣除项目金额后的余额计算征税（这个余额就是纳税人在转让房地产中获取的增值额），因此，要计算增值额，首先必须确定扣除项目。

税法准予纳税人从转让收入额中减除的扣除项目包括如下几项：

1. 取得土地使用权所支付的金额

取得土地使用权所支付的金额是指纳税人为取得土地使用权支付的地价款和按国家统一规定缴纳的有关费用和税金。

如果是以协议、招标、拍卖等出让方式取得土地使用权的，地价款为纳税人所支付的土地出让金；如果是以行政划拨方式取得土地使用权的，地价款为按照国家有关规定补交的土地出让金；如果是以转让方式取得土地使用权的，地价款为向原土地使用权人实际支付的地价款。

有关费用和税金是指纳税人在取得土地使用权过程中为办理有关手续，必须按国家统一规定缴纳的有关登记、过户手续费和契税。

2. 房地产开发成本

房地产开发成本指纳税人开发房地产项目实际发生的成本这些成本允许按实际发生数扣除。主要包括土地征用及拆迁补偿费、前期工程费、建筑安装工程费、基础设施费、公共配套设施费、开发间接费用等。

3. 房地产开发费用

房地产开发费用是指与房地产开发项目有关的销售费用、管理费用、财务费用。根据现行财务会计制度的规定，这三项费用作为期间费用，直接计入当期损益。但在计算土地增值税时，房地产开发费用并不是按照纳税人实际发生额进行扣除，《土地增值税暂行条例实施细则》对有关费用的扣除，尤其是财务费用中的数额较大的利息支出扣除，做了较为详细的规定：

土地增值税扣除项目——房地产开发费用

（1）财务费用中的利息支出，凡能够按转让房地产项目计算分摊并提供金融机构证明的，允许据实扣除，但最高不能超过按商业银行同类同期贷款利率计算的金额。其他房地产开发费用，按《土地增值税暂行条例实施细则》第七条（一）、（二）项规定（即取得土地使用权所支付的金额和房地产开发成本，下同）计算的金额之和的5%以内计算扣除。

（2）凡不能按转让房地产项目计算分摊利息支出或不能提供金融机构证明的，房地产开发费用按《土地增值税暂行条例实施细则》第七条（一）、（二）项规定计算的金额之和的10%以内计算扣除。计算扣除的具体比例，由各省、自治区、直辖市人民政府规定。

财政部、国家税务总局对扣除项目金额中利息支出的计算问题做了两点专门规定：一是利息的上浮幅度按国家的有关规定执行，超过上浮幅度的部分不允许扣除；二是对于超过贷款期限的利息部分和加罚的利息不允许扣除。

4. 与转让房地产有关的税金

与转让房地产有关的税金，是指在转让房地产时缴纳的城市维护建设税、印花税。因转让房地产缴纳的教育费附加，也可视同税金予以扣除。《土地增值税暂行条例》等规定的土地增值税扣除项目涉及的增值税进项税额，允许在销项税额中计算抵扣的，不计入扣除项目，不允许在销项税额中计算抵扣的，可以计入扣除项目。

房地产开发企业按照《施工、房地产开发企业财务制度》有关规定，其在转让时缴纳的印花税已列入管理费用中，故不允许单独再扣除。其他纳税人缴纳的印花税允许在此扣除。

5. 财政部确定的其他扣除项目

财政部确定的一项重要扣除项目是，对从事房地产开发的纳税人允许按取得土地使用权时所支付的金额和房地产开发成本之和，加计 20% 的扣除。

但是，对取得土地使用权后，未进行开发即转让的，在计算应纳增值税时，只允许扣除取得土地使用权时支付的地价款、缴纳的有关费用，以及在转让环节缴纳的税金，不得加计扣除。这样规定的目的，主要是抑制炒买炒卖地皮的投机行为。

例 6-30

某房地产开发公司建一住宅出售，取得销售收入 1 600 万元（城建税税率 7%，教育费附加征收率 3%）。建此住宅支付的地价款 100 万元（其中含有关手续费 0.8 万元），开发成本 300 万元，贷款利息支出无法准确分摊。该省政府规定的费用计提比例为 10%。要求：计算上述业务允许扣除项目的金额。

例题分析 6-30

允许扣除项目的金额如下：

（1）支付地价款 =100（万元）

（2）支付开发成本 =300（万元）

（3）计提的三项费用 =（100+300）×10%=40（万元）

（4）扣除的税金 =1 600×5%×（1+7%+3%）=88（万元）

（5）加计扣除费用 =（100+300）×20%=80（万元）

（6）扣除费用的总额 =100+300+40+88+80=608（万元）

6. 旧房及建筑物的评估价格

（1）按评估价格扣除。旧房及建筑物的评估价格是指在转让已使用的房屋及建筑物时，由政府批准设立的房地产评估机构评定的重置成本价乘以成新度折扣率后的价格。评估价格须经当地税务机关确认。

重置成本价的含义是：对旧房及建筑物，按转让时的建材价格及人工费用计算建造同样面积、同样层次、同样结构、同样建设标准的新房及建筑物所需花费的成本费用。成新度折扣率的含义是：按旧房的新旧程度作一定比例的折扣。

因此，转让旧房应按房屋及建筑物的评估价格、取得土地使用权所支付的地价款和按国家统一规定缴纳的有关费用，以及在转让环节缴纳的税金作为扣除项目金额计征土地增值税。对取得土地使用权时未支付地价款或不能提供已支付的地价款凭据的，在计征土地增值税时不允许扣除。

（2）按购房发票金额计算扣除。纳税人转让旧房及建筑物，凡不能取得评估价格，但能提供购房发票的，经当地税务部门确认，《土地增值税暂行条例》规定的扣除项目的金额，可按发票所载金额并从购买年度起至转让年度止每年加计 5% 计算。对于纳税人购房时缴纳的契税，凡能够提供契税完税凭证的，准予作为"与转让房地产有关的税金"予以扣除，但不作为加计 5% 的基数。

例 6-31

某单位转让一幢已经使用的楼房，原价为 500 万元，已提折旧 300 万元，经房地产评估机构评估，该楼重置成本价为 800 万元，成新度折扣率为五成，因此，该楼房的评估价格为多少？

例题分析 6-31

（1）按《土地增值税实施细则》的规定，旧房及建筑物的评估价格是由政府批准设立的房地产评估机构评定的重置成本价乘以成新折扣率后的价格。

（2）该楼房的评估价格 =800×50%=400（万元）

（三）应纳税额的计算

土地增值税按照纳税人转让房地产所取得的增值额和规定的税率计算征收。土地增值税的计算公式为

$$应纳税额 = \sum（每级距的土地增值额 \times 适用税率）$$

但在实际工作中，分步计算比较烦琐，一般可以采用速算扣除法计算。即，计算土地增值税税额，可按增值额乘以适用的税率减去扣除项目金额乘以速算扣除系数的简便方法计算，具体公式如下：

（1）增值额未超过扣除项目金额 50%

$$土地增值税税额 = 增值额 \times 30\%$$

（2）增值额超过扣除项目金额 50%，未超过 100%

$$土地增值税税额 = 增值额 \times 40\%- 扣除项目金额 \times 5\%$$

（3）增值额超过扣除项目金额 100%，未超过 200%

$$土地增值税税额 = 增值额 \times 50\%- 扣除项目金额 \times 15\%$$

（4）增值额超过扣除项目金额 200%

$$土地增值税税额 = 增值额 \times 60\%- 扣除项目金额 \times 35\%$$

公式中的 5%、15%、35% 分别为二、三、四级的速算扣除系数。

例 6-32

某企业 2×××年转让一幢新建办公楼取得收入 5 000 万元，该办公楼建造成本和相关费用 3 700 万元，缴纳与转让办公楼有关的税金 277.5 万元（其中，缴纳印花税金 2.5 万元）。

计算：该企业应缴纳的土地增值税。

例题分析 6-32

（1）先计算出：土地增值额 =5 000-3 700-277.5=1 022.5（万元）

（2）再确定土地增值额占扣除项目金额的比例，1 022.5÷3 977.5=25.7%<50%，因此，确定土地增值税的税率为 30%。

（3）应缴纳的土地增值税 =1 022.5×30%=306.75（万元）

例 6-33

2019 年某国有商业企业利用库房空地进行住宅商品房开发，按照国家有关规定补交土

地出让金2 840万元，缴纳相关税费160万元；住宅开发成本2 800万元，其中含装修费用500万元；房地产开发费用中的利息支出为300万元（不能提供金融机构证明）；当年住宅全部销售完毕，取得不含增值税销售收入共计9 000万元；缴纳城市维护建设税和教育费附加45万元；缴纳印花税4.5万元。已知：该公司所在省人民政府规定的房地产开发费用的计算扣除比例为10%。计算该企业销售住宅应缴纳的土地增值税税额。

例题分析6-33

非房地产开发企业缴纳的印花税允许作为税金扣除；非房地产开发企业不允许按照取得土地使用权所支付金额和房地产开发成本合计数的20%加计扣除。

（1）住宅销售收入为9 000万元。

（2）确定转让房地产的扣除项目金额包括：

①取得土地使用权所支付的金额=2 840+160=3 000（万元）。

②住宅开发成本为2 800万元。

③房地产开发费用=（3 000+2 800）×10%=580（万元）。

④与转让房地产有关的税金=45+4.5=49.5（万元）。

⑤转让房地产的扣除项目金额=2 840+160+2 800+（2 840+160+2 800）×10%+49.5=6 429.5（万元）。

（3）转让房地产的增值额=9 000-6 429.5=2 570.5（万元）。

（4）增值额与扣除项目金额的比率=2 570.5/6 429.5=39.98%。

增值额与扣除项目金额的比率未超过50%，适用税率为30%。

（5）应纳土地增值税税额=2 570.5×30%=771.15（万元）。

三、土地增值税的会计处理

按规定，企业缴纳的资源税应通过"应交税费——应交土地增值税"科目核算。

根据企业对房地产核算方法不同，应交土地增值税的账务处理也有所区别：

① 企业转让的土地使用权连同地上建筑物及其附着物一并在"固定资产"科目核算的，转让时应纳的土地增值税，借记"固定资产清理"科目；

② 土地使用权在"无形资产"科目核算的，按其差额，记入"资产处置损益"科目；

③ 房地产开发经营企业销售房地产应交纳的土地增值税，借记"税金及附加"科目，贷记"应交税费——应交土地增值税"科目。

例6-34

承接上例【例6-33】上述企业销售住宅缴纳的土地增值税如何进行账务处理。

例题分析6-34

借：税金及附加　　　　　　　　　　　　　　　　　　　7 711 500

　　贷：应交税费——应交土地增值税　　　　　　　　　　　　7 711 500

用银行存款缴纳土地增值税：

借：应交税费——应交土地增值税　　　　　　　　　　　7 711 500

　　贷：银行存款　　　　　　　　　　　　　　　　　　　　7 711 500

四、土地增值税的征收管理

（一）纳税申报

纳税人应在转让房地产合同签订后 7 日内，到房地产所在地主管税务机关办理纳税申报，并向税务机关提交房屋及建筑物产权、土地使用权证书，土地转让、房产买卖合同、房地产评估报告及其他与转让房地产有关的资料，然后在税务机关规定的期限内缴纳土地增值税。

纳税人因经常发生房地产转让而难以在每次转让后申报的，经税务机关审核同意后，可以定期进行纳税申报，具体期限由主管税务机关根据情况确定。

纳税人采取预售方式销售房地产的，对在项目全部竣工结算前转让房地产取得的收入，税务机关可以预征土地增值税。具体办法由各省、自治区、直辖市税务局根据当地情况制定。

对于纳税人预售房地产所取得的收入，凡当地税务机关规定预征土地增值税的，纳税人应当到主管税务机关办理纳税申报，并按规定比例预交，待办理完纳税清算后，多退少补。

（二）纳税清算

1. 土地增值税的清算单位

土地增值税以国家有关部门审批的房地产开发项目为单位进行清算，对于分期开发的项目，以分期项目为单位清算。

开发项目中同时包含普通住宅和非普通住宅的，应分别计算增值额。

2. 土地增值税的清算条件

（1）符合下列情形之一的，纳税人应进行土地增值税的清算：

①房地产开发项目全部竣工、完成销售的。

②整体转让未竣工决算房地产开发项目的。

③直接转让土地使用权的。

（2）符合下列情形之一的，主管税务机关可要求纳税人进行土地增值税清算：

①已竣工验收的房地产开发项目，已转让的房地产建筑面积占整个项目可售建筑面积的比例在 85% 以上，或该比例虽未超过 85%，但剩余的可售建筑面积已经出租或自用的。

②取得销售（预售）许可证满 3 年仍未销售完毕的。

③纳税人申请注销税务登记但未办理土地增值税清算手续的。

④省级税务机关规定的其他情况。

3. 土地增值税清算应报送的资料

纳税人办理土地增值税清算应报送以下资料：

（1）房地产开发企业清算土地增值税书面申请、财产和行为税纳税申报表。

（2）项目竣工决算报表、取得土地使用权所支付的地价款凭证、国有土地使用权出让合同、银行贷款利息结算通知单、项目工程合同结算单、商品房购销合同统计表等与转让房地产的收入、成本和费用有关的证明资料。

（3）主管税务机关要求报送的其他与土地增值税清算有关的证明资料等。

纳税人委托税务中介机构审核鉴证的清算项目，还应报送中介机构出具的《土地增值税清算税款鉴证报告》。

（三）纳税地点

土地增值税纳税人发生应税行为应向房地产所在地主管税务机关缴纳税款。

这里所称的房地产所在地，是指房地产的坐落地。纳税人转让的房地产坐落在两个或两个以上地区的，应按房地产所在地分别申报纳税。

（四）土地增值税申报与缴纳

纳税人依法及时填制《财产和行为税纳税申报表》，进行申报纳税。

第十节　车辆购置税会计

问题提出

从前汽车是富人的标配，贫民只能骑单车。而现如今随着科技的进步与经济的发展，无论家庭富裕与否，大家都会购买车辆来作为代步工具。有交易就会有税费。老王今天花了半天时间，成功给自己的新购买的摩托车办好了完税证明。那么买车时需要缴纳什么税呢？什么车需要缴税呢？通过本节的学习，我们将找出答案。

一、车辆购置税的概述

（一）车辆购置税概念

车辆购置税，是对在中国境内购置应税车辆的单位和个人征收的一种税。它由车辆购置附加费演变而来。2000 年 10 月 22 日国务院颁布《中华人民共和国车辆购置税暂行条例》。2001 年 1 月 1 日起开征车辆购置税。2018 年 12 月 29 日第十三届全国人民代表大会常务委员会第七次会议通过了《中华人民共和国车辆购置税法》，自 2019 年 7 月 1 日起施行。

（二）车辆购置税纳税人

在中华人民共和国境内购置汽车、有轨电车、汽车挂车、排气量超过 150 毫升的摩托车（以下统称应税车辆）的单位和个人，为车辆购置税的纳税人。

购置，是指以购买、进口、自产、受赠、获奖或者其他方式取得并自用应税车辆的行为。

（三）车辆购置税征收范围

车辆购置税的征收范围包括汽车、有轨电车、汽车挂车、排气量超过 150 毫升的摩托车。

（四）车辆购置税税率

车辆购置税采用比例税率，税率为 10%。

（五）车辆购置税税收优惠

下列车辆免征车辆购置税：

（1）依照法律规定应当予以免税的外国驻华使馆、领事馆和国际组织驻华机构及其有关人员自用的车辆。

（2）中国人民解放军和中国人民武装警察部队列入装备订货计划的车辆。

（3）悬挂应急救援专用号牌的国家综合性消防救援车辆。

（4）设有固定装置的非运输专用作业车辆。

（5）城市公交企业购置的公共汽电车辆。

根据国民经济和社会发展的需要，国务院可以规定减征或者其他免征车辆购置税的情形，报全国人民代表大会常务委员会备案。

二、车辆购置税的计算

（一）车辆购置税计税依据

车辆购置税
计税依据

车辆购置税的计税依据为应税车辆的计税价格。计税价格根据不同情况，按照下列规定确定：

（1）纳税人购买自用应税车辆的计税价格，为纳税人实际支付给销售者的全部价款，不包括增值税税款。

（2）纳税人进口自用应税车辆的计税价格，为关税完税价格加上关税和消费税。计算公式为：

$$计税价格 = 关税完税价格 + 关税 + 消费税$$

（3）纳税人自产自用应税车辆的计税价格，按照纳税人生产的同类应税车辆的销售价格确定，不包括增值税税款。

（4）纳税人以受赠、获奖或者其他方式取得自用应税车辆的计税价格，按照购置应税车辆时相关凭证载明的价格确定，不包括增值税税款。

（5）纳税人申报的应税车辆计税价格明显偏低，又无正当理由的，由税务机关依照《中华人民共和国税收征收管理法》的规定核定其应纳税额。

纳税人以外汇结算应税车辆价款的，按照申报纳税之日的人民币汇率中间价折合成人民币计算缴纳税款。

（二）应纳税额的计算

车辆购置税实行从价定率的方法计算应纳税额。其计算公式为

$$应纳税额 = 计税依据 \times 税率$$

$$进口应税车辆应纳税额 = （关税完税价格 + 关税 + 消费税） \times 税率$$

例 6-35

宋某 2020 年 5 月从某汽车有限公司购买一辆小汽车供自己使用，支付了含增值税税款在内的款项 226 000 元，另支付代收临时牌照费 580 元、代收保险费 1 000 元，支付购买工具件和零配件价款 4 000 元，车辆装饰费 1 200 元。所支付的款项均由该汽车有限公司开具"机动车销售统一发票"和有关票据。请计算宋某应纳车辆购置税。

例题分析 6-35

在应纳税额的计算当中，应注意以下费用的计税规定：

（1）购买者随购买车辆支付的工具件和零部件价款应作为购车价款的一部分，并入计税依据中征收车辆购置税。

（2）支付的车辆装饰费应作为价外费用并入计税依据中计税。

（3）代收款项应区别征税。凡使用代收单位（受托方）票据收取的款项，应视作代收单位价外收费，购买者支付的价费款，应并入计税依据中一并征税；凡使用委托方票据收取，受托方只履行代收义务和收取代收手续费的款项，应按其他税收政策规定征税。

（4）销售单位开给购买者的各种发票金额中包含增值税税款。因此，计算车辆购置税时，应换算为不含增值税的计税价格。

（5）销售单位开展优质销售活动所开票收取的有关费用，应属于经营性收入，企业在代理过程中按规定支付给有关部门的费用，企业已作经营性支出列支核算，其收取的各项费用并在一张发票上难以划分的，应作为价外收入计算征税。

1）计税依据 =（226 000+580+1 000+4 000+1 200）÷（1+13%）=206 000（元）

2）应纳税额 =206 000×10%=20 600（元）

三、车辆购置税的会计处理

一般来说企业缴纳的车辆购置税应作为购置车辆的成本。车辆购置税是一次性缴纳的，所以可以不通过"应交税费"账户进行核算。会计在进行核算时，企业实际缴纳的车辆购置税，可以作以下会计分录：

借：固定资产

　　贷：银行存款

四、车辆购置税的征收管理

（一）纳税申报

车辆购置税实行一次性征收。购置已征车辆购置税的车辆，不再征收车辆购置税。车辆购置税由税务机关负责征收。车辆购置税的纳税义务发生时间为纳税人购置应税车辆的当日。纳税人应当自纳税义务发生之日起 60 日内申报缴纳车辆购置税。

（二）纳税环节

纳税人应当在向公安机关交通管理部门办理车辆注册登记前，缴纳车辆购置税。

纳税人应当持主管税务机关出具的完税证明或者免税证明，向公安机关车辆管理机构办理车辆登记注册手续；没有完税证明或者免税证明的，公安机关车辆管理机构不得办理车辆登记注册手续。

公安机关交通管理部门办理车辆注册登记，应当根据税务机关提供的应税车辆完税或者免税电子信息对纳税人申请登记的车辆信息进行核对，核对无误后依法办理车辆注册登记。

免税、减税车辆因转让、改变用途等原因不再属于免税、减税范围的，纳税人应当在办理车辆转移登记或者变更登记前缴纳车辆购置税。计税价格以免税、减税车辆初次办理纳税申报时确定的计税价格为基准，每满 1 年扣减 10%。

纳税人将已征车辆购置税的车辆退回车辆生产企业或者销售企业的，可以向主管税务机关申请退还车辆购置税。退税额以已缴税款为基准，自缴纳税款之日至申请退税之日，每满 1 年扣减 10%。

（三）纳税地点及申报缴纳

纳税人购置应税车辆，应当向车辆登记地的主管税务机关申报缴纳车辆购置税；购置不需要办理车辆登记的应税车辆的，应当向纳税人所在地的主管税务机关申报缴纳车辆购置税。

本章小结

城市维护建设税和教育费附加是流转税的附加税，都是以纳税人实际缴纳的增值税、消费税的税额为计税依据。城市维护建设税根据纳税人所在地区不同，分别设置了 7%、5%、1% 三档差别比例税率，教育费附加征收率为 3%。城市维护建设税和教育费附加的纳税环节、纳税地点、纳税期限，与增值税、消费税相同。城市维护建设税和教育费附加的会计处理，主要通过"应交税费——应交城建税""应交税费——应交教育费附加"账户及"税金及附加"等账户进行核算。

印花税是对经济活动和经济交往中书立、使用、领受具有法律效力的凭证的单位和个人征收的一种税。印花税的纳税人包括立合同人、立据人、立账簿人、领受人和使用人。征税范围包括税法列举的各类经济凭证，共有 13 个税目。印花税的税率有比例税率和定额税率两种形式。合同以及具有合同性质的凭证、产权转移、营业账簿中记载资金的账簿，适用比例税率，计税依据为各种应税凭证上所记载的计税金额；权利、许可证照，营业账簿中的其他税额，适用定额税率，计税依据是应税凭证的计税件数。印花税的纳税办法有自行贴花、汇贴或汇缴和委托代征。印花税的会计处理，在购买缴纳时直接计入"税金及附加"账户及"银行存款"或"库存现金"账户进行核算。

房产税是以房产为征税对象，按照房产的计税价值或房产租金收入向房产所有人或经营管理人征收的一种税。其征税范围是在城市、县城、建制镇和工矿区内拥有的房产，纳税人是在征税范围内的房屋产权所有人，计税依据是房产的余值或房产的租金收入，其税率分别为 1.2% 和12%。房产税按年计算，分期缴纳。房产税的会计处理，主要通过"应交税费——应交房产税"账户及"税金及附加"等账户进行核算。

车船税是以我国境内依法在车船管理部门登记的车辆、船舶为征税对象，向车辆、船舶的所有人或者管理人征收的一种税。车船税采用从量定额征收，分别以辆、自重吨位和净吨位为计税依据。车船税实行按年缴纳，由地方税务机关负责征收。车船税的会计处理，主要通过"应交税费——应交车船税"账户及"税金及附加"等账户进行核算。

城镇土地使用税是以国有土地为征税对象，对拥有土地使用权的单位和个人征收的一种税。纳税人包括拥有土地使用权的单位和个人是纳税人，如果拥有土地使用权的单位和个人不在土地所在地的，其土地的实际使用人和代管人为纳税人。若土地使用权未确定的或权属纠纷未解决的，其实际使用人为纳税人；若土地使用权共有的，共有各方都是纳税人，由共有各方分别纳税。

契税是以在中华人民共和国境内转移土地、房屋权属为征税对象，向产权承受人征收的一种财产税。契税属于财产转移税。契税由财产承受人纳税。契税的征税对象是境内转移土地、房屋权属。具体包括：土地使用权的出让、转让及房屋的买卖、赠予、交换。契税的计税依据按照纳税人不同情况分别为成交价格、参照市场价格、付出交易差价、补交的土地出让费或土地收益，税率为比例税率3%～5%。

资源税是以部分自然资源为课税对象，对在我国境内开采应税矿产品及生产盐的单位和个人，就其应税产品销售额或销售数量和自用数量为计税依据而征收的一种税。其征税范围主要分为矿产品和盐两大类，具体分为七个税目。纳税人具体适用的税率，根据纳税人所开采或者生产应税产品的资源品位、开采条件等情况，由财政部商国务院有关部门确定；财政部未列举名称且未确定具体适用税率的其他非金属矿原矿和有色金属矿原矿，由省、自治区、直辖市人民政府根据实际情况确定，报财政部和国家税务总局备案。

土地增值税比较重要，尤其针对房地产开发企业，它成为国家调控房地产的一个重要工具。土地增值税和营业税、企业所得税存在非常密切的关系，它和营业税并存，直接关乎企业所得税所得额的计算。

单项练习题及实训

一、单项选择题

1. 某企业位于县城，2×××年1月拖欠消费税50万元，经查出后补交了拖欠的消费税，同时加罚滞纳金和罚款合计10万，该企业应补纳城建税（　　　）万元。

    A. 0.4　　　　　　　B. 2.1　　　　　　　C. 2.5　　　　　　　D. 2.9

2. 土地增值税的计税依据是纳税人转让房地产所取得的（　　　）。

    A. 收入总额　　　　　　　　　　　B. 增值额

    C. 扣除项目金额　　　　　　　　　D. 增值额与扣除项目金额的差额

3. 某建筑公司与甲企业签订一份建筑承包合同，合同金额5000万元。该建筑公司又将其中价值1000万元的安装工程转包给乙企业，并签订转包合同。该建筑公司共应缴纳印花税（　　　）万元。

    A. 2.04　　　　　　　B. 1.80　　　　　　　C. 2.025　　　　　　　D. 1.785

4. 下列对车辆税额的特殊规定中正确的是（　　　）。

    A. 对车辆整备质量尾数在半吨以下者，不计算。

    B. 对车辆整备质量尾数超过半吨者，按半吨计算

    C. 对车辆整备质量尾数超过半吨者，按1吨计算

    D. 对车辆整备质量尾数在半吨以下者，不计算；超过半吨者，按1吨计算

5. 某锰矿开采企业 6 月计划开采锰矿石 6 000 吨，实际开采 6 200 吨，计划销售 5 500 吨，实际销售 5 800 吨，则当月资源税课税数量为（　　　）。

    A. 5 500 吨　　　　　　B. 5 800 吨　　　　　　C. 6 000 吨　　　　　　D. 6 200 吨

6. 纳税人应当自纳税义务发生之日起（　　　）内办理契税的纳税申报。

    A. 5 日　　　　　　　　B. 10 日　　　　　　　　C. 15 日　　　　　　　　D. 1 个月

7. 某公司 2×××年初以 3 500 万元购得一写字楼作为办公用房使用，该写字楼原值 6 000 万元，累计折旧 3 000 万元。如果适用的契税税率为 3%，该公司应缴契税（　　　）万元。

    A. 120　　　　　　　　B. 105　　　　　　　　C. 180　　　　　　　　D. 15

8. 房地产开发企业在确定土地增值税的扣除项目时，允许单独扣除的税金是（　　　）。

    A. 增值税、印花税　　　　　　　　　　　　B. 房产税、城市维护建设税

    C. 增值税、城市维护建设税　　　　　　　　D. 印花税、城市维护建设税

9. 纳税人能按转让房地产项目计算分摊利息支出，其他房地产开发费用按地价款加开发成本之和的（　　　）计算扣除。

    A. 5% 以内　　　　　　B. 10%　　　　　　　　C. 10% 以内　　　　　　D. 20% 以内

10. 房地产开发企业将开发的商品房用于下列（　　　）项目，不需要缴纳土地增值税。

    A. 用于换取其他单位的房产　　　　　　　　B. 销售给个人用于居住

    C. 出租给某企业　　　　　　　　　　　　　D. 用于对外投资，共担风险

二、多项选择题

1. 下列各项中，符合城市维护建设税征收管理有关规定的有（　　　）。

    A. 海关对进口产品代征的增值税、消费税，征收城市维护建设税

    B. 海关对进口产品代征的增值税、消费税，不征收城市维护建设税

    C. 海关对出口产品退还增值税、消费税的，不退还已缴纳的城市维护建设税

    D. 海关对进口产品退还增值税、消费税的，退还已缴纳的城市维护建设税

2. 下列各项中，属于城建税计税依据的是（　　　）。

    A. 实际缴纳的"两税"的税额

    B. 纳税人滞纳"两税"而加收的滞纳金

    C. 纳税人偷逃"两税"的被处的罚款

    D. 纳税人偷逃"两税"被查补的税款

3. 印花税的征税对象包括（　　　）。

    A. 合同或具有合同性质的凭证

    B. 产权转移书据

    C. 银行根据业务管理需要设置的空白重要凭证登记簿

    D. 权利许可证照。

4. 下列各项中，符合房产税纳税人规定的是（　　　）。

    A. 房屋出典的由承典人纳税

    B. 房屋出租的由出租人纳税

    C. 房屋产权未确定的由代管人或使用人纳税

    D. 产权人在国外的，应由房屋的国内代管人纳税

5. 下列有关房产税的计税依据说法正确的有（　　　　）。

　　A. 融资租赁房屋的，以房产原值计税

　　B. 联营投资房产，共担投资风险的，以房产余值计税

　　C. 出租房产的，出租人以租金计税

　　D. 租入房产的，承租人以租金计税

6. 下列各项中，符合车船使用税有关规定的是（　　　　）。

　　A. 乘人汽车，以"辆"为计税依据

　　B. 载货汽车，以"整备质量每吨"为计税依据

　　C. 机动船，以"艘"为计税依据

　　D. 非机动船，以"载重吨位"为计税依据

7. 城镇土地使用税的纳税人包括（　　　　）。

　　A. 拥有土地使用权的单位　　　　　　B. 拥有土地使用权的个人

　　C. 土地使用人　　　　　　　　　　　D. 土地代管人

8. 在征税范围内，下列占用土地免征城镇土地使用税的有（　　　　）。

　　A. 公园自用的土地　　　　　　　　　B. 外商投资企业占用的生产用地

　　C. 企业内绿化占用的土地　　　　　　D. 国家机关自用的土地

9. 甲企业将原值 28 万的房产评估作价 30 万元投资乙企业，乙企业办理产权登记后又将该房产以 40 万元价格售与丙企业，当地契税税率 3%，则下列说法正确的有（　　　　）。

　　A. 丙企业缴纳契税 0.9 万元　　　　　B. 丙企业缴纳契税 1.2 万元

　　C. 乙企业缴纳契税 0.9 万元　　　　　D. 乙企业缴纳契税 0.84 万元

10. 下列各项中，不符合资源税法律制度规定的表述是（　　　　）。

　　A. 纳税人开采或生产应税产品销售的，以开采数量为销售数量

　　B. 纳税人开采或生产应税产品自用的，以自用数量为课税数量

　　C. 扣缴义务人代扣代缴资源税的，以收购未税矿产品的数量为课税数量

　　D. 纳税人开采或者生产应税产品，自用于连续生产应税产品的，不缴纳资源税

三、判断题

1. 增值税纳税人有未抵扣完的进项税，本期就不缴纳城建税了。　　　　（　　　）

2. 纳税人在被查补"两税"和被处理罚款时，不再对其偷漏的城建税进行补税和罚款。

（　　　）

3. 资源税仅对在中国境内开采或生产应税产品的单位和个人征收，对进口的矿产品和盐不征收。　　　　　　　　　　　　　　　　　　　　　　　　　　　　　　　　（　　　）

4. 某施工单位将自己承包建设项目中的安装工程部分，又转包给了其他单位，其转包部分在总承包合同中已缴过印花税，因而不必再次贴花纳税。　　　　　　　　（　　　）

5. 纳税人新征用的耕地，自批准征用之次月起开始缴纳城镇土地使用税。　（　　　）

6. 房产税以在征税范围内的房屋产权所有人为纳税人，产权未确定的暂不缴纳。（　　　）

7. 对毁损不堪的房屋和危险房屋，经有关部门鉴定，在停止使用后，可免征房产税。

（　　　）

8. 国家机关用车不征车船税。　　　　　　　　　　　　　　　　　　　（　　　）

9. 我国对居民个人转让住房一律免征土地增值税。 （　　）

10. 甲企业以价值 300 万元的办公用房与乙企业互换一处厂房，并向乙企业支付差价款 100 万元。在这次互换中，乙企业不需缴纳契税，应由甲企业缴纳。 （　　）

四、计算题

1. 某县城一生产企业为增值税一般纳税人，2×××年 7 月进口材料一批，向海关缴纳进口环节增值税 10 万元；当月国内销售产品缴纳增值税 30 万元和消费税 50 万元，由于缴纳消费税时超过纳税期限 10 天，被罚滞纳金 1 万元；当月出口一批产品，按规定退回增值税 5 万元。

要求：计算该企业 2×××年 7 月应缴纳的城市维护建设税和教育费附加，并进行相关的账务处理。

2. 某企业 2×××年度有关经营情况如下：

（1）"实收资本"账簿金额比上年增加了 500 万元；

（2）与银行签订借款合同，借款金额 1000 万元，年利率 5%；

（3）与铁路部门签订一份运输合同，合同载明运输费及保管费共计 50 万元；

（4）与丙企业签订技术转让合同，合同注明：收入按丙公司以后年度利润的 30% 支付。

要求：计算该企业 2×××年应纳印花税，并做出相关的会计处理。

3. 2×××年某生产企业的房屋有 10 栋，会计账簿记载的房屋原值为 1000 万元，其中生产用房的房产原值为 700 万元，已提折旧 350 万元。经评估，该房产的净值为 500 万元。该企业办的幼儿园房产原值 100 万元，已计提折旧为 50 万元，评估净值为 70 万元。企业 2×××年初进行大修理停用了一年的房产原值 200 万元，已提折旧为 100 万元，评估净值为 90 万元。企业根据情况提出有关减免税申请，税务机关审批批准。该地区规定按房产原值扣除率 20%。

要求：计算该企业当年应纳房产税。

4. 某运输公司有货车挂车 20 辆，整备质量吨位为 5 吨；另有卡车 10 辆，整备质量吨位为 3.4 吨；乘人面包车（18 座）10 辆；当地政府规定载货汽车单位税额为 60 元/吨，30 座以内乘人汽车单位税额为 250 元。

要求：计算该企业当年应纳车船税，并做出相关的会计处理。

5. 2×××年某企业总共占地面积 100 万平方米，其中：厂区及办公楼占地面积 80 万平方米，企业内部子弟学校占地面积 5 万平方米，企业内部绿地占地 10 万平方米，防火、防爆等安全防范用地占地 5 万平方米，已知该企业所在地适用的城镇土地使用税为每平方米年税额 2 元。

要求：计算该企业 2×××年应缴纳的城镇土地使用税。

6. 2×××年 5 月，某市房地产开发公司转让写字楼一栋，共取得转让收入 5000 万元，公司按税法规定缴纳了有关税费。已知该公司为取得土地使用权而支付的地价款和按国家统一规定缴纳的有关费用为 400 万元；投入的房地产开发成本为 1600 万元；房地产开发费用中的利息支出为 120 万元（能够按转让房地产项目计算分摊并提供某商业银行贷款证明），公司所在地政府规定的其他房地产开发费用的计算扣除比例为 5%。

要求：计算该公司转让此写字楼应纳的土地增值税税额。

7. 居民甲有两套住房，将一套出售个居民乙，成交价格为 20 万元，将另一套与居民丙交换，并支付换房差价款 5 万元，当地契税税率为 4%。

要求：计算甲、乙、丙各自应缴纳的契税税额。

其他税的核算与申报实训

【能力目标】

1. 能计算房产税并完成纳税申报。
2. 能计算车船税并完成税款缴纳。
3. 能计算印花税并完成税款缴纳。
4. 能计算城镇维护建设税和教育费附加并完成纳税申报。
5. 能计算契税并完成税款缴纳。

【实训准备】

1. 知识准备：全面复习房产税、车船税、印花税、契税、城镇维护建设税和教育费附加的账务处理方法及纳税申报的法规要求。
2. 物品准备：记账凭证、有关账页、纳税申报表。
3. 场地准备：教室或是实训室。
4. 分组安排：每2名学生为一组，以便完成模拟实训任务。

【实训操作流程】

涉税经济业务发生→填制涉税业务记账凭证→登记涉税账户→填制纳税申报表→办理税款缴纳手续。

【导入案例基本资料】

浙江长征有限公司是一家制造型企业，为增值税一般纳税人。适用税率13%，执行《企业会计准则》。该公司的基本资料如下：

开户银行：中国工商银行杭州留下支行

账号：12020208765432100000

纳税人识别号：330198765432100

主管国税机关：杭州市国家税务局西湖区分局

主管地税机关：杭州市地方税务局西湖区分局

经营地址：杭州市西湖区留和路565号

电话：0571-85076638

注册资本：300万元人民币

法定代表人：王长庆

【任务描述】

1. 编制有关会计分录并填制记账凭证。
2. 根据上述资料计算浙江长征有限公司2×××年应纳的印花税、车船税、房产税、契税、城市维护建设税和教育费附加。
3. 登记"应交税费——应交城市维护建设税"明细账、"应交税费——应交教育费附加"明细账"应交税费——应交房地产税"明细账和"应交税费——应交车船税"明细账。

4. 填制相关纳税申报表（表6-6～表6-8）。

【任务资料】

浙江长征有限公司2×××年12月发生下列业务：

1. 12月2日，公司为扩大规模增加注册资本500万元。

2. 12月3日，签订房屋租赁合同1份，自下年起出租办公楼一栋，合同记载应收取租赁金额共计120万元，租期1年。

3. 12月5日，向中国工商银行杭州留下支行申请3年期的借款，签订合同取得借款金额500万元，年利率为8%。

4. 12月8日，将自有价值800万元的房屋换入价值900万元的房屋，并支付给对方的差价款100万元，并签订房屋产权交换合同1份，合同记载金额为900万元。

5. 12月10日，签订购销合同2份，共记载金额800万元。

6. 12月13日，启用新的记载存货收发存数量和金额的明细账簿2本。

7. 12月15日，签订转让商标使用权合同1份，合同上记载金额为500万元。

8. 12月18日，签订加工合同1份，为某企业加工产品一批，对方提供原材料价值120万元，合同记载加工费金额为20万元。

9. 12月20日，与保险公司签订财产保险合同1份，合同记载的保险费为10万元。

10. 12月22日，与某铁路运输公司签订运输合同1份，合同记载运费金额共100万元。

11. 12月24日，从国有土地管理部门取得国有土地使用权一块，支付价款1800万元。

12. 12月25日，与某建筑公司签订房屋建筑合同1份，合同记载建筑承包金额为4000万元。

13. 12月28日，签订房屋购买合同1份，购买公司行政办公大楼一栋（新建商品房），合同规定本公司应支付房屋价款共计2000万元。

14. 12月30日，领取土地使用证1份，房屋产权证1份，专利证书1份。

15. 12月31日，该公司全年实际占用土地面积5万平方米，其中职工医务室占地4000平方米，幼儿园占地1500平方米，当地政府规定城镇土地使用税为10元/平方米。

16. 12月31日，税务机关核定公司全年自用房产账面价值为18000万元（其中本年12月份购入新建的商品房2000万元，其余均为以前年度购建），当地政府规定的损耗扣除率标准为30%。

17. 12月31日，公司的车辆、船舶计算本年度下半年应缴纳的车船税，其购置情况见表6-5。

表6-5 企业车辆明细表

车辆、船舶类别	数量	单位税额
载客汽车（公司领导用）	5辆	300元
载客汽车（接送员工用）	2辆	600元
载客汽车（接送幼儿用）	1辆	400元
载货汽车	8辆	100元
机动车挂车	5辆	70元
摩托车	20辆	120元

表6-6 城市维护建设税 教育费附加 地方教育附加申报表

税款所属期限：自 年 月 日至 年 月 日

纳税人识别号（统一社会信用代码）：

纳税人名称：

金额单位：人民币元（列至角分）

本期是否适用增值税小规模纳税人减征政策（减免性质代码：_ 城市维护建设税：07049901，教育费附加：61049901，地方教育附加：99049901） □是 □否

减征比例_城市维护建设税（%）
减征比例_教育费附加（%）
减征比例_地方教育附加（%）

本期是否适用试点建设培育产教融合型企业抵免政策 □是 □否

当期新增投资额
上期留抵可抵免金额
结转下期可抵免金额

税（费）种	计税（费）依据				税率（征收率）	本期应纳税（费）额	本期减免税（费）额		本期增值税小规模纳税人减征额	试点建设培育产教融合型企业		本期已缴税（费）额	本期应补（退）税（费）额
	增值税		消费税	营业税	合计			减免性质代码	减免税（费）额		减免性质	本期抵免金额		
	一般增值税	免抵税额												
	1	2	3	4	5=1+2+3+4	6	7	8	9	10	11	12	13	14=7-9-10-12-13
城建税												—		
教育费附加											—	—		
地方教育附加														
—														
合计					—	—								

谨声明：本申报表是根据国家法律法规及相关规定填报的，是真实的、可靠的、完整的。

纳税人（签章）： 年 月 日

经办人：
经办人身份证号：
代理机构签章：
代理机构统一社会信用代码：

受理人：
受理税务机关（章）：
受理日期： 年 月 日

表6-7 财产和行为税纳税申报表

纳税人识别号（统一社会信用代码）：□□□□□□□□□□□□□□□□□□

纳税人名称：

金额单位：人民币元（列至角分）

序号	税种	税目	税款所属期起	税款所属期止	计税依据	税率	应纳税额	减免税额	已缴税额	应补（退）税额
1										
2										
3										
4										
5										
6										
7										
8										
9										
10										
11	合计	—	—	—	—	—				

声明：此表是根据国家税收法律法规及相关规定填写的，本人（单位）对填报内容（及附带资料）的真实性、可靠性、完整性负责。

纳税人（签章）：

经办人：
经办人身份证号：
代理机构签章：
代理机构统一社会信用代码：

受理人：
受理税务机关（章）：
受理日期： 年 月 日

年 月 日

表 6–8　财产和行为税减免税明细申报附表

纳税人识别号（统一社会信用代码）：□□□□□□□□□□□□□□□□□□

纳税人名称：　　　　　　　　　　　　　　　　　　金额单位：人民币元（列至角分）

本期是否适用增值税小规模纳税人减征政策	□是　□否	本期适用增值税小规模纳税人减征政策起始时间	年　　月
		本期适用增值税小规模纳税人减征政策终止时间	年　　月
合计减免税额			

城镇土地使用税

序号	土地编号	税款所属期起	税款所属期止	减免性质代码和项目名称	减免税额
1					
2					
小计	—			—	

房产税

序号	房产编号	税款所属期起	税款所属期止	减免性质代码和项目名称	减免税额
1					
2					
小计	—			—	

车船税

序号	车辆识别代码/船舶识别码	税款所属期起	税款所属期止	减免性质代码和项目名称	减免税额
1					
2					
小计	—			—	

印花税

序号	税目	税款所属期起	税款所属期止	减免性质代码和项目名称	减免税额
1					
2					
小计	—			—	

资源税

序号	税目	子目	税款所属期起	税款所属期止	减免性质代码和项目名称	减免税额
1						
2						
小计	—	—			—	

（续）

耕地占用税

序号	税源编号	税款所属期起	税款所属期止	减免性质代码和项目名称	减免税额
1					
2					
小计	—			—	

契税

序号	税源编号	税款所属期起	税款所属期止	减免性质代码和项目名称	减免税额
1					
2					
小计	—			—	

土地增值税

序号	项目编号	税款所属期起	税款所属期止	减免性质代码和项目名称	减免税额
1					
2					
小计	—			—	

环境保护税

序号	税源编号	污染物类别	污染物名称	税款所属期起	税款所属期止	减免性质代码和项目名称	减免税额
1							
2							
小计	—	—	—			—	

声明：此表是根据国家税收法律法规及相关规定填写的，本人（单位）对填报内容（及附带资料）的真实性、可靠性、完整性负责。

纳税人（签章）： 年 月 日

经办人： 经办人身份证号： 代理机构签章： 代理机构统一社会信用代码：	受理人： 受理税务机关（章）： 受理日期： 年 月 日

参 考 文 献

[1] 中国注册会计师协会. 税法 [M]. 北京：中国财政经济出版社，2021.

[2] 财政部会计资格评价中心. 经济法基础 [M]. 北京：经济科学出版社，2021.

[3] 全国税务师职业资格考试教材编写组. 税法 I [M]. 北京：中国税务出版社，2021.

[4] 全国税务师职业资格考试教材编写组. 税法 II [M]. 北京：中国税务出版社，2021.

[5] 全国税务师职业资格考试教材编写组. 涉税服务实务 [M]. 北京：中国税务出版社，2021.

[6] 盖地. 税务会计学 [M]. 14 版. 北京：中国人民大学出版社，2020.

[7] 梁文涛. 税务会计 [M]. 4 版. 北京：中国人民大学出版社，2021.

[8] 盖地. 税务会计与税收筹划 [M]. 12 版. 北京：中国人民大学出版社，2019.